콘텐츠 개발의 현장

콘텐츠 개발의 현장

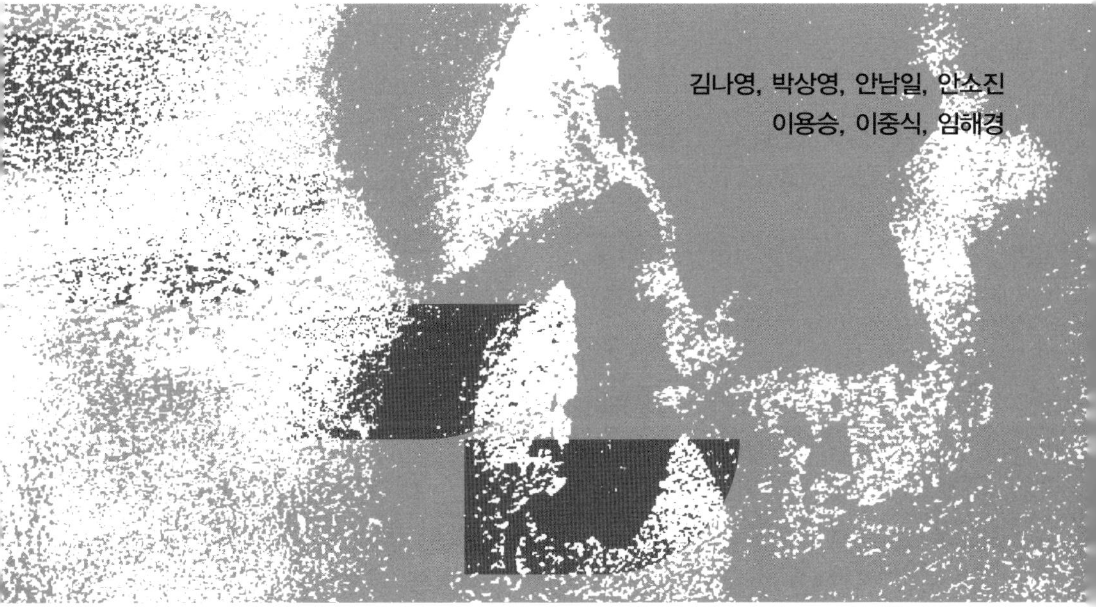

김나영, 박상영, 안남일, 안소진
이용승, 이종식, 임해경

인문학 연구에서 '문화산업(文化産業)'이라는 명칭은 어딘지 모르게 어색하게 느껴진다. 그런데 문화산업이라는 명칭을 '문화콘텐츠산업'로 바꾸고 나면 컨버전스로서의 응용인문학의 느낌으로 다가온다. 그만큼 오늘날 인문학 연구에서의 문화콘텐츠산업 부분은 낯선 연구 영역이 아니라 친숙하면서도 활성화되어가고 있는 연구 영역으로 인식되고 있다. 우리사회가 지식경제기반사회로 성장해 가면서 점차 콘텐츠의 가치가 주목을 받고 있는 시점이라는 점은 주목할 필요가 있다. 왜냐하면 경쟁력 있는 콘텐츠의 개발을 위해 콘텐츠의 구조와 구성 요소를 분석하는 방법론을 제시하고 분석 결과를 통해 창의적인 발상을 부여하는 전략을 차용하여 그 발전 가능성을 전망하는 일련의 시도는 의미 있는 작업이 될 수 있기 때문이다.

특히 산업구조가 경제가 중심이 되어 문화적 활동에 대한 수요를 창출하는 식의 단순한 경제논리를 벗어나서 문화가 중심이 되어 경제적 이윤을 창출하는 시대로 사회 구조 전반이 전환되고 있다는 점에서 콘텐츠에 관한 충분한 이해를 바탕으로 보편적인 설득력과 경쟁력을 확보할 수 있는 콘텐츠 개발의 필요성이 대두되는 것이다.

이처럼 뉴미디어 커뮤니케이션의 현대 지식사회에서는 정보가 핵심이 되기 때문에 기존의 인문학적 학문 영역의 확대는 필연적이다. 지금까지 전통적 인문학의 초점이 인간 그 자체에 있었다고 한다면 이제는 인문학뿐만이 아니라 예술, 대중문화를 비롯한 과학과 기술까지를 포괄하는, 말 그대로 응용인문학의 당위성이 제기되는 것이다. 이를 학문적 영역에서 구체화시킬 수 있는 바탕을 마련한 곳 중의 하나가 고려대학교 일반대학원 응용언어문화학협동과정이라고 생각한다.

고려대학교 일반대학원 응용언어문화학협동과정 중 전공영역의 하나인 '문화콘텐츠학'은 문예학의 이론적 점검과 동서양 문예미학, 동서양 공연예술 등 다양한 문화 관련 분야들을 포괄하여 연구하는 것을 목적으로 한다. 이 응용언어문화학협동과정은 기존의 인문과학이 안고 있는 이론 중심의 연구 패턴을 넘어서 현대적 의미의 새로운 연구방향으로의 전환을 모색하고 있다. 따라서 기존의 학과 단위의 강의 구성에서 벗어나 이론과 실제를 접합시키는 방법론의 모색과 단일학과 단위의 편협성에서 벗어난 학제간의 연구를 지향한다.

현재 응용언어문화학협동과정 중 문화콘텐츠학 연구자들이 가지고 있는 인적 인프라는 응용인문학 연구에 있어서 특화된 전공 영역분야의 인적 구성을 통한 협력 연구가 충실하게 진행될 수 있는 바탕을 갖추고 있다는 점에서 아주 큰 장점이 아닐 수 없다.

『콘텐츠 개발의 현장』은 이러한 응용언어문화학협동과정이 추구하는 목적성과 인적 인프라를 바탕으로 시대적 현상과 인문학 연구 환경의 변화에 따른 작은 시도의 결과물이다. 이 작은 시도의 첫 출발점은 2009년도인데, 이미 대표저자는 이러한 작은 시도의 결과물로 『응용인문의 현장』(푸른사상, 2009)을 간행한 바 있다. 이 책은 응용언어문화학협동과정 소속 연구자들에게 조그마한 학문적 성취를 느끼게 해 주었음은 물론, 2010년도 상반기 문화체육관광부 우수학술도서로 선정되어 처음 기획단계에서 예측했던 것보다 예상을 뛰어넘는 성과를 얻었다. 이에 대표저자는 더욱 용기를 얻어서 『응용인문의 현장』의 연장선상에서 『콘텐츠 개발의 현장』을 두 번째 결과물로 만들기로 기획한 것이다.

『콘텐츠 개발의 현장』역시 『응용인문의 현장』과 마찬가지로 응용언어문화학협동과정 소속 연구자들의 연구에 대한 의욕 고취와 응용언어문화학협동과정의 연구의 질을 높이기 위한 방편으로 기획되었다. 따라서 단순히 외형적 성과물을 목적으로 한 것이 아니고, 공통의 관심사를 제시하여 지속 가능한 연구 테마를 만들어내는 계기를 마련하고자 하였다. 그러므로 『콘텐츠 개발의 현장』은 응용언어문화학협동과정 소속 연구자들의 학문적 연구의 밑거름이 되는 의미 있는 발걸음이라고 하겠다.

특히 『콘텐츠 개발의 현장』은 단순히 콘텐츠 관련 연구만을 목적으로 한 것이 아니라, 콘텐츠 구성을 통한 실제 프로그램 개발 시안(試案)까지 다루고자 노력하였다. 제목에서 '현장'을 강조한 것은 이런 맥락에서이다. 비록 아직까지 초보적인 단계에 머무르고 있는 한계를 드러내고 있지만, 단순히 이론적인 측면에 머무르지 않고 현장성을 최대한 살릴 수 있는 방안을 모색했다는 점에서 의미를 부여하고 싶다. 그래서 최근에 활발한 논의가 진행되고 있는 '콘텐츠 개발'을 중심 틀로 잡고, 분야별 콘텐츠 구성은 개별 연구자들이 자유롭게 연구 방향성을 잡을 수 있도록 했다. 따라서 『콘텐츠 개발의 현장』에서 논의된 내용들은 이론적 모색이나 하나의 논의에 머무르지 않고 실제 콘텐츠 개발의 현장에서 활용되어지기를 기대해 본다.

김나영의 「스마트폰을 활용한 영어교육콘텐츠 개발 방안 연구」는 에듀테인먼트의 영역 속에서의 영어교육 방안을 살펴보고 있다. '실사구시'의 관점에서 최근 스마트폰이라는 새로운 매체의 보급은 영어교육 분야의 지형을 바꾸고 있다는 것이다.

특히 스마트폰의 영어교육콘텐츠를 다루고자 함에 있어서 기존의 각 매체별 영어교육콘텐츠를 읽기·쓰기·듣기·말하기·어휘습득 등등의 영어교육 전반에 대한 접근방식과 활용방안을 살피고 그것의 한계점을 파악해서 종합적 학습효과를 기대할 수 있는 스마트폰 Application을 제작해야 된다고 하였다.

논자는 스마트폰의 Application은 그 자체가 하나의 재미있는 게임과도 같은 흥미 유발과 흡인력을 지니며 학습자로 하여금 스스로 Application에 자주 접근하고 편리하게 이용하도록 하는 것을 강조하고 있다. 이를 위해 통합적 학습 유도와 스토리텔링의 강화를 통해서 학습자 스스로 교육콘텐츠를 만끽하며 활용하게 함으로써 그것의 교육적 효과를 극대화 할 수 있다는 것이다.

박상영의 「'세계전통의약엑스포' 활성화를 위한 콘텐츠 개발 방안 연구」는 한국적 한의학 소재의 보고인 『동의보감』의 콘텐츠화와 함께 세계전통의약엑스포의 콘텐츠 확보 방안에 대해서 살펴보고 있다.

특히 한의학 관련 지역축제 현황분석을 통해서 한의학 관련 지역축제 통폐합을 유도하고 있다. 이는 관련 축제의 경쟁력 강화, 예산 낭비 방지, 지자체 실정에 맞은 시군구 대표축제 지정, 개성 있는 한의학 관련 축제 상품 개발, 그리고 한의학 관련 산업과의 연계성 강조 등으로 지역 관광콘텐츠의 다양화와 지역 관광자원과의 연계 투어를 도모하고자 하였다.

이처럼 논자는 그간의 콘텐츠를 통합하는 IT와 더불어 『동의보감』의 위상이 지속될 수 있으며 대규모 행사에 지속적으로 이용 가능한 판각 복원을 제안하였는데, 이 기획이 2013년 세계전통의약엑스포와 한국 한의학을 세계에 알리는 수많은 행사에서 활용될 수 있다는 점 때문이라는 것이다.

안남일의 「『혼불』의 문화콘텐츠화 방안 연구」는 『혼불』에 내재되어 있는 문화콘텐츠 구축을 위한 풍부한 원소스를 다양한 문화콘텐츠화 할 수 있도록 하는 방안에 대해서 살펴보고 있다.

특히 『혼불』을 다매체 시대의 한가운데에서 원론적 분석과 함께 다양한 문화콘텐츠를 구축할 수 있는 구체적 방안에 대한 논의를 병행함으로써 『혼불』에 대한 입체적인 조명을 하고자 하였다. 그리고 『혼불』 속에 내재된 전통문화의 보전과 『혼불』의 이미지를 구축하고 다양한 프로그램의 개발을 통해서 일반 대중들의 기호를 극대화 시킬 수 있도록 원소스 멀티유즈의 적절한 효과까지를 염두에 두었음을 밝히고 있다.

안소진의 「다문화가정 자녀를 위한 청소년 캠프 프로그램 개발 방안 연구」는 다문화가정 자녀들의 교육콘텐츠에 대한 사례분석을 통해 문제점을 분석하고 다문화가정 청소년을 대상으로 올바른 정체성 확립을 위한 캠프 프로그램을 개발, 제안하고 있다.

특히 한국 사회에서 다문화가정의 현상학이 대두되는 시점에서 다문화가정 자녀들이 겪고 있는 정체성 혼란에 주목하여 앞으로 다문화가정의 자녀들이 우리사회의 구성원으로 자리 잡게 하기 위해서는 체계적인 교육콘텐츠가 반드시 필요함을 강조하고 있다.

이러한 맥락에서 논자는 다문화사회로 접어든 우리나라 다문화사회의 형성과정과 다문화가정의 현황을 살펴보고 기존에 다문화가정의 자녀들을 대상으로 시행하고 있는 교육 프로그램 분석과 다문화가정 자녀들이 겪는 심리현상을 파악한 후 다문화가정 자녀들을 위한 캠프 프로그램 개발 모형을 제시하였다.

이용승의 「'처용설화'의 게임콘텐츠 개발 방안 연구」는 '처용설화'를 변용한 게임콘텐츠 개발 방안을 고찰하는 것을 목적으로 하고 있다.

설화와 게임의 상관관계를 밝히고, 그 동안 국내에서 개발되거나 서비스된 한국설화를 변용한 게임콘텐츠 사례 분석을 통해 게임 속 한국설화의 수용 양상을 살펴보고 있다. 또한, 이를 바탕으로 게임콘텐츠의 원천서사로서 활용가치가 높은 '처용설화'를 재해석한 게임의 기본 콘셉트을 제시하였다.

특히 논자는 한국 게임 산업이 더욱 발전해 나가기 위해서는 대중과 호흡하고 그들을 만족시킬 수 있는 우수한 스토리 발굴이 필요함을 강조하였다. 이는 한국설화가 콘텐츠로서 시장경쟁력을 확보하기 위해서 게임이라는 문화산업 분야를 필요로 하는 것과 마찬가지로 게임 역시 시장과 대중의 선호를 만족시키기 위해 한국설화를 필요로 하고 있기 때문이라는 것이다.

이중식의 「'탐라순력도'의 문화콘텐츠 개발 방안 연구」는 제주지방의 역사적 연구에 더할 수 없이 귀중한 자료적 가치를 담보하고 있는 『탐라순력도』의 다양한 콘텐츠화 가능성을 모색하고 있다.

기본적으로 『탐라순력도』의 각 장면들을 분석하여 그림 속에 담겨 있는 18세기 제주도지역의 사회문화와 제주도사람들의 정신세계를 고찰하고, 당시 제주도 문화의 특징과 여러 문화요소들 중에서 독창성이 강한 것들을 추려내어 변용과 재해석 을 시도하고 있다.

이를 통해서 논자는 『탐라순력도』에 담긴 많은 이야기 요소들은 특수성과 보편성을 두루 갖춘 훌륭한 원천소스가 될 수 있음을 강조하면서, 『탐라순력도』의 이러한 요소들은 많은 사람들에게 감동을 줄 수 있는 이야기로 승화될 수 있는 킬러콘텐츠로서의 충분한 자질을 갖추고 있다고 주장하고 있다.

임해경의 「공공 공연장의 발전방안 연구 : 대전문화예술의전당의 사례를 중심으로」는 대전문화예술의전당의 현황 및 문제점에 대한 심층 분석과 발전방안을 제안하여 우리나라의 공공 공연장이 추구해야할 방향을 제시하고 있다.

이를 위해서 먼저 공공 공연장 설립의 배경으로서 지난 20여 년간 중앙 정부의 문화정책 동향과 국내 공연산업의 전개방향을 살펴보고, 대전문화예술의전당의 설립이념, 현황 및 제반 문제점 등을 차례로 분석한 후 그 개선방향 및 세부 추진전략을 제시하고 있다.

특히 논자는 공공성이 대전문화예술의전당을 비롯한 공공 공연장의 존립근거이고 추구해야할 최고의 가치로 보고 있다. 예술을 경제적 논리에 적용시키는 것이 바람직하지 않은 것처럼 공연장 또한 마찬가지라는 것이다. 공연장이 공공성을 버리고 수익에만 의존한다면 순수예술은 퇴보할 수밖에 없고, 비효율의 가면으로서 공공성을 구호로만 외쳐온 것이 아닌지도 깊이 반성해야 한다는 것이다. 결국 공연장이 발전하기 위해서는 때로는 공공성을, 때로는 재정자립도를 생각하는 탄력적 정책 운영이 필요하며, 지역의 문화예술발전이 공공 공연장의 역할에 달려있다는 점을 잊어서는 안 된다는 점을 강조하였다.

이상에서 『콘텐츠 개발의 현장』에 수록된 일곱 편의 논문을 일별해 보았다. 『콘텐츠 개발의 현장』이 하나의 테마를 선정해서 연구의 깊이와 폭을 넓혀가는 것이 아니라, 일정 카테고리 안에서 연구자 개인별로 세부 테마를 선정했기 때문에 연구자의 개성이 강하고, 나름 독창적인 견해들이 제시되었음을 알 수 있었다.

다만 위에서도 언급했듯이, 이것은 하나의 시도이자 새로운 연구 견해의 출발이라는 점에서 많은 오류와 문제점들을 가질 수밖에 없다. 이는 전적으로 연구자들을 몫이며, 지속적인 연구와 학문적 축적을 통해서 수정·보완해 나갈 것이다. 『콘텐츠 개발의 현장』을 접하는 여러 연구자들께서는 많은 질정과 더불어 애정 어린 관심으로 이제 본격적인 학문의 길로 들어선 신진연구자들을 격려해 주시기를 부탁드린다.

아울러 『응용인문의 현장』 이후 『콘텐츠 개발의 현장』이 발간되는데, 응용언어문화학협동과정의 다른 전공영역에서도 이와 같은 연구결과물이 지속적으로 산출되어 응용언어문화학협동과정의 연구자들이 학문적 정체성을 구축하는데 도움이 되었으면 한다.

『콘텐츠 개발의 현장』을 발간하면서 감사드릴 분들이 많다. 우선 대표저자에게 강의할 기회를 마련해 주신 고려대학교 응용언어문화학협동과정 주임교수님께 감사드린다. 그리고 무엇보다도 이 책의 실질적인 저자들인 여러 연구자들의 적극적인 동참에 감사드린다. 처음 기획의 단계에서 서로 반신반의하며 회의적인 마음이 있었음을 고백하지 않을 수 없다. 하지만 이러한 마음들이 논문 작성과 그에 대한 토론, 그리고 수정 · 보완 과정 속에서 점차 사라짐을 느꼈을 것이다. 그리고 논문을 완성한 순간에 무엇인가 만들어냈다는 느낌을 받았을 것인데, 이는 향후 연구를 하는 과정에서 소중한 자산으로 남을 것임을 굳게 믿는다.

끝으로 변함없이 대표저자를 후원해 주시고, '우리의 책 한 권이 내일을 가능하게 한다'는 사명감으로 이 책의 출판을 흔쾌히 맡아 주신 〈푸른사상〉 한봉숙 사장님과 편집진 여러분들께 감사의 말씀을 전한다.

2011년 5월
대표저자 안남일 씀

■ 머리말 · 5

1 스마트폰을 활용한 영어교육콘텐츠 개발 방안 연구 　김나영

1. 스마트폰과 에듀테인먼트　19
2. 매체별 영어교육콘텐츠 현황　22
3. 스마트폰 영어 Application 현황 및 활용의 장점　29
　3.1. 스마트폰 영어 Application 활용 예시　31
　3.2. 스마트폰 영어 Application 활용의 장점　48
4. 영어교육을 위한 스마트폰 Application 제작에 관한 제안　53
5. 〈영어교육+스토리텔링+스마트폰〉의 결합을 통한 콘텐츠 개발　58

2 '세계전통의약엑스포' 활성화를 위한 콘텐츠 개발 방안 연구　박상영

1. 한국적 한의학 소재의 보고 : 『東醫寶鑑』　63
2. 『동의보감』의 콘텐츠 현황　65
　2.1. 『동의보감』의 한글화 작업　65
　2.2. 『동의보감』의 영문화 작업　66
3. 한의학 관련 지자체 축제 활성화의 필요성　68
　3.1. 한의학 관련 지역문화축제 현황　68
　3.2. 현황에 대한 분석　72
4. 새로운 콘텐츠 개발을 위한 제언　75
　4.1. 프로젝트의 내용 및 범위　76
　4.2. 프로젝트 실행 시의 기대효과　79
5. 세계전통의약엑스포 활성화를 위한 제언　81
[부록] 『동의보감』 관련 사업 현황　82

3 『혼불』의 문화콘텐츠화 방안 연구　　　　　　안남일

1. 콘텐츠로서의 『혼불』의 가치　　　　　　87
2. 콘텐츠, 문화콘텐츠, 문화콘텐츠산업　　　　　　90
3. 『혼불』의 콘텐츠화 현황　　　　　　95
4. 『혼불』의 콘텐츠화 방안　　　　　　98
5. 『혼불』의 콘텐츠화를 위한 제언　　　　　　113

4 다문화가정 자녀를 위한 청소년 캠프 프로그램 개발 방안 연구　　　안소진

1. 사회현상으로서의 다문화가정　　　　　　117
2. 다문화가정에 대한 연구 현황　　　　　　119
3. 다문화가정 자녀를 위한 기존 콘텐츠 분석　　　　　　121
　　3.1. '다문화가정 e-배움 캠페인'의 교육콘텐츠 분석　　　　　　124
　　3.2. 안산시 '안산이주민센터'의 다문화가정 자녀 교육콘텐츠 분석　　　　　　128
4. 다문화가정 자녀의 심리 문제 분석　　　　　　130
5. 다문화가정 자녀들을 위한 캠프 프로그램 개발　　　　　　136
　　5.1. 음식을 테마로 한 프로그램　　　　　　140
　　5.2. 음악을 테마로 한 프로그램　　　　　　143
　　5.3. Role-play를 테마로 한 프로그램　　　　　　144
6. 다문화가정 자녀들을 위한 캠프 프로그램 개발의 기대효과　　　　　　145

5 '처용설화'의 게임콘텐츠 개발 방안 연구　　　　　　　　이용승

1. 한국설화와 게임콘텐츠　　　　　　　　　　　　　　　　151
2. '처용설화'의 게임콘텐츠적 잠재력　　　　　　　　　　156
3. '처용설화'의 OSMU 현황　　　　　　　　　　　　　　166
4. 한국설화를 변용한 게임콘텐츠 현황　　　　　　　　　170
　　4.1. '바리공주설화'의 게임콘텐츠 개발 사례　　　　　175
　　4.2. '서동(무왕)설화'의 게임콘텐츠 개발 사례　　　　179
5. '처용설화'를 변용한 게임콘텐츠의 기본 콘셉트(High Concept)　　183
6. '처용설화'의 문화콘텐츠화 전망　　　　　　　　　　190

6 『탐라순력도』의 문화콘텐츠 개발 방안 연구　　　　　　이중식

1. 원천소스로서의 『탐라순력도(耽羅巡歷圖)』　　　　　　195
2. 『탐라순력도』 개관　　　　　　　　　　　　　　　　　198
3. 『탐라순력도』를 통해 본 제주인의 특성과 사회문화　　206
4. 『탐라순력도』에서 나타나는 제주인의 정신세계　　　　210
5. 『탐라순력도』의 콘텐츠화　　　　　　　　　　　　　　213
　　5.1. 『탐라순력도』에 담긴 콘텐츠요소　　　　　　　　213
　　5.2. 『탐라순력도』가 갖는 원천소스로서의 가치　　　219
6. 『탐라순력도』를 활용한 OSMU　　　　　　　　　　　223
　　6.1. 스토리텔링 개발　　　　　　　　　　　　　　　223
　　6.2. 게임 개발　　　　　　　　　　　　　　　　　　224
　　6.3. 체험관광 상품과 지역관광 자원화　　　　　　　225
7. 『탐라순력도』 활용에 따른 향후 과제　　　　　　　　225

| 7 | 공공 공연장의 발전 방안 연구 | 임해경 |

– 대전문화예술의전당의 사례를 중심으로

1. 대전문화예술의전당 개요	229
2. 중앙정부의 문화정책 동향	230
3. 국내 공연산업의 현황 및 전개방향	232
3.1. 국내 공연시장의 동향	232
3.2. 공연산업의 전망	235
4. 대전문화예술의전당의 현황 및 문제점	236
4.1. 기능과 목적	236
4.2. 대형 공공 공연장으로서의 위상	237
4.3. 조직구조의 개선	238
5. 대전문화예술의전당의 운영개선방안	238
5.1. 조직의 재구성 검토 및 실행	239
5.2. 지역사회와 함께하는 공연장으로서의 위상 재정립	241
5.3. 기획전문공연장으로서의 역할 강화	245
5.4. 수준 높은 공연문화의 정착	246
5.5. 기관 운용의 효율성 제고	249
5.6. 추진전략 및 추진방법	251
6. 대전문화예술의전당의 활성화를 위한 제언	254

■ **참고문헌** · 257

■ **찾아보기** · 269

■ **필자 소개** · 273

김 나 영

스마트폰을 활용한 영어교육콘텐츠 개발 방안 연구

1. 스마트폰과 에듀테인먼트(Edutainment)

우리가 살고 있는 21세기는 문화콘텐츠 산업의 시대이다. 따라서 문화와 관련된 산업이 그 무엇보다 경쟁력을 갖게 되었으며 그에 따라 다양한 분야에서 창의력과 체계화된 기술력이 발휘되어 고부가가치를 창출하기에 이르렀다.

문화라는 것이 이미 매우 포괄적인 의미를 지니고 있듯이, 문화콘텐츠의 범위 또한 대단히 넓어서 출판과 만화, 방송, 영화, 애니메이션, 게임, 캐릭터, 공연, 음반, 전시, 축제, 여행, 테마파크, 디지털콘텐츠, 에듀테인먼트, 인터넷콘텐츠 등등 매우 다양한 범위를 아우르고 있다.

한편, 최근 들어 문화콘텐츠의 발달과 함께 스토리텔링[1]이 새롭게 부각되고 있는 가운데 문화콘텐츠의 모든 영역에서도 각각의 매체 특성을 잘

---

[1] 최근에 다양한 매체마다 크리에이티브(creative)를 위해 활용되고 있는 기법으로, 이인화와 박기수는 〈상호작용성〉을 그 특성 중의 하나로 언급하였다. 기호학적 의미 중 하나인 〈소통〉이라는 관점에서 본다면 그것은 매체와 수용자 간에 보다 구체적이고 밀접한 교감을 형성할 수 있는 기법이 될 수 있다.

살려주면서도 활용가치를 더욱 극대화하기 위해 저마다 스토리텔링을 하려는 노력이 점점 확대되어가고 있다. 각 매체의 특성과 스토리텔링의 목적에 따라 여러 종류로 나뉠 수 있는데 그 중의 하나로 인포메이션 스토리텔링(information storytelling)[2]이 포함된다.

인포메이션 스토리텔링이란 주어진 정보를 바탕으로 그것을 새롭게 가공하여 재미와 지식을 동시에 만족시키기 위한 시도의 하나로서, 그것의 본질적 목표라 할 수 있는 흥미로운 정보 전달의 중요성이 〈교육〉이라는 측면과 맞물리면서 에듀테인먼트[3]라는 새로운 융합의 형태로 나타나 더욱 활성화되기에 이르렀다. 이와 같은 현상 속에서 영어교육의 방안 또한 에듀테인먼트의 영역 안에서 살펴보아야하는 것은 당연지사일 것이다.

게다가, 적어도 한국 사회에서는 시대가 변해도 영원한 과제일 수밖에 없으며 오래토록 가장 중요한 우위를 선점하고 있는 관심영역 중의 하나가 영어교육과 관련한 것이었다. 그에 따라 보다 효과적인 영어교육의 방법을 모색하고자 하는 노력이 끊임없이 이루어져왔다. 따라서 영어교육분야에서도 그러한 방법 가운데 하나로서 스토리텔링기법을 가미하고자 하는 움직임이 생겨나기 시작한 것이다. 즉, 콘텐츠를 개발함에 있어 에듀테인먼트라는 문화콘텐츠의 접목을 시도하는 것이라 할 수 있다.

그러나 문화콘텐츠의 중요한 측면 중의 하나인 '실사구시(實事求是)'라는 관점으로 볼 때, 모든 문화와 학문적 이론은 실제의 생활 속에서 활용과 입증이라는 효과를 도출해 내도록 과학적이고 객관적인 방식으로 접근할 수밖에 없다. 그러므로 현대적 문명의 발전과 보폭을 같이 해야 할 당위성

---

2 스토리텔링 중에서도 특히 정보전달에 중점적 역할을 하는 분야들을 아우르며 그 예로는 다큐멘터리, 에듀테인먼트, 인터넷콘텐츠, 데이터베이스, 전시, 축제, 테마파크, 증강현실 등이 있다.

3 Edutainment = Education + Entertainment.

이 제기되는 것이다.

그렇다면 수많은 사람들이 가장 선호하는 최근의 트렌드를 발견하고 그 트렌드의 변화에 민감하게 반응할 필요성이 인식되는 가운데, 그것과 더불어 사회적 모든 현상을 이해하고 언어와 문화의 발전을 도모하고자 하는 것 또한 마땅하다고 본다. 그러한 트렌드의 가장 많은 부분을 차지하는 것 중의 하나로서, 지식과 정보를 전달하고 문화와 사회를 꽃피우며 수많은 콘텐츠 생성의 촉매가 되고 방편이 되는 것이 바로 다양한 매체들인 것이다.

따라서 모든 영역이 풍성하고 실용적인 콘텐츠를 구축함에 있어서 콘텐츠의 풍미를 더욱 살려내 줄 실용적인 컨테이너로서 현대의 다양한 매체가 활용되어야함은 불가피한 일이며, 영어교육의 분야에서도 예외일 수는 없을 것이다.

특히 영어교육은 교육이라는 개념 이전에 언어의 습득과 전달이라는 개념을 먼저 포괄하고 있다. 언어를 습득하고 전달하는 데에 있어 매체의 활용은 더없이 유용한 일이며 그것은 언어를 다양한 접근방식으로 다룰 수 있다는 점에서 응용언어학적으로도 가치가 있는 것이라고 할 수 있다. 게다가 매체를 문화콘텐츠의 주요한 방식(특히 인포메이션 스토리텔링)과 더불어 활용하고자 함으로써 언어라는 학문을 문화콘텐츠의 범주에서 응용적으로 고찰한다는 것은 매우 의미가 있는 일이다.

그러한 견해에 비추어볼 때, 영어를 모국어로 하고 있지 않은 우리나라와 같은 환경에서 영어라는 언어가 뿌리를 내리도록 하기 위해서는 보다 더 적극적인 방법을 모색할 필요가 있으며, 따라서 응용적 언어 연구와 문화 콘텐츠적인 시도가 매체활용이라는 특별한 유용성과 만나도록 도모한다면 그야말로 영어의 교육적 효과가 극대화될 수 있다는 기대를 하지 않을 수 없다. 그것은 결국 영어 교육의 새로운 패러다임을 마련하기 위해 스토리텔링이라는 콘텐츠적 기법을 훌륭히 담아낼 도구로써 가장 적합한 매체가 과연 무엇인가라는 점을 상기시킨다.

이러한 맥락에서 최근에 매우 빠른 속도로 모든 영역의 핵심 매체중 하나로 부각되고 있는 〈스마트폰〉이라는 새로운 매체에 주목하지 않을 수 없다. 스마트폰 매체가 실생활에 지대한 영향력을 지닌다는 특성에 착안하여 그것의 교육적 용도로의 활용방안을 연구하고 Application의 형태로 만들어진 영어 교육 콘텐츠를 분석하고 개발하는 것은 반드시 필요한 일인 것이다.

그러므로 본고에서는 교육적 목표에 도달할 수 있도록 완성도가 높게 잘 만들어진 포맷과 매력적인 스토리가 내재된 영어교육콘텐츠를 스마트폰의 콘텐츠로 발전시키고 그것을 적극적으로 활용할 수 있는 방안을 연구하는 것을 목표로 한다.

2. 매체별 영어교육콘텐츠 현황

지난 수십 년 동안 세계 속의 한국이라는 기치 아래 교육과학기술부는 물론이고 온 국민은 열풍과도 같이 영어 교육에 대한 지대한 관심을 키워왔다. 그 가운데 수많은 영어 교육 콘텐츠들에 대한 개발 붐이 일어났고 그에 따라 양질의 우수한 콘텐츠들도 많이 개발되어 나름의 교육적 효과를 상당히 거두어 왔던 것도 사실이다. 작금의 스마트폰이 새롭고 획기적인 또 다른 문화와 교육콘텐츠로 주목을 받기 전까지 그러한 다양한 콘텐츠들이 각각의 영역에서 영어교육의 주요한 도구로 활용되어왔으며 각 연령층과 목적에 맞게 제작된 콘텐츠들이 이제는 어느 정도 완숙된 단계에 이르렀다. 다양한 콘텐츠 중에서 대중적 인지도와 이용률이 높은 콘텐츠

들은 기본적으로 스마트폰의 Application(이하 '어플')[4]으로도 전환개발이
용이하다. 이미 먼저 발 빠르게 스마트폰의 영어콘텐츠를 개발해서 상용
화시킨 '어플'들도 많다.

　본 장에서는 스마트폰의 영어교육콘텐츠를 다루고자 함에 있어, 기존의
각 매체별 영어교육콘텐츠를 읽기, 쓰기, 듣기, 말하기, 어휘습득 등의 영어
교육 전반에 대한 접근방식과 활용방안을 살피고 그것의 한계점을 파악해보
고자 한다.

1) 출판

- 문교부 지정의 교과서 및 참고서
- 각종 어학 시험 준비 서적(TOEFL, TEPS, TOEIC, SAT 등)
  - Reading, Writing, Speaking, Listening, Vocabulary
- 영어공부 지침서
- 어린이용 어학 서적
- 교양 서적의 영어 원서 및 원서 잡지와 영자 신문

　위의 예시들 중에서, 중고교의 학교 교과서는 시기별로 배워야할 문법
에 맞추어 어휘와 독해와 영어표현 등이 적절히 구분되어 비교적 잘 편성
이 되어있다. 하지만 각각의 학교마다 다른 출판사의 교재로 분산이 되어
있어서 결국엔 최소한의 내용만을 접할 뿐이다. 저마다 충실한 교재 편집
방식을 꾀했다고 하더라도 그것이 시험과 테스트를 위한 교재로 전락할
때가 많기 때문에 영어를 습득하려는 대상이 자발적으로 참여하기 어렵다
는 것은 하나의 문제점으로 지적된다.

---

4 스마트폰에 설치하여 사용하는 응용 프로그램을 의미한다.

시중의 서점가에 각종 어학 시험 준비 서적으로서 Reading, Writing, Speaking, Listening, Vocabulary 등의 각 영역별로 세밀하게 다루어진 책들이 많이 출간되어있다. 그러나 영어의 모든 영역이 골고루 다루어져야 전체적으로 시너지 효과를 내며 실력이 향상될 수 있음에도 불구하고 그것을 달성하기 위해 모든 책을 한꺼번에 들고 다니거나, 비록 한 권씩 나누어 들고 다닌다고 해도 책 자체의 부피와 무게감이 부담스러운 것이 사실이다.

또한 영어를 잘하는 방법에 관한 지침서나 영어습득요령을 알려주고자 하는 서적도 그 어떤 분야 못지않게 방대하다. 이는 영어공부에 흥미와 자신감을 고취시키거나 목적과 동기유발을 하고자 함에 있다. 그러나 그것을 이루기 위한 노력과 실천적 학습을 제대로 하지 못한다면 이러한 서적은 무용지물이 될 수도 있다. 따라서 도서구입을 위한 비용이 추가적으로 발생한다든가 일회성 콘텐츠物로 그칠 가능성도 배제할 수 없다. 게다가 서점가의 어학코너마다 구비되어 있는 어린이용 어학 서적들도 나름의 개성을 갖추고 출간되고 있지만 단순히 영어 교재 수준에 머문 것들이 많다. 그것은 정보를 접하는 경로와 방식의 특성이 생동감 있고 활동적인 상호교감을 통해 형성되어야 함에도 불구하고 보다 많은 흥미를 유발시키지 못하는 한계로 인해 능동적 영어교육으로 나아가지 못하는 경우가 많다.

2) 방송

(1) EBS 교육방송

· TV 프로그램 : 수능영어강좌, 유아영어, 초등영어, 중학영어, 토익
강좌, English 카페 etc.

· 라디오 프로그램 : LEVEL 별 영어 청취 프로그램

ex) ① 일반인 대상 : 모닝스페셜, 귀가 트이는
영어, 입이 트이는 영어, 대한

민국 영어 본부, EBS TEPS etc.

② 주니어 대상 : 문법, 독해, 리스닝, 어휘,

주니어 토익 etc.

(2) 기타 영어 방송

· 아리랑 TV와 라디오, AFN, CNN, ABC 뉴스 etc.

(1)은 영어 교육을 위해 의도적으로 제작된 교육콘텐츠이며, (2)는 영어 방송인데 거꾸로 영어 교육으로 활용되고 있는 콘텐츠이다. 따라서 (1)은 각 레벨에 맞게 선택해서 활용이 가능하다. 그러나 (2)의 경우 그것을 영어 교육 콘텐츠로 십분 활용하기 위해서는 상당한 실력이 요구되기에 이미 어느 정도는 영어가 익숙해진 사람을 대상으로 한 콘텐츠라고 할 수 있다. 그럼에도 불구하고 VOD를 통해 많은 기사와 사건을 반복해서 청취할 수 있기 때문에 영어를 보다 수준 높고 깊이 있게 다루며 풍성하게 공부하고자 하는 이들에게는 매우 유용한 콘텐츠가 될 수 있다. 따라서 그러한 콘텐츠들은 이미 스마트폰 어플로 전환이 되어 다운로드가 가능한 상태이고 그것의 활용이 어느 정도 이루어지고 있기도 하다.

3) 인터넷

· 영어 학원 운영 사이트
· 인터넷 강좌 전문 사이트
· 화상 영어 회화 사이트
· Korea Herald, 주니어 헤럴드
· EBS ⓔnglish
· EBS-i

일부 대형 학원들은 자체적으로 홈페이지를 운영하고 있는데 그에 따라 점차로 자체 홈페이지를 활용하여 인터넷으로 영어를 강의하며 수강생 확보에 힘을 기울이게 되었다. 이에 양질의 강의를 할 수 있는 강사들도 생겨나게 되었고, 원어민 강사의 충원에 힘입어 인터넷 영어 강의의 전문화가 유행처럼 번져서 현재까지 영어 인터넷 강의 사이트가 지나칠 정도로 양산되어 있는 실정이다. 그러다보니 콘텐츠 자체가 부실한 사이트가 더러 있기도 하다. 하지만 EBS 방송국이 운영하는 영어교육 사이트(EBSe nglish, EBS-i etc.)나 'M-best'와 같은 대형 학원이 비교적 탄탄하고 유익한 콘텐츠와 명석한 강의를 잘 배치해 운영하고 있어서 선택적으로 잘 활용할 수 있는 장점이 있다.

그러나 좋은 콘텐츠를 수용하기 위해 최소한으로 드는 비용이라 할지라도 오프라인의 학원에 비해 저렴할 뿐, 여전히 적지 않은 비용이 발생하는 것은 불가피한 사실이다. 그런데 이와 같은 콘텐츠들은 그것을 공부하는 대상에게 주어지는 강제성이 적고 오히려 자율성이 크게 작용하다 보니 확고한 성취 목표를 지닌 소수의 대상자를 제외하고는 대부분은 마침내 강의를 안 듣게 되는 일이 많다. 그것은 화상 영어회화나 영자 신문 사이트의 경우도 마찬가지이다. 코리아 헤럴드의 경우도 보다 많은 콘텐츠를 얻고자 할 경우 프리미엄 회원으로 가입하고 그에 따른 비용을 더 부담해야 접근이 가능해 진다. 그러한 모든 문제를 차치하고라도, 인터넷과 관련한 영어교육 방식을 활용하기 위해서는 무엇보다도 컴퓨터와 컴퓨터를 사용할 공간이 반드시 필요하다는 점에서 늘 가볍게 휴대할 수 있는 스마트폰에 비해서는 접근성이 떨어지는 단점을 지니고 있다. 스마트폰에서의 인터넷 접근은 스마트폰 어플이 일단 한번 다운로드 하면 이후부터는 쉽게 접근할 수 있는 데 반해, 인터넷 검색 방식은 즐겨찾기를 통해 사이트에 접근한 후 로그인을 하는 절차를 밟아야 한다는 점에서 잘 개발된 스마트폰 어플의 접근성보다는 떨어짐을 가늠할 수 있다.

〈EBS-i〉는 주로 수능을 대비하는 고등학생을 대상으로 행해지는 영어 교육콘텐츠들로 구성되어 있으며, 이것은 컴퓨터나 스마트폰 양쪽 모두에서 접근할 수는 있으나 M러닝 서비스로서 한 세트의 과정을 들을 때마다 각각 소정의 비용이 청구된다. 또한 입시생을 위해 다양한 과목을 다루는 사이트여서 상대적으로 일반인 모두에 대한 영어교육이라는 점에서는 그 총체적 전문성이 다소 떨어질 수도 있다.

그에 반해 〈EBSⓔnglish〉는 대한민국 영어교육의 선두로 자리매김을 하고 있는 영어교육 연구자들에 의해 오로지 영어교육 자체만을 위해 만들어진 것인 만큼 양질의 콘텐츠를 상당수 보유하고 있어서 단계별(유아, 초등, 중등, 고교)로 좋은 프로그램을 많이 확보하고 있는 장점이 있다. 그러나 그것이 인터넷을 통해 접근하는 콘텐츠라고는 하지만 사실은 EBS 방송에서 이미 다루어진 콘텐츠들을 VOD-다시 보기 형태로 정렬하여 저장된 것이라는 점에서 방송매체로서의 영어교육콘텐츠로 볼 수도 있다.

아무튼 영어 자막이 있는 유아용 만화 애니메이션 콘텐츠와 말하기(특히, Phonics를 중점으로 다룸)나, 동화 읽기와 같은 재미있게 접근 가능한 콘텐츠, 그리고 초등생을 위한 각 학년별 방송 내용 다시 보기(VOD) 콘텐츠 등은 주니어나 성인의 초보 영어 학습자에게도 활용가능하다. 아울러 중학 1·2·3학년을 위한 영어 콘텐츠와 특목고 대비 강좌는 물론 〈영작문 Tip〉 등의 우수한 콘텐츠와 고등학생을 위한 양질의 콘텐츠들을 유아용·초등학생용 콘텐츠와 더불어 역시 스마트폰의 영역으로 확장해서 인터넷 접속과 사이트를 통해 접근하기보다 어플로 다운로드 해놓고 원할 때마다 단번에 들어가도록 모든 콘텐츠를 스마트폰 어플 콘텐츠로 재정비 및 개발을 하면 그 활용도가 훨씬 증가될 것으로 판단된다.

EBS측이 그 방대한 콘텐츠들을 이미 어플화(化) 하는 작업을 하고 있는지는 모르나 만약 그렇지 않고 그대로 방송이나 인터넷만을 고집하고 있는 것이라면 스마트폰을 지니고 있는 수많은 예상 학습 가능 대상자들을 잃게 되는 것이며 양질의 콘텐츠를 덜 활용하게 만듦으로써 교육목표를 달성하는 데는 비효율적이라고 할 수 있다.

4) 미국과 영국의 영화, TV 드라마, 시트콤

영화와 드라마 또는 시트콤은 흥미 유발과 영어 학습을 동시에 이룰 수 있다는 점에서 한때 많은 영어 학습자들이 선호한 매체이다. 지금도 이러한 매체를 통해서 두 마리 토끼를 모두 잡으려는 사람들이 많기는 하지만, 요즘은 예전과 달라서 영어 학습 그 자체를 위해 영화나 드라마를 의도적으로 시청하고자 하는 이들이 더욱 많아졌다. 그만큼 영어 공부를 더 이상 필요에 의해, 마지못해 학습하려고 하기보다 이제는 흥미롭고 즐겁게 임하면서 자연스럽게 습득하고자 하는 욕구가 커진 것이라 할 수 있다. 이러한 점으로 미루어 볼 때, 스마트폰 어플에서 영어 학습을 위한 영화보기 콘텐츠가 개발되고 활용된다면 그것의 긍정적 기대감이 충족될 것은 자명한 일이다.

5) 기타: 전화영어, MP3, 영어 전자사전, 어학학습기(깜빡이 학습기 etc.)[5]

원어민들과 전화로 회화를 학습하는 것은 음성으로나마 직접 원어민과 접촉하며 실제의 생생한 대화를 연습할 수 있는 장점이 있다. 그러나 대화 수업을 하기 위해 서로 가능한 시간을 맞추어야 하므로 스케줄을 잘 짜고 자신의 약속된 시간을 늘 염두에 두고 있어야 하며, 사정상 일단 그 시간

---

5 〈보카마스터〉 Co,.Ltd 출시.

을 놓치게 되면 다시 다른 가능한 시간을 정해야 해서 번거롭고 불편한 경우가 발생한다. 그것은 인터넷의 화상 영어 회화도 마찬가지이다. 또한 나름의 준비를 하고 임하지 않으면 자칫 원어민의 일방적인 이야기를 듣기만 하게 되어버리고 그런 일이 반복되다 보면 스스로 점차 수업을 기피하게 되기도 한다. 게다가 수줍음을 타는 성향의 학습자는 다소 위축되기도 하여 본래의 학습목표를 충분히 기대하기 어려워진다. MP3나 영어사전, 그리고 어학학습기는 영어를 학습하는 데 도움을 주는 것이긴 하지만 그러한 것들은 어디까지나 보조적 기자재일 뿐이므로 그것들을 활용한 영어공부 방식만 고집할 경우 기계적으로 학습을 하는 데서 오는 단조로움 때문에 매너리즘에 빠지기가 매우 쉽다. 여러 가지 기능이 첨가된 깜빡이학습기나 하프스터디와 같은 영어학습기가 최근 홈쇼핑을 중심으로 많이 광고되고 있지만, 초도 구입비용이 그다지 저렴한 것도 아니거니와 학습자가 학습하려는 의지가 있는 경우에만 그 활용도가 커진다는 점에서는 여타의 학습방법이 지닌 한계를 여전히 가지고 있다.

3. 스마트폰 영어 Application 현황 및 활용의 장점

디지털 테크놀로지가 산업과 사회 전반에 깊숙이 파고들어 우리의 삶에 밀접하게 적용됨과 동시에 통신망이 함께 빠르게 발전함으로써 이제는 더욱 광범위하게 컴퓨터망에 접근할 수 있게 되었다. 그러한 흐름 속에 "스마트폰"이라는 이름그대로 똑똑하게 모든 것을 알려주는, 단순한 폰(phone) 이상의 기능을 하는 매체가 탄생했다. 그러므로 스마트폰은 그 어떤 매체보다 성장속도가 빠르고 전 세계적으로 그것을 다각도로 활용하려는 움직임이 가히 폭발적이라고 해도 과언이 아니다.

스마트폰의 인기가 날로 상승하게 된 데에는 기능적 측면뿐만이 아니라 스마트폰 어플이 지닌 그 자체의 매력적인 특성 때문이기도 하다. 그러다 보니 스마트폰용 어플에 대한 관심도 매우 뜨겁다. 음악, 게임, 영화 등의 문화 관련 콘텐츠는 물론, 온갖 정보를 전달해주는 어플과 학습용 어플에 이르기까지 각 영역들에서 저마다의 특성을 잘 고려해서 그야말로 마음을 빼앗길 만큼 획기적인 기획력으로 멋지게 보이면서도 실생활에 매우 유용한 콘텐츠로 부각시킨 어플들이 앞을 다투어 만들어지고 있는 추세이다.

애플사(社)의 앱스토어의 어플을 중심으로 인기 있는 어플들의 특징을 살펴볼 때, 그 어플이 인기가 있는 여러 요인들이 나타나는데, 비교적 저렴하거나 쉽게 이용할 수 있는 '접근의 용이성', 게임이나 여가를 즐길 수 있는 '오락성', 관심 있는 분야에 대한 '학습 가능성', 일정을 관리해주는 개인 비서 역할을 해주는 '생활 및 업무의 편리성', 다양한 정보를 빠르고 쉽게 찾을 수 있게 해주는 '정보성' 등이 그것이다.

스마트폰 어플의 이러한 장점들이 영어콘텐츠 어플에 적용됨으로써 오랜 세월 영어를 공부함에 있어 어려움과 매너리즘에 빠진 학습자들에게 획기적이고 흥미롭게 접근할 수 있는 형태로 개발되고 있으며, 여러 부문의 영어콘텐츠 어플이 애플사의 앱스토어와 같은 각 스마트폰 기기별 해당 어플 스토어에서도 개발 및 판매가 이루어지고 있다.

아래에 열거되는 어플들은 앱스토어에서 발췌한 영어콘텐츠 어플들의 예시이다. 예시된 영어콘텐츠 어플들을 분석해봄으로써 단점은 보완하고 장점을 극대화함으로써 스마트폰 어플을 이용한 영어 교육의 효과도 또한 최대로 끌어올리는 계기가 되기를 기대한다.

3.1. 스마트폰 영어 Application 활용 예시

영역별 분류	Sample Application
Pronunciation(발음)	『위풍당당 영어발음-발음 트레이닝』
영단어/영어표현 암기	『우선순위영단어』, 『뇌 새김 영단어』, 『i word』, 『소나기영단어』, 『능률-영어표현 찾기』, 『소년소녀 오늘의 영어 명언』, 『UP DOWN 토익 영단어』
Grammar	『Grammar English Express』, 『Grammar Easy Way』, 『Grammar Speech』, 『GE-Preposition』(전치사), 『GE-Tenses』(시제)
Reading	『Poket Story』, 『Book & Dic』, 『Kobo』, 『Alice』, 『The New york Times』
Listening	『대학 공개 영어강의』, 『파워 리스닝』, 『BBC 뉴스』, 『Time Mobile』, 『아리랑 라디오/TV』, 『CNN』, 『버락 오바마연설』, 『WGBH-미국 classical 음악방송』, 『JAZZ-FM91』
Speaking	『통하는 영어-상황별 영어회화』, 『문단열의 자동암기 영어회화』, 『이보영의 시추에이션 영어회화』, 『Twitter』(→Writing의 성격을 지니기도 함)
Writing	『영어일기 표현사전』
어린이 영어	『영어카드』, 『Flash Free』, 『Flash English』, 『Alpha Free』, 『Sing Sing Together-영어동요』
토익/텝스	『토익ODYSSEY 영단어-에듀 조선』, 『모질게 토익』, 『토익 타이머』, 『텝스ODYSSEY 영단어-에듀 조선』
검색, 사전	『두산동아프라임』, 『e知인』(영어지식검색), 『옥스포드 사전』, 『Collins 사전』, 『파고다-One-a-Day Expressions』
영어 퀴즈, 게임, 오락	『영어 퀴즈 왕』, 『십자퍼즐-단어 맞추기』, 『웃음이 있는 짧은 영어-유머』

[표 1] 스마트폰 영어 교육 콘텐츠 어플의 영역별 예시

기존의 영어 교육이 Vocabulary, Grammar, Reading, Listening, Speaking, Writing 등의 각 영역별로 개별적 습득이 가능하도록 하면서 동시에 통합적으로 습득하도록 활성화되어 있는 것과 마찬가지로 스마트폰 어플도 그러한 영향을 받은 것으로 보인다. 스마트폰 어플에서도 이와 같은 특성이 유지되는 것을 기본으로 하되, 그와 더불어 더욱 매력적인 스마트폰만의 장점과 특색을 가미함으로써 독특한 형태의 새로운 영어교육콘텐츠로의 가능성을 충분히 나타내주고 있는 것이다. 따라서 본고에서도 위의 표에서처럼 각각의 영역별로 분류해서 그것의 활용 예시 어플들의 구조와 특성을 분석하고 그것의 영어교육콘텐츠로서의 상용 가능성을 살펴보고자 한다.

1) Pronunciation(발음) Application

영어가 중요하게 다루어지기 시작한 이후에도 문법위주의 학습이 주로 강조됨에 따라 상대적으로 발음에 관해서는 대부분 도외시 되었다가, 그나마 듣기와 말하기 위주의 학습이 강조되던 시기부터 〈윤선생 영어〉의 파닉스 교재를 필두로 파닉스 교육의 중요성이 부각되었다.

그러나 학교 정규 과정에서는 발음을 정확히 가르치고자 하는 열의도 적고 시험 대비를 위해 진도 나가기에 급급한 실정인데다가 모든 영어 교사가 음성학이나 음운론에 대해 깊이 있게 전공한 것은 아니기에 확신을 가지고 발음을 교정해 나가기가 어려웠다. 심지어 어려서부터 오랜 시간 영어듣기에 노출된 학생들보다 오히려 어색한 발음으로 학교수업을 진행하는 교사들도 아직 남아있을 정도이다. 입시를 목표로 하는 학원에서도 영어의 발음 교정 수업은 별도로 많이 다루질 않기 때문에 발음기호조차 정확히 모르는 학생들이 많다.

영어의 발음을 정확히 원어민처럼 구사할 수 있게 되기 위해서는 많은 연습과 훈련이 필요하며 무엇보다도 원어민의 발음에 많이 노출되도록 해야 한다. 방송이나 Listening CD와 Tape 등을 통해 꾸준히 영어듣기를 훈련한 사람은 정확한 발음원리를 인지하고 있는 것은 아닐지라도 그나마 점차로 원어민의 발음과 유사하게 되어갈 수는 있다.

그런 점에서 위에 예시한 『위풍당당 영어발음』[6]과 같은 스마트폰 어플은 활용가치가 크다고 할 수 있다. 이 어플은 특히 영어 발음에 자신이 없고 원어민의 발음을 정확히 해야 한다는 강박감으로 위축되는 사람들에게는 수시로 간편하게 접근해서 원하는 발음을 선택하여 원어민의 발음을 듣고 정확한 입모양에 따라 발음을 연습하도록 해주는 발음 클리닉의 역할을 할 것이다.

영어 발음을 정확히 알면 Speaking에 도움이 될 뿐만 아니라 거꾸로 Listening도 더욱 잘 되기 때문에 원어민에 가까운 발음으로 교정하기 위한 노력을 꾸준히 할 필요가 있으며 따라서 간편한 접근성과 비교적 적은 비용으로 즐겁게 놀이하듯 발음을 교정해 보도록 훈련시켜주는 양질의 콘텐츠 어플이 지속적으로 개발되어야 할 것이다.

한편 영어단어를 공부하는 데 있어서도 암기를 하기 전 반드시 발음기호에 따른 정확한 발음을 확인하는 습관을 지니는 것이 매우 중요하다. 그런 점에서 다음에 예시되는 영단어 어플들처럼 암기할 때 원어민의 소리를 함께 확인하며 익히도록 해주는 스마트폰 어플들은 그 활용의 정도가 더욱 크다고 할 수 있다.

『위풍당당 영어발음』에서는 학습할 발음을 선택하면 원어민의 발음을 듣고 정확한 입모양으로 따라서 발음해보는 연습을 할 수 있도록 그림과 함

---

6 ATTOMEDIA Corp.

께 상세하게 제시되어 있는데, 발음 항목은 발음기호와 유사발음 및 강세 위치를 기준으로 59가지로 분류되어 있다. 예시단어를 터치하면 남녀 원어민 발음을 차례로 들을 수 있고 학습한 발음 포인트를 반복해서 듣고 따라하며 정확한 발음을 구사할 수 있도록 도와준다.

2) 영단어학습 Application

외국어를 학습하는 데에 있어 어휘 습득의 중요성은 전체의 절반 이상을 차지한다고 해도 과언이 아니다. 그러나 수많은 시간 동안 영어를 학습해온 사람들이라고 해도 많은 양의 어휘를 습득하기 위해서 따로 많은 노력을 기울이지 않는다면 Advanced Level로 옮겨가기가 매우 어렵게 된다.

서점가에 이미 수많은 어휘 관련 서적이 나와 있지만 훌륭한 구성으로 편집된 책이라고 해도 그것을 암기해야 하는 당사자는 학습자 자신이므로 학습자가 심혈을 기울여 암기하지 않으면 그야말로 그림의 떡일 뿐이다. 게다가 중고교에서도 단어를 쉽고 재미있게 잘 암기하도록 도와주는 프로그램을 활용하기보다는 그저 필요하니까 무조건 암기하라고 강요한다. 그것이 전혀 암기하지 않는 것보다는 나을지 몰라도 그로 인해 학습자들은 무의식중에 단어암기에 혐오를 느끼게 될 수도 있다. 어차피 어휘의 학습이 반복적으로 이루어져야 하는 거라면 그나마 자꾸만 보고 싶도록 매력적으로 유인해주고 매뉴얼대로 따라서 가다보면 저절로 학습이 되도록 도와주는 콘텐츠가 있다면 그것이 영어 공부에 획기적인 원조(도움)의 기능을 하게 될 것은 당연한 일이다.

또한 단어학습기가 지닌 단기기억과 장기기억 원리를 적용한 어휘습득 기능의 장점과, 저렴하면서도 학습에서 오는 단조로움과 스트레스를 상기하지 않을 수 있도록 해주는 흥미진진한 스마트폰 어플의 개발 및 활용이

더욱 확대된다면 어휘를 공부하려는 학습자들에게 또 하나의 매우 인기
있는 영어교육콘텐츠로 자리매김을 할 수 있을 것이다. 각각의 수준별 용
도에 맞게 차별성을 두며 다양한 기능들을 보유해 학습자가 마음껏 선택
해 가며 골고루 활용하도록 하면 학습의 효과가 보다 클 것이다. 그러므로
위의 표에서 예시한 몇 개의 단어 학습 콘텐츠의 구조를 각각 살펴보면 다
음과 같다.

· 『우선순위영단어』[7]는 중·고교 수준에서 우선적으로 암기할 필요가 있
  는 단어들이 수동 또는 자동으로 순차적 진행이 되어가며 발음과 함께
  차례로 익히도록 되어있고 반복학습도 가능하다.

· 『뇌 새김 영단어』[8]는 토익시험에서 요구되는 어휘를 학습하도록 도와주는
  어플이며, 사용자의 선택에 따라 수준을 정할 수 있고 학습 플랜에 따라
  매일 조금씩 꾸준히 익히도록 유도해주고 있다. 오답을 정리해가며 따라
  하다 보면 완전히 암기하는 것이 가능하도록 만들어져 있다.

· 『i word』[9]는 초중고 수능 필수 영단어는 물론 미드(미국드라마), 영화, 뉴
  스 등 최신 영단어를 제공하며 회원이 되면 스스로 자유롭게 만든 단어
  장도 함께 사용할 수 있다. 역시 모든 단어는 영한(English-Korean) 음성
  을 제공하고 있으며 학습자가 만든 단어장도 즉시 영한 음성지원을 통하
  여 암기의 효과를 증진시키고자 하고 있다. 암기 시 반복하고 싶은 만큼
  자유롭게 바꾸어 가며 학습할 수 있고 PC와 스마트폰 혹은 PMP 등 어떤
  기기에서도 자유롭게 사용할 수 있어서 활용도가 더욱 높아질 수 있는

---

7 Copyright ⓒ 2010 Jedain C&C
8 http://brain.weaversmind.com
9 www.iword.co.kr

어플이다.

· 『소나기영단어』[10]는 '소'리 '나'는 대로 '기'억하는 영단어 학습방식을 추구한 어플이며 매일매일 반복하도록 유도하며 복습을 도와준다. 복습 중 단어표시의 순차/랜덤 여부를 설정할 수 있도록 하였으며, 각각의 단어가 화면에 등장하는 동안 단어의 발음을 함께 들을 수 있게 해준다. 그러고 난 후에 터치를 하면 단어의 의미가 보이도록 함으로써 L1[11]의 학습자가 어휘를 익히는 방식 그대로 L2[12]의 학습자가 어휘를 익히도록 한 것이 특징적이다.

· 『능률-영어표현찾기』[13]는 국내에서 각종 영어 교재를 출간하는 데 선두주자 역할을 하는 출판사 중의 하나인 〈능률〉에서 만들어진 어플로써, 기존에 출간된 모든 어휘와 표현에 관련한 서적, 그리고 사전까지 총망라해 어플로 제작됨으로써 다른 어플보다 풍부한 내용을 수록하고 있다. 그 중의 하나가 『능률-영어표현찾기』이며 방식은 특정 단어나 숙어가 들어있는 다양한 표현들이 비교적 많은 예문과 함께 제시됨으로써 영어를 다양하고 깊이 있게 공부하려는 이용자들에게 도움이 될 수 있다.

3) Grammar Application

Grammar 학습은 구조를 익히는 과정 자체가 이미 어렵고 까다롭다는 전

---

10 Jun Sung Kim 〈http://wordfactoryworld.blogspot〉

11 First Language(Native Language)

12 Second Language

13 Neungyule Education, Inc 〈http://apps.neungyle.com〉

제가 내재되어 있는 것이니 만큼 그 어떤 콘텐츠를 통해서 학습할지라도 역시 어려울 수밖에 없는지도 모른다. 그러기에 문법의 모든 사항을 총체적으로 자세히 처음부터 끝까지 설명을 해야 하는데다가 그것에 재미까지 덧붙인다는 것이 실로 어려운 일인지도 모른다. 따라서 다른 영역의 콘텐츠에 비해 문법을 주로 다루는 스마트폰 어플은 그것의 양이 비교적 적은 편이다.

그러나 Grammar English Express, Grammar Easy Way, Grammar Speech, Grammar English-Preposition(전치사), Grammar English-Tenses(시제) 등의 콘텐츠는[14] 그럼에도 불구하고 문법의 내용이 세부적으로 구분해서 만들어졌다. 마치 책장을 넘기듯 읽으면서 몇 페이지 분량의 문법 내용을 익히고 나면, 그 다음엔 자신이 해당 문법내용을 제대로 알고 있는지를 파악하기 위한 Test를 스스로 해보도록 구성되어있다. 그 Test는 최대한 빠른 시간 내에 예문들 속에 적절한 표현이나 전치사 또는 시제 등을 문법적으로 맞게 채워 넣게 하는 퀴즈형식을 취하며 스마트폰 특유의 고운 색감으로 문법이라는 다소 딱딱한 이미지를 채색하여 따스한 느낌을 전달함으로써 한 번이라도 더 들여다보도록 유도한다. 하지만 그러한 외형적 특징뿐만 아니라 각각의 예문을 통해서 말 그대로 법이나 규칙으로만 끝나는 문법 자체에 그치는 것이 아니라 표현 속에서 반복적으로 문제를 풀게 함으로써 자연스럽게 여러 표현을 익히도록 구성되어있다. 일단 한 세트씩의 문제들을 풀고 나면 점수 확인과 Test 시간의 확인도 가능하다. 이 어플이 영어권 국가에서 제작된 콘텐츠라서 오답정리와 해설이 모두 영어로 설명되어 있다. 중급 이상의 학습자에게 유용할 것으로 여겨지며 주어진 부분에 관해서 완전히 익혀질 때까지 무한 반복이 가능한 것이 장점으로 보인다.

---

14 Eknath Kadam 〈http://eknathkadam.com〉

그러나 아직은 Grammar에 관한 스마트폰 어플이 전반적으로 다른 영역에 비해 매우 적은 실정이며, 따라서 Grammar 어플을 보다 다채롭고 쉽게 익혀지도록 이끌어 주는 콘텐츠로 개발 및 진보될 수 있게 할 필요가 있다. 그러기 위해 국내의 우수한 문법 교재 출판사와 콘텐츠 제작 기술전문 업체 등을 중심으로 더욱 많은 참여가 이루어져서 질적, 양적으로 우수한 문법 어플이 보다 많이 개발되도록 해야 할 것으로 사료된다.

4) Reading Application

Reading을 학습하기 위해서는 평소에도 소설과 에세이 등의 서적은 물론이고 신문과 잡지 등 다양한 장르의 읽기 콘텐츠를 활용할 수 있다. 따라서 어플에서도 다양한 Reading 관련 콘텐츠들이 등장하는데, 수많은 읽을거리 중에서도 영어 읽기 교육에서의 공신력 있는 자료로 활용되기 위해서는 그 콘텐츠의 내용과 질적인 면이 우선 고려되어야 하며 계속해서 꾸준히 읽고 싶어지도록 흥미로운 구성이 전제되어야 할 것이다.

사실 영어의 영역 중에서 Reading과 관련된 콘텐츠 제작을 위해 사용될 수 있는 자원은 무궁무진하다. 우선, 수많은 명작 소설들과 전 분야의 전공서적들을 꼽을 수 있다. 다양한 분야의 특징적 내용을 다루고 있는 잡지들과 영자 신문들, 어린이를 위한 동화와 성인의 교양 필독서 등에서부터 인생의 지침서나 처세를 위한 수필에 이르기까지 그 원소스(one-source) 자료 자체의 풍성함 때문에 각자의 기호와 입맛에 맞춰 골라 읽을 수 있도록 콘텐츠화(化) 하거나 어플로 제작하는 일이 다른 영역보다 용이한 편이다. 그러므로 스마트폰의 장점인 여러 특징들이 좋은 내용들과 적절히 섞이도록 잘 기획되고 독특한 구성방식을 위한 기술력이 발휘되기만 한다면, 그야말로 유용하면서도 방대한 분량의 영어 Reading 콘텐츠를 보유한 어플 제작이 가능하다. 위의 표에서 예시한 몇 개의 Reading 어플들을 다음과 같이 살펴보자.

· 『Poket Story』[15]는 외국의 콘텐츠로서, 재미있는 이야기 그림책을 마치 구연동화 작가가 읽어주는 듯한 구성으로 상황에 맞는 효과음 또는 음악과 함께 이야기가 펼쳐져서 콘텐츠를 이용하는 학습자로 하여금 강한 흡인력으로 빠져들게 할 수 있는 매력을 다분히 지니고 있다. 다채로운 색감과 특색 있는 그림으로 이루어져 장면마다 움직임이 살아 있도록 하며, 마치 실제로 책장을 넘기듯이 화면 오른쪽에 터치를 하면 책장을 넘기는 소리와 함께 다음 페이지로 넘어가진다. 그렇게 다방면에서 획기적인 기획력을 지님으로써 아이들뿐만 아니라 어른들까지도 재미있게 영어 읽기 학습에 접근하도록 해주는 콘텐츠로 『Poket Story』는 초보자들에게 더욱 활용도가 높을 것으로 여겨진다.

· 『Book & Dic』[16]은 영어 학습은 물론이며 영어 교양서적을 많이 읽고 싶어 하는 영어 학습자에게 매우 권장할 만한 콘텐츠로서 세계적으로 널리 알려진 수많은 양서들을 제공하고 있다. 책의 내용상의 레벨이 L1에게는 주니어 수준의 서적들이지만 L2의 영어 학습자인 우리 한국인에게는 그것을 읽어 나가는 데에 어느 정도의 영어의 실력도 함께 요구되므로 성인 학습자에게도 좋은 콘텐츠라 할 수 있다.

  이 콘텐츠의 무엇보다도 좋은 점은 그것의 구성에 있다. 즉 책을 읽어 나갈 때에 경쾌하게 들리는 책장 넘기는 소리가 실제로 책을 읽는 느낌을 갖게 해주며, 모르는 단어가 나올 때마다 그 단어를 터치하면 밑줄이 그어지며 단어의 뜻과 활용이 하단에 설명된다. 따라서 여타의 영어 원서를 읽을 때처럼 별도로 사전을 준비해야하는 번거로움이 없이 간편

---

15 Jason Stewart 〈http://www.wotsamaflip.com〉
16 EnSight Media 〈http://ensight.co.kr〉

하게 읽어나갈 수 있다. 또한 책을 읽다가 모르는 어휘에 대해 바로바로 확인이 가능하기 때문에 시간상의 지체 등으로 인해 독서 의욕이 쉽게 사라지는 것을 막아준다.

따라서 원서를 읽을 때 따로 어휘를 찾느라, 책을 읽는 것인지 공부를 하는 것인지 모를 정도가 되어 스스로 지쳐버릴 수 있는 일도 적어진다. 책갈피(Bookmark) 기능도 있어서 읽고 있던 페이지를 저장하고 기억하여 다시 책을 읽고자 할 때 그 부분을 찾기 쉽게 해준다.

· 『Alice』[17]에는 〈이상한 나라의 앨리스〉라는 잘 알려진 소설의 전권의 내용이 수록되어 있으며 비교적 내용의 충실한 읽기소스 제공 자체에 주력하였으나 책갈피 기능도 있고 읽기가 편안하게 구성되어 있는데다가 컬러감 있는 화면과 정돈된 문자배열이 짜임새 있게 구성되어있어서 어른들이 길이나 지하철 등에서 책처럼 활용하며 읽기에도 손색이 없을 만큼 품격이 있다.

또한 삽화가 있는 책을 읽을 때와 같은 기법이 활용되어 글의 흐름을 알 수 있게 해주는 움직이는 그림들이 종종 나타나도록 한 구성력이 상당히 돋보인다. 따라서 영문 내용만으로는 완벽한 내용파악이 어려울 때 이해의 폭을 확장시켜주는 보조역할을 하되 시각적 재미를 더해 줌으로서 독서의 몰입이 오히려 커지도록 한다. 이러한 점은 여타의 콘텐츠가 지니기 어려운 스마트폰만의 장점이라고 할 수 있다.

5) Listening Application

Listening을 학습하기 위해 그동안 다양한 학습 기자재들이 사용되어왔다. Tape에서 CD로 그리고 MP3 다운로드 방식으로 세대변형이 이루어지는 가운데 그 어떤 형태로든 듣기 학습을 하기 위해서는 별도의 기자재를

---

17 Alice's adventure in the sketchbook 〈회사: SUUP〉 〈http://www.suupexd.com/iApp/〉

지니고 다녀야하는 불편함이 있었던 것이 사실이다. 그러나 폰 기능 속에 어플 설치가 가능한 스마트폰의 탄생으로 듣기 공부를 위한 다양한 콘텐츠도 휴대폰 하나로 모두 해결되는 단계에 이르렀다. 그에 따라 기존의 듣기 교육 소스는 물론 다양한 매체방식의 전환이라 할 수 있는 뉴스나 라디오 방송, 그리고 음악 방송 등을 통해서도 듣기 학습이 가능해진 것이다.

· 『파워리스닝』[18] 어플은 리스닝이 약한 영어 학습자들을 위해 개발된 어플로 출시 4일 만에 앱스토어에서 1위를 할 정도로 큰 인기를 끈 어플이다. 단어 리스닝, 연음 리스닝, 문장 리스닝으로 나뉘어져 체계적인 학습을 할 수 있도록 구성되어 있으며, 원어민이 직접 녹음한 고음질의 mp3가 함께 제공된다. 슬립모드 재생 기능, 강좌 데이터 이어받기 기능 등 사용자의 편의성을 위한 기능도 업데이트 되고 있어 영어 학습자들에게 비교적 관심이 높은 어플이다.

· 『BBC 뉴스』[19], 『Time Mobile』[20], 『아리랑 라디오/TV』, 『CNN』[21]등은 보다 다양한 영어 소스를 비교적 자유롭게 들으며 리스닝 공부를 할 수 있는 콘텐츠이다. 지식이나 정보를 함께 얻을 수 있을 뿐만 아니라 현재의 생생한 보도와 VOD를 통해 가장 최신의 영어 소스를 청취하도록 하는 등 수준 높은 학습을 유도할 수 있는 장점이 있다. 콘텐츠 자체가 영어 교육을 위해 제작된 것은 아니지만 영어 교육을 위한 그 활용가치가 매우 높은 콘텐츠들이다. 또한 그러한 콘텐츠들을 어플로 다운받아 늘 휴대하며 상시적으로 청취를 할 수 있다는 점도 매력적인 요소이다. 다른 매체들로도 이미 많은 활용이 있어왔던 양질의 영어 콘텐츠이기에 스마트

---

18 회사 ATTOMEDIA Corp. 〈http://www.easyvoca.com/global/〉
19 BBC Worldwide LTD 〈http://news.bbc.co.uk〉
20 TI Media Solutions Inc. 〈http://app.time.com〉
21 CNN interactive Group, Inc. 〈http://edition.cnn.com/mobile/〉

폰 어플로의 전환에 있어 그것의 긍정적 가능성은 더욱 확대될 수밖에 없다.

· 『버락 오바마 연설』[22]의 콘텐츠는 실존 인물의 실제적인 강의나 연설이기에 강연자나 연설자와 직접적으로 만나서 그들의 강연을 듣는 것처럼 실감나게 영어소스(source)를 청취할 수 있어서 이 또한 영어교육의 보조 교육 자료로 활용할 수가 있다. 버락 오바마가 미국의 대통령으로 당선되고 취임되면서 했던 명연설은 곧바로 책으로 만들어졌고, 국내에서도 영어 읽기 소스로 활용하고자하는 대형 출판사를 통해 출간 된 바가 있었던 만큼 그것을 어플로 만들어 반복적으로 청취가 가능하도록 한 아이디어는 다른 명사들의 강연 어플 제작에 박차를 가해도 됨을 시사하기에 그 의미하는 바가 크다.

· 『WGBH-미국 classical 음악 방송』[23], 『JAZZ-FM91』[24]은 평소에 클래식 음악이나 재즈 음악듣기를 좋아하는 학습자가 음악과 더불어 영어 청취(모든 설명이나 멘트가 영어로 진행됨)를 하고자 할 때 활용가능한 일석이조의 Application이다. TV에서 시트콤이나 영화를 시청하며 일석이조의 영어 학습이 가능했던 것처럼 음악을 듣는 것이 주된 목적인 가운데 자연스럽게 영어를 청취하게 되므로 '공부'라는 부담감으로부터 벗어나게 해준다는 점 때문에 보조적이기는 하지만 오히려 응용적 가치가 있고 영어교육콘텐츠로서의 활용요소가 많다는 것을 발견할 수 있다.

---

22 『Book & Dic』-『버락 오바마 연설』 회사 EnSight Media 〈http://ensight.co.kr〉

23 WGBH Educational Foudation 〈http://wgbh.org/classical〉

24 JAZZ.FM91 INC. 〈http://www.jazz.fm〉

6) Speaking Application

Speaking을 효율적으로 학습하기 위해서는 상황과 용도에 적합하고 유용한 표현들을 최대한 익혀야할 필요가 있으며 실제 상황과 같은 현장감이 제공되는 콘텐츠를 통해 지속적으로 반복 연습을 해주어야 한다. 기존에 활용되던 영어회화학원 프로그램과 인터넷이나 전화 등을 통한 회화 학습은 시간과 비용의 경제성은 물론 지속적이고 반복적인 접근성이 다소 떨어지는 경향이 있었다. 그렇다고 개별적으로 원어민들과 직접 교류를 하는 것은 대다수의 학습자에게는 사실상 어려운 일이기도 하거니와 원어민이 인성과 자질 면에서 문제가 있을 수도 있기에 적극적으로 권장할 수만도 없다. 그러한 불편함 가운데 회화교재와 같은 단순 구성방식과는 달리 획기적 구성방식을 지니고 있을 뿐만 아니라 휴대가 매우 간편한 스마트폰 어플의 등장은 영어회화 학습자들에게 있어서 마음이 끌리는 일이 아닐 수 없다.

· 『통하는 영어-상황별 영어회화』[25]는 각각의 〈Unit〉마다 영어회화가 필요한 상황을 설정해서 학습 목표에 따라 세 개씩 세부 항목을 정하고 그에 따른 회화의 Key Expression과 지문과 해설을 참고할 수 있는 생생한 Conversation 녹음, 그리고 Check Up 및 Vocabulary의 발음 교정 연습까지 제공하고 있는데 매우 세련되고 짜임새 있는 구조를 지니고 있어서 성인들도 활용도가 높은 응용프로그램이다.

· 『이보영의 시츄에이션 영어회화』[26]도 상황별로 구분해서 회화를 연습하

---

[25] Edubox-인터넷 영어 학습 사이트 〈http://www.edubox.com〉
[26] Clbee System Co., Ltd. 〈http://www.clbee.com/iphone〉

게 하고 해설과 단어의 발음을 체크해준다는 점에서는 상기 어플과 비슷한 유형을 지닌 Application이다.

· 『문단열의 자동암기 영어회화』[27]는 하나의 영어 패턴을 실제로 연상되는 상황을 차례차례 연기처럼 제시하고 그것들을 각각 반복해서 듣고 따라 해 보는 연습을 시켜주며 문단열의 해설이 더해져서 듣고만 있어도 저절로 외워지도록 하는 원리를 적용한 것으로서, 적어도 목표로 한 그 표현과 패턴이 쉽게 연습이 되도록 도와준다.

7) Writing Application

Writing은 그 어떤 언어라도 글을 작문한다는 것에는 같은 원리가 적용될 것이다. 즉 많은 글을 읽은 사람이 글을 더 잘 쓴다는 이치가 그 중 하나이다. 따라서 좋은 리딩 콘텐츠는 좋은 라이팅 콘텐츠의 범주에도 포함될 수 있다.

기본적으로 글을 잘 쓸 수 있는 방법은 올바른 방법을 터득해가며 작은 글부터라도 지속적으로 쓰는 연습을 해 나가는 것이다. 그런 점에서 가장 편하게 작문연습을 하도록 도와주는 것은 영어일기를 쓰는 것이라 할 수 있다. 그러나 아무리 작고 쉬운 글이라고 해고 막상 쓰려고 하면 어떤 표현으로 적절히 구현해야 할지 막막할 수가 있다. 그러한 경우에 『영어일기 표현사전』[28]은 작문에 많은 도움을 줄 수 있는 콘텐츠라고 할 수 있다. 이러한 콘텐츠는 기존의 영어 교재 출판부문에서도 있다. 그러나 여행을 다니거나 자주 이동을 할 때에는 조금이라도 휴대와 이용이 간편한 스마트폰의 콘텐츠가 유용

---

27 MobileTfigger Corporation 〈http://www.mobiletrigger.net/〉
28 DaolSoft, Co., Ltd. 〈http://iphone_eng.daolsoft.com/〉

할 것이다.

　그런데 글쓰기와 관련된 스마트폰 어플도 Grammar의 경우처럼 다른 영역의 것 보다 비교적 부족한 편이다. 그것이 부족한 이유는 오프라인에서의 글쓰기와 그에 대한 평가를 하는 방식도 그러하듯, 주관적 관점이 많이 부각되는 글쓰기 자체의 특성 때문에 첨삭지도를 해주는 데에 따른 어려움이 스마트폰에서도 존재하기 때문이다. 따라서 그러한 어려움을 해결하면서도 영어학습의 효과가 큰 글쓰기 관련 스마트폰 어플을 개발하는 방안이 시급히 연구되어져야 하겠다.

8) 기타 활용 Application

· 어린이 영어교육콘텐츠에 관련한 어플도 매우 다양하고 풍성하게 개발되어질 필요가 있다. 단어와 파닉스를 주로 습득해야할 시기인 것에 착안해서 어린이가 영어공부를 놀이처럼 재미있게, 그러면서도 지속적으로 접근이 가능하도록 하기 위해 다양한 연구가 필요하다. 『Sing Sing Together-영어동요』[29]는 영어를 처음 사용하는 유·초등학생을 대상으로 한 콘텐츠로서 영어에 대한 흥미를 가질 수 있게 재미있는 노래, 율동 등을 통해 영어 듣기와 읽기에 쉽게 접근하도록 하였다. 주로 Chant와 노래 등을 활용하고 있는데 액티비티(activity)가 필요한 어린이 학습자의 눈과 귀를 충족시켜주는 영어 교육 어플로서 활용도를 더욱 높여줄 수 있다.

---

[29] FEATURES
　⑴ 영어동요를 귀여운 캐릭터와 3D영상을 통해서 활동을 따라하고 노래를 부를 수 있도록 개발.
　⑵ 연령별마다 아이들이 쉽게 따라 부를 수 있는 유명한 동요 수록.
　Edubox 〈http://www.edubox.com〉

· "토익/텝스"는 시험을 준비하는 학습자들을 위한 콘텐츠로, 시간이 부족한 어른들이 학원을 다니거나 무거운 책을 들고 다니지 않아도 『텝스 Voca-odyssey 영단어』[30]와 같은 어휘암기나 문제풀기 연습을 수시로 틈틈이 공부할 수 있도록 해주는 어플들이 꾸준히 등장하고 있다. 그러한 어플들은 성인이나 Advanced Level의 학습자들에게 활용도와 만족도가 매우 높을 수 있다.

· 두산동아의 『프라임 영한/한영 사전』 어플은 앱 스토어의 레퍼런스 분야에서 1위를 할 정도로 많은 인기를 얻고 있다. 특히 "대부분의 사전 어플이 기능적인 부분만 업데이트를 제공하는 반면, 두산동아는 신어, 표제어 등 사용자들에게 실질적으로 필요한 콘텐츠까지 무료로 업데이트를 해주고 있어 많은 외국어 학습자들의 입소문을 타고 있다"[31]라는 인터넷의 한 기사내용처럼 스마트폰에서의 〈사전 검색〉 유형의 어플은 매우 두꺼운 사전을 대신함으로써 기존의 전자 사전보다도 가볍고 휴대와 이동성을 높이는 것은 물론이고 사용자들에게 가장 유용할 수 있는 콘텐츠를 제공하는 스마트폰 어플이다.

· "영어퀴즈, 게임, 오락"을 통한 영어교육콘텐츠들은 영역별로 나누어 중요하게 다루어 왔던 이른바 주요 부문에 속하지는 않지만, 영어를 학습하는 모든 이들에게 사실상 가장 필요한 학습동기와 흥미를 유발시켜주는 보조적 기능으로서 오히려 중요하게 다루어져야할 영역이기도 하다. 대부분의 영어 학습을 필요로 하는 사람들이 동시에 스마트폰 보유자일 가능성이 점점 커져가는 이즈음에 그러한 대상자들을 겨냥한 스마트폰 어플은 지속적으로 더욱 다양하게 개발되어야할 것이다. 따라서 『영어퀴즈 왕』[32]과 『웃음이 있는 짧은 영어-유머』[33]처럼 재미있고 유용한 어플은 물

---

30 에듀조선(EDUCHOSUN, INC).

31 모바일 워크랩, 국내 최대 IT 정보 디지털 커뮤니티 〈www.kbench.com〉

32 Hoon Jae Lee 〈http://engquiz.tistory.com〉

33 하루에 한 번, 10분을 투자해 영어 원문을 빠르고 부담 없이 읽을 수 있게 구성한

론이고 나아가서 어린이나 학생들이 좋아하는 게임 속에서 영어교육이
동시에 이루어질 수 있는 양질의 콘텐츠를 개발함으로써 공부보다 게임
을 더 좋아하는 대상을 영어학습의 길로 자연스럽게 유도할 수 있게 하는
방법을 연구하면 좋을 것이다.

한편, 위의 콘텐츠를 판매한 앱 스토어가 아니라 T 스토어[34]에서 출시된
어플 중에 〈모바일 워크 랩(Mobile Walk lab)〉[35]이라는 어학 학습기 콘텐츠
가 있는데, 이제 스마트폰이 어학학습기 기능까지 할 수 있게 되었다는 점
이 영어 교육의 비용 측면에서 상당히 경제적이라는 부분을 암시하기에
스마트폰을 활용한 어플 개발에 대한 긍정적 당위성을 더욱 확연하게 시
사하고 있다. 최근에 홈쇼핑 등을 통해 판매고를 올리고 있는 깜빡이 학습
기가 30만 원 이상에 이르는 것을 상기해보면 그 비용 대신 1만 원 정도의
비용을 들여 교육내용을 다운받은 휴대폰을 '어학학습기'처럼 사용한다면
이용자의 입장에서는 경제적으로 상당한 도움이 될 것이다. 이러한 특징
은 본고의 스마트폰 영어 어플의 장점을 살펴보는 단계에서 다루어 보기
로 하겠다.[36]

새로운 내용과 형식의 영한 대역 시리즈.
TrueMobile Co., LTD 〈http://www.truemobile.com〉

34 SK 스마트폰 어플 Store.

35 모바일 솔루션 기업인 엠클릭플러스(대표이사 오재연 www.mclick.net)가 출시한
스마트폰용 어학학습기 Application.

36 위에 열거한 어플들은 주로 앱스토어에서 혹은 T스토어에서 몇 가지 용례를 뽑아
본 것이다. 따라서 나머지 다른 콘텐츠와 또 다른 스토어들에서 판매되는 콘텐츠
까지 더하면 더욱 많은 영어 교육관련 콘텐츠가 있음을 밝힌다.

3.2. 스마트폰 영어 Application 활용의 장점

위의 예시들과 같이 현행되고 있는 영어교육 관련 스마트폰 어플들의 활용을 살펴보는 가운데 각각의 효율성과 더불어 스마트폰 영어 Application을 활용하는 데에 따른 여러 가지 측면에서의 이로운 장점들이 발견되는데 다음과 같이 크게 다섯 가지 정도로 요약이 가능하다.

1) 경제적 측면

스마트폰 어플의 영어 콘텐츠를 활용할 경우 비용 발생의 측면에서뿐만 아니라 시간의 경제성도 확보가 될 수 있다.

우선 무엇보다도 각각의 콘텐츠를 구입할 때 그 자체의 금액이 다른 어떤 학습 자료보다 저렴하다는 것이 매우 큰 장점이다. 동시에 사전류의 서적을 비롯해 수많은 양의 영어교육 서적이나 영어잡지, 또는 읽기를 위한 다양한 원서 등을 모두 포함할 수 있으며 심지어 전자사전이나 깜빡이학습기 또는 듣기를 위한 MP3와 같은 영어교육 부자재 등의 기능을 모두 아우를 수 있음으로 해서 그것의 총비용을 환산해서 비교해볼 때 상당한 금전적 절약 효과가 있다고 할 수 있다.

시간적인 면에서는 영어 학원까지 이동하는 데에 걸리는 시간과 길에서 자투리 시간을 활용할 수 없음으로 해서 아깝게 버려지는 시간 등을 절약해서 활용할 수 있으며 언제 어디서나 간편하게 접근할 수 있으므로 심지어 컴퓨터 접속을 이용할 때 걸리는 얼마간의 시간조차도 절약해 준다. 요즘은 컴퓨터의 성능도 대체적으로 향상되어 부팅 속도가 매우 빨라졌지만 컴퓨터의 기능을 갖춘 스마트폰이 그보다는 접근성이 더욱 빠르다.

2) 지속가능한 측면

스마트폰 역시 기존의 휴대전화처럼 크기가 작고 무게가 가벼우므로 일단 휴대가 간편하다는 장점이 있는데 이러한 점은 스마트폰 영어 어플이 언제나 이동이 가능한 학습도구임을 입증해준다. 그러므로 수시로 들락날락하며 언제라도 다시 접근하기가 용이하다. 따라서 이러한 장점이 영어학습의 지속가능성을 더욱 높여줄 수가 있게 된다. 즉, 자신이 공부를 하던 지점에서 설령 부득불 멈추게 되었을지라도 재 접근시 이전의 그곳으로 매우 쉽게 도달할 수 있으며 이전의 학습과 연결된 학습을 할 수 있게 되는 기능을 지니고 있다는 것이다. 게다가, 거창한 각오로 새롭게 영어학원이나 인터넷 강좌 수강을 시작했더라도 중간에 장·단기적으로 휴지기간이 발생할 경우 흐지부지하게 될 가능성이 생기는 것에 비교해볼 때, 부담 없이 언제라도 자신이 멈추었던 단계로 진입할 수 있다는 것은 학습의 지속성까지 가능하게 해주는 상당히 큰 장점이 되는 것이다.

또 다른 측면에서, 자신이 원하는 목표에 도달할 때까지 완전한 습득이 이루어지도록 하나의 섹션을 무한 반복을 할 수 있다는 점 또한 학습의 지속성을 높여주는 것이라 할 수 있다. 왜냐하면 반복을 통해 습득되어가는 학습적 희열감이 영어 학습에 탄력이 생기게 해주므로, 그에 따른 가속도가 커지면서 지속적으로 콘텐츠에 접근하고자하는 의욕을 생성시켜주기 때문이다. 이러한 점이 인터넷 강의에서도 비슷하게 존재한다고는 하지만 비용의 경제성과 대비할 때 스마트폰 어플이 보다 우위를 선점한다.

3) 선택의 자율적 측면

스마트폰 어플은 모든 분야에 걸쳐 골고루 개발이 되어 있어서 그 다양함이 실로 헤아릴 수 없을 정도이며 앞으로도 끊임없이 생겨날 것이다. 이러한 현상은 당연히 영어교육 관련 어플에서도 마찬가지이다. 따라서 영어 어플 콘텐츠들을 통해 학습을 하고자 할 때 그야말로 골라먹는 재미가 있게 된다.

다시 말해서 원하는 영역(읽기, 듣기, 말하기, 쓰기 등)에 따라, 또는 스스로 가장 취약하다고 여기는 부분을 찾아서 그리고 학습목표(각종 시험 대비, 중고교 학년별 필수 어휘 등등)에 따라서 각각 선택할 수 있으며 자신만의 콘텐츠들을 모아서 하나의 맞춤형 콘텐츠로 묶어둘 수가 있다.

학습 대상에 있어서도 어린이, 중고생, 일반인 모두가 각각 자신이 필요한 것들을 선택하는 데 전혀 외부적, 환경적 영향이 작용하지 않으므로 타인을 의식할 필요도 없이 솔직하게 자신의 영역을 파고 들 수가 있다.

4) 효과적인 영어 학습의 측면

'3.1'에서 기술한 어플들의 예시와 분석을 통해서도 알 수 있듯이, 영어 어플을 활용한 학습의 효과는 여러 측면에서 다양하게 나타난다.

예를 들면 〈발음〉관련 어플에서는 마치 개인교사처럼 발음을 교정해줌으로써 학교나 학원 등 어디에서도 교육과정에 포함시키고 있지 않은 부분을 쉽고 흥미롭게 공부할 수 있는 학습효과가 있다. 또한 재미있는 게임과 같은 전개방식은 학습자로 하여금 흥미를 유발함으로써 학습효과가 더욱 커지고 그에 따른 만족도가 향상될 수 있다. 자발적이면서도 수시로 반복하게 하는 패턴이 암기를 보다 적극적으로 임하게 함으로써 영어 학습에서 가장 중요한 요소이며 대다수의 학습자를 힘들게 하는 〈암기〉라는 측면에서의 학습 효과가 개선 및 증대될 것이다.

한편 MP3를 이용해 듣기 자료들을 다운할 때와는 달리, 학습에 도움이 되는 양질의 자료를 스스로 일일이 애써 찾아다니지 않아도 될 만큼 더욱 다양하고 많은 양(CNN 뉴스 등)을 쉽게 보유할 수 있을 뿐만 아니라, 듣기 학습을 하다가 중간에 언제라도 관련된 배경지식이나 모르는 단어를 찾아볼 수 있도록 곧바로 인터넷의 검색 사이트로 연결 또는 진입할 수 있게 되어 있는 스마트폰 어플의 구조는 시간이나 비용의 경제성뿐만 아니라 자연스럽게 물 흐르듯이 연결되는 학습을 하게 해줌으로써 영어 학습의 효과를 극대화 할 수 있다.

5) 두뇌의 활성화 측면

음악이나 양질의 게임이 두뇌에 영향을 미치고 두뇌의 개발에 활용도가 있다는 사실은 우리가 이미 주지하고 있는 바일 것이다. 그러므로 스마트폰 어플 중에서 영어 청취가 가능한 음악 어플이나 영어 매뉴얼을 동시에 익히게 해주는 게임 콘텐츠를 영어 학습에 활용할 경우, 영어 학습은 물론이며 두뇌의 활용 및 개발이라는 차원에서 일석이조의 효과를 기대할 수가 있다.

또한 비교적 작은 화면에 시선을 두고, 화면의 움직임들을 포착해가는 과정에서 내용에 몰두하는 '집중력'도 동시에 개발 및 향상이 가능할 것으로 여겨진다. 게다가 다채로운 컬러의 변화들이 뇌의 '시각적 감각 기능'을 향상시키고, 적절하고 경쾌한 효과음의 사용으로 인해 '청각적 감각 기능'도 향상을 시켜주게 되므로 두뇌의 활성화에 대한 기대감도 연구자의 입장에서 결코 간과할 수 없는 부분이기도 하다.

한편 손가락으로 터치('촉각적 감각 기능')하는 방식이 스마트폰 어플 조작의 대부분을 이루고 있으므로, 만일 학습자가 의도적으로 열개의 손가락을 골고루 활용해가며 터치하는 습관을 지니게 된다면 피아노 등의 손가락을 활용하는 악기를 다룰 때처럼 뇌의 활성이 커지게 할 수 있다. 인지 발달 영역의 측면에서도 손가락을 많이 사용하는 것이 두뇌개발에 좋다고 알려진 바, 미미하게나마 뇌를 지속적으로 자극함으로써 두뇌의 지속적 개발이 이루어질 수 있을 것으로 기대된다.

이상에서 서술한 스마트폰 어플의 활용 장점을 〈표〉로 정리해 보면 다음과 같다.

일반적 장점	세부적 장점	
	하드웨어적 장점	소프트웨어(콘텐츠)적 장점
– **상시적 휴대 가능성** 이동의 용이함 – **자투리 시간을 이용**해서 틈틈이 학습할 수 있다는 점 – **지속적으로 꾸준히 사용 가능**: 사정상 끊겼다가도 자신이 학습하던 지점으로 다시 곧바로 연결됨 ex) 북마크 기능 – **개인 선택적 융통성**: 레벨별, 기호별, 용도별 선택 – **재미있는 콘텐츠**가 많음 – **경제성**: 시간과 비용 모두 절약됨 – 짧은 시간 대비 **학습효과** 큼 – **두뇌 활용 효과**: 아이디어 있는 콘텐츠를 접하고 이용하면서 부가적으로 얻게 됨	– **작고 경량감 있는 구조의 기가**: 들고 다니며 학습이 용이함 – **개인적 프라이버시 보장**: 작은 공간에서 혼자 학습하고자 할 때 – TV, **컴퓨터**, MP3, 전자사전, **학습기**, 전화기, 녹음기의 기능이 모두 하나로 응축됨 – 작은 크기의 화면응시에서 오는 **집중도의 향상** – 여러 단계를 거치지 않고 – 여러 단계를 거치지 않고 원하는 어플로 **곧바로 진입가능** – 마우스 사용이 불필요하고 손가락만으로도 **화면자체의 변환이 용이함**	– **콘텐츠의 다양함과 풍성함** – **학습동기 유발의 구성방식**(다채로운 컬러, 흥미로운 사운드, 경쾌한 화면전환 등) – **자료 응용성**(영역별 호환 가능성) – 나만의 스마트폰에 저렴한 비용으로 많은 **콘텐츠 보유 가능** – **생생한 시청각 자료**에 간편하게 접근하기가 용이함

[표 2] 스마트폰 영어 교육 콘텐츠 어플 활용의 장점

4. 영어교육을 위한 스마트폰 Application 제작에 관한 제안

　영어교육과 관련한 스마트폰 어플의 장점을 언급하고 보니 그러한 장점들이 다소 파편적인 것임이 드러난다. 다시 말하자면 영어교육의 목표가 영역별 모두에서 달성될 수 있도록 하는 데 있는 것으로 본다면 하나의 어플 속에 다양한 영역이 서로 유기적으로 연계되어 즉각적인 상호보완이 가능한 어플의 개발이 요구되어지기도 한다는 것이다.

　그러나 각각의 학습자의 기호에 따라 부분적으로 활용하는 데에서 오는 장점들이 무수히 많음에도 불구하고 각각의 실력과 레벨에 세밀하게 의거하되 그러한 특정 학습자에게 맞는 어플들을 하나의 맞춤형 어플로 만듦으로써 종합적으로 학습효과를 기대하는 학습자에게 활용되도록 하는 프로그램 개발은 아직 활성화되지 않은 상태이다.

　물론 그것이 프로그램상의 문제만은 아니며 교육당국의 제도적인 현실과 스마트폰 보급의 완결 등 제반 사항들이 함께 영향을 주고받는 것이기는 하지만, 기왕에 영어교육의 효과적 향상을 기대한다면 어플을 개발하고자 하는 개발자들이라도 우선 이러한 점을 늘 염두에 두어야 하겠다. 즉, 다시 말하자면 스마트폰의 총체적 장점을 부각시키고 학습자에게 최대의 효과를 전달할 수 있는 응용프로그램을 만들기 위해 더욱 분발해야한다는 것이다. 또한 그러한 스마트폰 어플의 장점을 지속적으로 홍보하는 일에도 앞장서야 할 것이다. 따라서 필자도 위의 견해에 따라 유용한 영어교육을 위한 스마트폰 어플 제작에 두 가지 정도의 아이디어를 제안한다.

1) 통합형(총체적)인 학습을 유도해주는 영어교육 Application 개발

지금까지 개발된 스마트폰 어플의 콘텐츠들이 이미 언급한 바와 같이 각각의 영역별로 다양하게 만들어지고 있어서 선택의 자율성이 극대화 된 것이 장점인 것은 분명한 사실이다. 그러나 다른 한편으로는 스스로 본인의 수준을 정확하게 파악하지 못했거나, 특별한 시험 대비를 위한 학습의 요령을 숙지하지 못한 학습자들, 그리고 학습의 습관이 잘 정립되지 않은 학습자들의 경우에는 보다 체계적으로 학습하고자 하는 열망이 존재할 것이기에 그에 부응하여 총체적으로 잘 다루어진, 그러면서도 각각의 학습자에게 알맞게 잘 조화된 〈맞춤형〉 어플이 마련되어야 하겠다.

[방법론]

① LEVEL TEST

학습자가 스스로 부족하다고 여기는 영역을 먼저 입력하도록 하고 거기에 레벨테스트와 전문가의 진단에 근거한 적절한 결과에 의거해 향후 학습방향을 모색하도록 도와준다.

② 적절한 영어 교육 콘텐츠와 필요한 어플을 선택하여 제시

마치 어학원에서 수강 등록할 때 레벨테스트를 한 후에 적절한 클래스에 배정해주고 수업에 필요한 교재를 권해주듯이, 레벨테스트의 결과를 분석하여 그 학습자에게 가장 유용한 어플들을 모아서 잘 정돈하고 배치함으로써 학습자가 학습을 하고자 할 때마다 진입의 단계를 최대한 줄여주도록 한다.

차별화된 다양한 학습콘텐츠를 방대하게 보유하도록 하고 때로는 각각의 요구되는 어플들을 에이전시처럼 대행해서 구매해주는 방식을 취한다면 유효적절한 선택이 가능하도록 도와주는 것이 될 것이다. 다만 총 구매

가격과 구매 내역서를 먼저 학습자에게 확인하고 수락의사를 확인하는 것을 전제로 하면 될 것이다.

③ 학습 플래너 역할 및 지속적인 학습관리

학습자의 최종 목표에 따라 연간 혹은 월간 계획을 상세히 세워주고 주간 학습 목표 및 계획을 설계해 준다. 이를 통해 학습자가 일정한 보폭으로 꾸준히 학습해 나아가도록 도와주고 마침내 소정의 목표를 달성하고 더 나아가서 그 다음의 더 높은 목표를 향해 발돋움할 수 있도록 이끌어준다. 매체의 특성상 개개인에게 일일이 Man-to-Man으로 직접 대응할 수는 없겠지만 학습자가 기록해 놓은 학습 예상 가능한 시간에 따라 알람기능을 활용해서 알려주고 스스로 학습하게 해주며 다음 계획을 다시 기록 또는 수정할 수 있도록 프로그래밍화(化) 할 필요가 있다.

학습 플랜을 짜는 것이 용이하도록 돕고 학습을 관리해주는 프로그램을 효과적으로 잘 만든다면 지속적인 학습관리가 가능하다고 본다.

[기대효과]

이러한 어플을 개발함으로써 스마트폰 영어 어플이 지니고 있는 "다양성"이라는 장점과 기존의 축적된 영어교육 프로그램의 노하우가 합쳐지는 효과를 얻을 수 있을 것으로 기대한다. 여기저기를 넘나들며 다양한 콘텐츠를 접해보는 즐거움 못지않게 중요한 것은 보다 더 꾸준하게 공부할 수 있는 학습 환경이기도 하기 때문이다.

이상에서 "총체적 학습을 유도해주는 통합형 영어교육 어플 개발"에 대한 아웃라인을 설계해 보았다. 보다 상세하고 세밀한 연구는 차후에 계획하고 있는 연계된 논문을 통해 발표하도록 하겠다.

2) 스토리텔링이 보다 많이 첨가된 Application 개발

현재 지속적으로 개발되고 있는 영어 어플들은 저마다의 장점을 부각하며 영어의 기능적 측면에서 나름의 스토리텔링을 시도하고 있는 것이 엿보인다. 그러나 영어의 학습을 유도하는 데에 있어서 단순히 기능적인 측면(화면의 컬러, 음향, 전개방식 등)에서만 스토리텔링이 이루어지고 있다는 점은 전반적으로 영어교육이라는 태산과도 같은 영역을 다루기엔 상당한 보완의 여지를 남기고 있다. 그러기에 이 또한 개발자들이 염두에 두어야 할 부분이다. 즉 영어를 익히는 학습자들에게 내용적 측면에서의 매력을 발산해주어 자발적으로 학습에 임하도록 유도할 필요가 있다는 것이다. 기존 어플이 다루고 있는 내용 속에 이미 스토리가 들어있는 경우(리딩 콘텐츠, 뉴스 보도 등)도 많이 있지만 그것은 현대의 아이콘에 맞는 새로운 이야기 창작물이 아니므로 학습자들에게는 그저 학습을 위한 학습이 되어버릴 가능성이 있기 때문이다.

[방법론]

영어교육에 스토리텔링을 활용하려는 움직임이 다른 매체(EBS교육방송 어린이 영어 프로그램 등)에서는 꾸준히 실행되어 왔기에 많은 아이디어가 있으리라 생각된다. 하지만 필자 역시 그런 아이디어 구상의 일환으로, 그리고 스마트폰 매체에 적합하다고 여겨지는 아이디어를 제시해보고자 한다.

① 한국형 이야기를 영어 스토리로 재창조하여 개발

동, 서양의 위인뿐만 아니라 한국의 위인들의 이야기를 담고 있는 기존의 서적은 일련의 사건과 사실을 단순하게 전달하는 형식이 거의 대부분이므로 그러한 방식에서 벗어나 중요한 사실을 근거로 하되 이야기를 재구성해서 재미있는 콘텐츠로 각색한 내용을 영어로 다시 흥미롭게 번역하고 최근의 트렌드에 맞는 새로운 버전의 역사 인물전을 스마트폰 어플로 개발한다.

② 직접 영어 이야기의 주인공이 되어 스토리를 진행

이야기의 흐름에 보다 적극적으로 동참해서 영어적인 발상을 해가며 실감나게 이야기를 따라감으로써 흥미롭고도 자연스럽게 영어에 몰입하도록 도와 줄 수 있다. 따라서 이러한 어플의 개발은 더 이상 "영어-공부"가 아니라 "영어-놀이"가 되도록 하는 데 조금이나마 보탬이 되는 방법이라고 하겠다.

[기대효과]

위에서 예시한 바와 같이 영어콘텐츠 개발에 스토리텔링 기법을 대거 활용한다면, 특히 스마트폰 어플의 특성을 고려해볼 때 오히려 유용하고 적합한 결과를 이끌어낼 수 있는 효과가 있을 것이다. 스마트폰에서 뿐만 아니라 전자책에서도 함께 활용해볼 수 있다는 장점이 있으며 이러한 어플을 개발함으로써 흥미와 효과적인 영어교육, 그리고 교훈을 얻는 학습 효과까지, 그야말로 일석 삼조의 결과가 될 것이다. 이러한 어플을 개발하는 데에는 개발자의 기술적 능력뿐만 아니라 콘텐츠를 잘 이해하고 스토리텔링을 잘 할 수 있는 능력이 상당히 요구되기도 한다.

5. 〈영어교육+스토리텔링+스마트폰〉의 결합을 통한 콘텐츠 개발

　2010년 12월을 기준으로 국내 스마트폰 보급대수가 700만대를 넘어섰다고 한다. 이는 2008년도 28만대 대비 24배, 2009년도 80만대 대비 8.5배 성장한 것으로 세계에서도 가장 빠른 증가세라고 한다.[37] 아직까지 영어교육 수요자들 모두가 스마트폰을 구비한 것은 아니지만 이와 같은 추세라면 향후 5년 이내에 스마트폰의 구매는 매우 높은 수치를 기록할 것으로 판단된다. 초등학생에서 중고등학생, 대학생, 일반인(유아교육을 담당하고 있는 부모 포함)에 이르기까지 모든 층의 영어교육콘텐츠 수요자들에게 스마트폰이 보급되면 스마트폰의 영어교육콘텐츠가 더욱 많이 상용화됨은 자명하다. 그렇게 되면 지금보다 더욱 다양한 콘텐츠들이 개발될 것이다. 그러나 단순한 양적인 확대에서 그쳐서는 안 될 것이며 양질의 교육콘텐츠가 끊임없이 개발되고 업그레이드되어야 할 것이다.

　한때 인터넷이 영어교육을 주도하기 시작했을 당시 대형 학원이 인터넷 강의를 표방하며 마케팅을 하고 그에 따른 성과를 얻은 것에 힘입어 부족한 콘텐츠를 지닌 수많은 인터넷 영어 사이트가 우후죽순처럼 생겨나기도 했던 것처럼, 스마트폰 영어 어플도 그러한 과정을 거치게 될 것으로 예상된다. 하지만 소비자가 구매할 때 신중하게 잘 선택하는 안목도 함께 커지게 될 것이므로 그러한 점은 크게 우려하지 않아도 될 것이다. 그러나 거꾸로 생각하자면 그것은 보다 많은 소비자가 선택하고 소비자가 그것에 만족할 수 있는 우수한 영어콘텐츠가 되어야 한다는 것을 의미하는 것이기도 하다.

---

37 http://georgek.egloos.com/1260895

[그림 1] 실제 활용 중인 스마트폰 영어교육 Application

따라서 영어콘텐츠가 일단은 볼거리가 많은 어플로 개발이 되어야 할 것이다. 즉, 시각적으로 마음을 끄는 색감과 디자인을 고려해 제작하고 효과음이나 음악을 활용하며 플래쉬 화면처리 등도 개성과 고유한 특성을 차별성 있게 잘 사용해서 흥미유발이 최고조에 이르도록 제작되어야할 필요가 있다. 그러나 무엇보다도 소비자가 이전까지 영어공부를 하며 진정 필요로 했던 부분에 대한 절대적 인식을 함으로써 가려운 곳을 시원하게 긁어주는 것 같은 만족감을 줄 수 있도록 영어의 교육적 내용과 질적인 향상을 꾀해야 할 것이다. 예를 들어 영어 회화를 공부하기 위한 콘텐츠라면 그것의 본질인 커뮤니커티브 컴피턴스[38]를 개발하도록 도울 수 있는 콘텐츠로 개발되어야함을 잊어서는 안 된다.

그러면서도 한편으로는 영어의 각 영역을 다루는 콘텐츠가 저마다의 스토리텔링화(化)가 잘 이루어져서 재미있는 이야기가 담기도록 개발이 된다면 수요자(=학습자)들은 마치 신나고 재미있는 이야기를 접하는 것처럼 여기게 될 것이다. 재미있는 이야기를 늘 들려주는 사람에게는 저절로 많은 이들이 모여들게 되듯이, 자연스럽고도 부담 없는 분위기 속에서 저절로 학습을 하게 되는 스마트폰 어플의 가장 큰 장점을 최대한 누리도록 해주어야 무의식적으로 혹은 습관적으로 손가락이 가도록해서 지속적으로 콘텐츠를 사용하도록 유도하게 된다([그림 1] 참조).

콘텐츠가 최상의 품질을 갖추고 있기만 하다면 그렇게 흥미롭지 않더라도 필요에 의해 어쩔 수 없이 수용할 수밖에 없었던 기존의 영어콘텐츠들과는 차별화된 인식을 얻을 수 있다. 따라서 스마트폰의 어플은 그 자체가 하나의 재미있는 게임과도 같은 흥미 유발과 흡인력을 지니며 학습자로 하여금 스스로 어플에 자주 접근하고 편리하게 이용하도록 해서 저절로 교육콘텐츠를 만끽하며 활용하게 함으로써 그것의 교육적 효과를 극대화 할 수 있을 것이다.

---

38 Communicative Competence : 영어 사용자 간의 의사소통 능력(영어교육학 또는 영어언어학에서 사용되는 용어).

박 상 영

2

'세계전통의약엑스포' 활성화를 위한 콘텐츠 개발 방안 연구

1. 한국적 한의학 소재의 보고 : 『東醫寶鑑』

『東醫寶鑑』이 2009년 UNESCO 세계기록유산에 등재됨에 따라 우리나라는 7건의 세계기록유산을 보유하게 됨[1]으로써 동아시아 최다 보유국이라는 위상 유지를 통해 세계 속에서 문화국으로서의 입지를 재확인할 수 있게 되었다.

『동의보감』의 UNESCO 세계기록유산 등재는 2차례 실패한 사례가 있었으며, 2006년부터 보건복지부와 한국한의학연구원 동의보감사업단의 착실한 기획 및 실행으로 인해 가능할 수 있었다. 『동의보감』의 세계기록유산 등재는 무엇보다 한의계의 오랜 연구 및 요구에 의해 가능했다고

---

1 우리나라가 보유한 세계 기록 유산은 다음과 같다.
  『훈민정음』(1997년), 『조선왕조실록』(1997년), 『직지심체요절』(2001년), 『승정원일기』(2001년), 『조선왕조의 의궤』(2007년), 『해인사 대장경판 및 제경판』(2007년), 『동의보감』(2009년).

볼 수 있을 것이다. 2009년까지의 논문에서『동의보감』과 직접적으로 연관된 논문이 203편에 달한다는 보고가 있었으며,[2]『동의보감』과 간접적으로 연관된 논문까지 합한다면 수천 건에 달할 것으로 보인다. 관련 논문의 건수에서도 알 수 있듯이 한의학은『동의보감』이라는 토양에서 성장하였음을 알 수 있다. 때문에 세계기록유산 등재가『동의보감』의 중요성을 견인했다기보다는『동의보감』자체의 중요성이 세계기록유산 등재를 견인했다고 볼 수 있다.

『동의보감』이라는 서적의 중요성은 이른바 중국의 '중의학공정(中醫學工程)'에 따라 더 커지고 있는 실정이다. 주지하다시피 중국은 현 영토의 영구화를 위해 현 영토 내의 문화통합을 꾀하게 되었고 이에 따라 중국 소수민족들의 문화를 중국 역사에 편입시키려는 '서북공정(西北工程)'과 '동북공정(東北工程)' 등을 진행 중이다. 중의학공정은 이 동북공정의 일환으로, 중국 소수민족의 하나인 조선족의 의학—조의학(朝醫學)—을 중의학에 통합시키려는 시도를 일컫는다.[3] 이러한 요인으로 인해 한국적인 한의학 소재를 발굴하고 세계적인 행사를 통해 홍보를 극대화하려는 노력이 언제보다도 절실하게 되었으며, 또 이로 인해『동의보감』의 세계기록유산 등재에 힘썼던 보건복지부와 동의보감사업단에서는 2013년 세계전통의약엑스포를 기획

---

2 한창현·박상영·권오민·안상우·안상영,「국내 한의학 학술지에 발표된 동의보감 연구 현황 조사」,『한국의사학회지』22권 2호, 한국의사학회, 2009.12, 7–13면.

3 '동북공정', '중의학공정', '조의학' 등에 관하여는 다음 연구 성과들을 참고하기 바란다.
이민호,「中醫學의 'UNESCO 세계무형유산' 登載 試圖와 그 意味」,『한국한의학연구원논문집』16권 1호, 한국한의학연구원, 2010.4, 85–92면 ; 이민호·하정용·안상영·권오민·안상우,「近·現代(1860年代–1945年) 延邊의 醫療衛生環境과 '朝醫學'」,『한국한의학연구원논문집』14권 3호, 한국한의학연구원, 2008.12, 1–10면 ; 이민호·안상우,「現代 中國의 文化戰略과 '傳統醫學'의 世界文化遺産 登載 움직임에 관한 考察」,『대한한의학회지』29권 4호, 대한한의학회, 2008.9, 83–93면.

중에 있다.

본 연구기획서는 상기 상황을 염두에 두고『동의보감』및 한의학의 홍보 효과 극대화를 위한 연구 프로젝트의 제언을 목표로 삼는다.

2.『동의보감』의 콘텐츠 현황

2.1.『동의보감』의 한글화 작업

『동의보감』은 옛 서가에 꽂힌 기록물 이상의 가치를 가진다. 세계기록유산 등재 시에 고전으로서의 학술적 가치뿐 아니라 오늘날에도 임상에서 대표적으로 쓰이고 있다는 점에서 높은 평가를 받았던 것이다. 실제로 대한형상의학회 소속 임상의들과 수많은 임상의들이 이 서적에 대한 꾸준한 연구와 임상적 적용을 진행하고 있다. 또한 서상의학(四象醫學)을 대변하는『동의수세보원(東醫壽世保元)』이나 영남권에서 임상에서 빈용되고 있는 석곡 이규준(石谷 李奎晙)의 부양학설(扶陽學說)[4]에 근거한 처방, 그리고 한국적 실용성이 극대화된『방약합편(方藥合編)』등 한국 한의서의 많은 처방이 이 책의 영향 아래 성립되었다고 할 수 있다.

이상에서 알 수 있듯이『동의보감』이라는 서적은 옛 기록물만 존재하는 것이 아니라 임상가에서는 오늘날에도 적극적으로 활용되고 있는 활물(活物)이라고 할 수 있다.『동의보감』에 대한 한글화 작업은 이러한 중요성에

---

4 扶陽學說은 일반 대중에게 인지도가 낮은 것이 사실이나 東武 李濟馬의 四象醫學과 함께 우리나라 한의계의 흐름을 바꾸어놓은 주요 학설이라는 것이 최근 연구 결과이다. 이에 대하여는 다음 논문을 확인하기 바란다.
권오민·박상영·안상영·한창현·안상우,「石谷 李圭晙의〈石谷散稿〉번역 연구」,『대한한의학원전학회지』22권 3호, 대한한의학원전학회, 2009.9, 161면.

기인하여 진행되어 왔으며 현재 완간을 보인 것만 해도 10여 차례나 된다.
이것을 시기별, 출판사별로 일별해보면 [표 1]과 같다.

약칭	간행연대	출판사
남산81	1981	남산당
여강94	1994	여강출판사
여강03	2003 -2차 개정판	여강출판사
여강05	2005 -3차 개정판	여강출판사
휴먼02	2002	휴머니스트
푸른03	2003	푸른사상
법인99	1999	법인문화사
법인05	2005	법인문화사
형상05	2005	동의보감출판사

[표 1] 『동의보감』 한글화 작업현황

2.2. 『동의보감』의 영문화 작업

최근에는 한국한의학연구원에서 완간을 목표로 『동의보감』 영문화 작업을 시작하여 3회째에 접어든 상황이다. 한국한의학연구원에서는 2008년 『동의보감』의 영문판 개설서인 『How to read Donguibogam easily』를 내놓았으며, 2009년부터 『동의보감』 본문의 영역 작업을 진행 중이다. 그리고 『동의보감』 전체의 영역 작업과 더불어 한의서 영역 시 번역술어의 통일성 및 표준화 확보를 위해 병증, 처방, 본초, 경혈 등 한의서 번역의 기초가 되는 용어를 대상으로 『영문용어집』을 개발하였다.[5] 또한 2009년에는

---

5 한의학 영문 용어 통일 방안에 대하여는 다음 논문을 참조하기 바란다.

『동의보감』의 5편 중 「탕액편」, 「침구편」을 완역하였고, 2010년에는 「외형편」, 「내경편」이 완역되었다. 마지막으로 남은 「잡병편」은 분량이 방대하여 2011년과 2012년에 나누어 완역하는 방향으로 논의되고 있다.

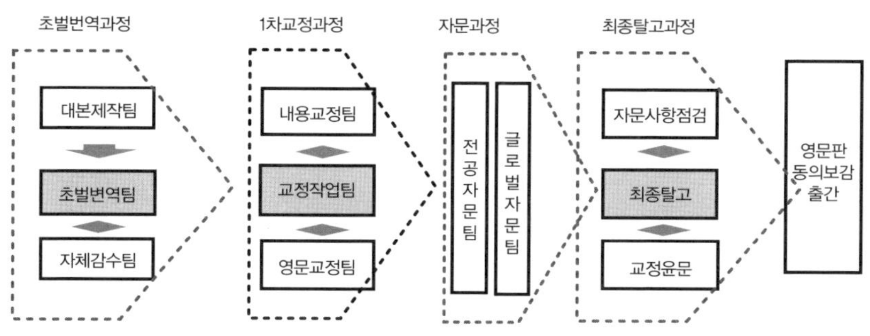

[도표 1] 동의보감 영역 공정도

　이렇듯 세심한 과정 하에 영역을 진행하는 것은 2013년 경남과 산청에서 개최될 세계전통의약엑스포에 콘텐츠로 활용하려는 목적이 크다. 이러한 성과들은 다시 한 번 『동의보감』의 우수성을 재확인시키기에 충분하지만, 한의학의 적극적 홍보를 위해서는 책에 익숙한 학자 위주의 목표 설정은 그 파급 면에서 한계를 지닐 수밖에 없다. 때문에 우리는 보다 더 입체적이며 더욱 더 대중적이고 한국적인 콘텐츠 요소를 찾아야 할 것으로 보인다. 이를 위해 우선, 지자체의 축제 현황을 검토하고 경남과 산청에서 개최될 세계전통의약엑스포의 콘텐츠 확보 방안에 대해 이야기하기로 한다.

안상영 · 권오민 · 한창현 · 박상영 · 안상우, 「韓醫 方劑名의 英譯 標準化에 대한 研究」, 『대한한의학회지』 31권 1호, 대한한의학회, 2010.1, 57−68면.

3. 한의학 관련 지자체 축제 활성화의 필요성[6]

3.1. 한의학 관련 지역문화축제 현황

1) 시행 연도별 분류

국내 한의학 관련 지역문화축제를 시행 연도별로 살펴보면 1990년대 후반부터 증가하기 시작하여 2000년도에 가장 많이 시행되었고 그 중 2004년에 4곳으로 가장 많이 시행되었다. 대구약령시문화축제의 경우는 1978년부터 시행되어 가장 오래되었음을 알 수 있었다(도표 2).

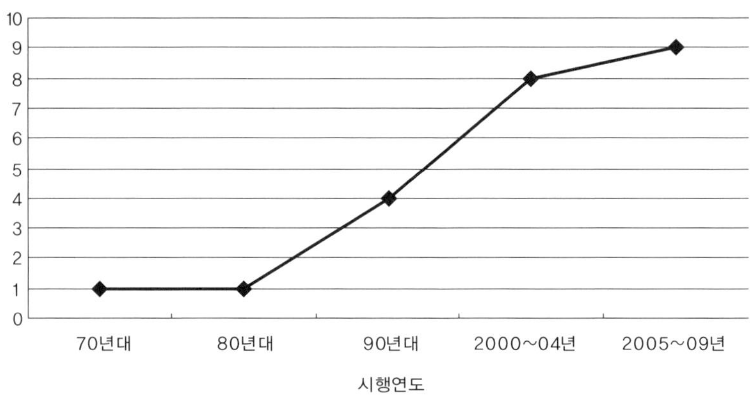

[도표 2] Number of local cultural festivals for Korean medicine according to years

---

6 이 절은 다음 논문에서 주요 내용을 이끌어왔다. 자료 활용을 허락해 주신 공동 연구자들께 사의를 표한다.
박상영 · 안상영 · 권오민 · 한창현, 「한의학 지역문화 활성화를 위한 축제 현황 분석」, 『한국한의학연구원논문집』 15권 1호, 한국한의학연구원, 2009.1, 49-54면.

2) 지역별 분류

국내 한의학 관련 지역문화축제를 개최 시군별로 살펴보면 충남이 금산, 논산, 청양, 서산, 공주에서 시행하여 5군데로 가장 많았으며 다음으로 경기, 경북, 전북이 3군데로 나타났다(도표 3).

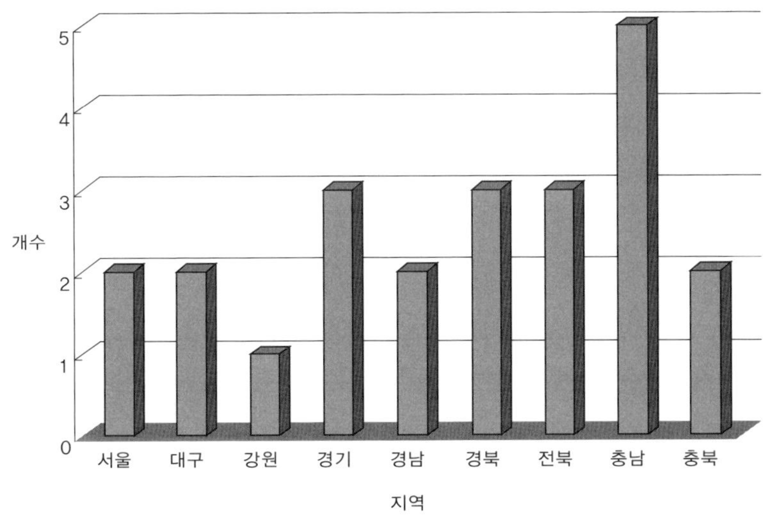

[도표 3] Number of local cultural festivals for Korean medicine according to region

3) 유형별 분류

국내 한의학 관련 지역문화축제를 유형별로 살펴보면 한약관련 축제가 19곳으로 대부분을 차지하였고 그 중 인삼축제가 6곳으로 가장 많았으며, 그 외 한방건강 및 허준 등의 축제가 있었다(도표 4).

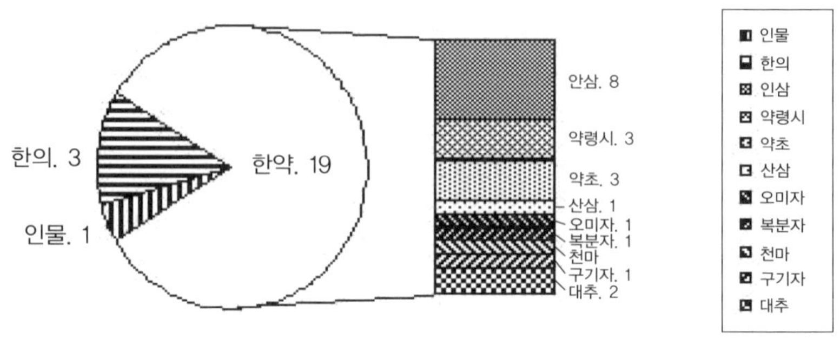

[도표 4] Number of local cultural festivals for Korean medicine according to category

4) 개최 시기별 분류

국내 한의학 관련 지역문화축제를 개최 시기별로 살펴보면 가을철 9, 10월에 약 65%인 15곳에서 개최하였고 여름과 겨울철에는 거의 개최되지 않았다. 그 중 10월에 9곳으로 가장 많은 축제가 개최되었다(도표 5).

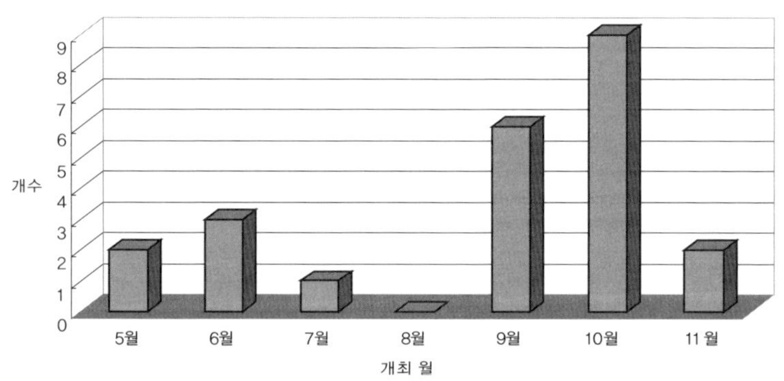

[도표 5] Number of local cultural festivals for Korean medicine according to held monthly

5) 행사 기간별 분류

국내 한의학 관련 지역문화축제를 행사 기간별로 살펴보면 3일간 개최하는 곳이 6곳으로 가장 많았다. 가장 오래 하는 곳은 제천과 금산으로 10일간 행사를 하였고, 강화 마니산 기(氣)축제의 경우에는 하루씩 5번으로 나누어 개최하기도 하였다(도표 6).

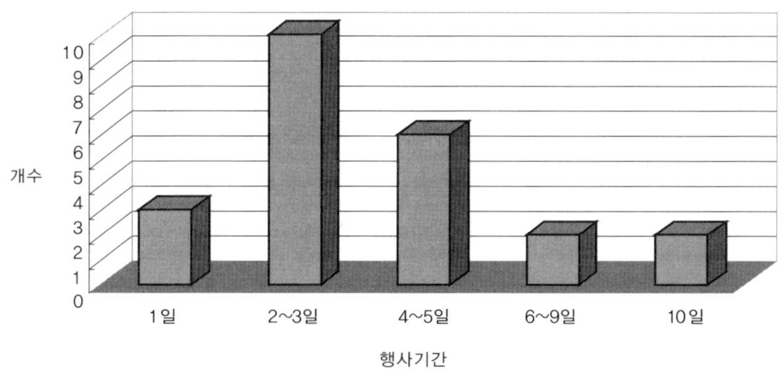

[도표 6] Number of local cultural festivals for Korean medicine according to date

6) 예산별 분류

국내 한의학 관련 지역문화축제를 예산별로 살펴보면 1~5억 미만이 9곳으로 가장 많았다. 금산인삼축제는 18억으로 가장 많은 예산으로 시행되었으며, 공주 웰빙약초축제는 1000만원으로 가장 적은 예산으로 시행되었다(도표 7).

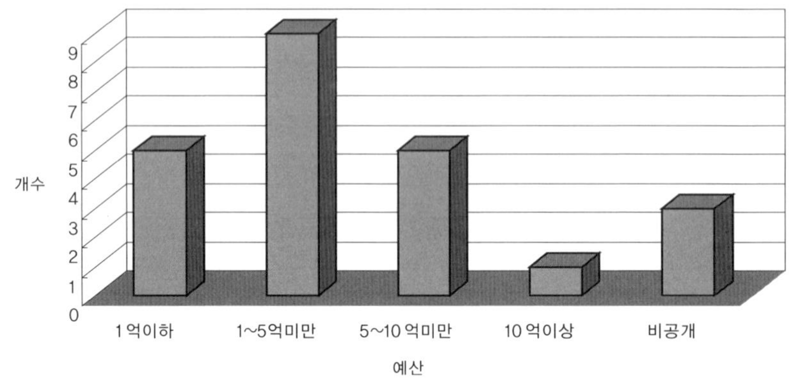

[도표 7] Number of local cultural festivals for Korean medicine according to budget

3.2. 현황에 대한 분석

문화체육관광부에서는 축제 개최를 통한 관광산업의 경쟁력 향상 및 지역경제 활성화를 위하여 매년 관광 상품성이 큰 축제를 문화관광축제로 선정하여 육성하고 있다. 2008년에 정부에서 지원한 문화관광축제는 최우수축제 7개와 우수축제 10개, 유망축제 17개, 예비축제 20개로 총 54개의 축제가 있다. 이를 주제별로 분류하면 민속/문화, 음식, 자연, 특산품, 기타 등으로 구분되어지는데, 특히 지역의 특산품을 주제로 한 축제가 가장 많이 선정되었고, 다음은 민속/문화와 자연을 주제로 한 것 순이었다. 해마다 다양하게 쏟아지고 있는 문화관광축제의 평가보고서에 따르면 축제와 지역문화와의 연계성 부족으로 인한 축제 프로그램의 차별성과 독창성이 미흡하고, 홍보마케팅 및 체험 연계상품, 고유한 먹거리/살거리의 개발이 필요한 것으로 나타난다. 즉 지역문화축제의 양적인 성장에도 불구하고 독창성의 부재와 콘텐츠의 빈약 등 질적인 측면에서 경쟁력이 부족해 그 잠재력을 세계화하지 못하고 있으며, 체계적이지 못한 기획과 운영미

숙, 홍보능력 부족 등으로 예산의 낭비를 가져오는 역기능적인 측면이 나타나고 있는 것이 현실이다.[7]

　이러한 지역문화축제를 성공적으로 개최하기 위해서는 독창성 있는 테마 및 소재의 발굴이 우선시 되어야 한다. 그리고 이를 지원하는 방법 수립을 통한 전략적인 축제기획이 필수적이며, 축제와 연계한 다양한 문화콘텐츠의 관광 상품화와 체계적인 홍보 마케팅을 통해 차별화된 경쟁력을 확보하는 일이 무엇보다 중요하다.

　이러한 지역문화축제 가운데 한의학과 관련 깊은 테마로 개최되고 있는 것들을 시행 연도별로 살펴보면, 1990년대 후반부터 증가하기 시작하여 2000년도에 가장 많이 시행되었고 그 중 2004년에 4곳으로 가장 많이 시행되었다. 이는 1995년 지방자치시대가 개막된 이래 지방정부들이 한정된 자원으로 최대의 효과를 노리는 지역경제발전의 수단으로서의 지역축제에 많은 관심을 보이는 것과 깊은 연관이 있는 것으로 보인다.

　한의학 관련 축제로서 가장 오래된 것은 대구약령시문화축제인데, 1978년부터 시행되어 올해가 33회 되는 것으로 나타났다. 개최 시군별로 살펴보면 충남이 금산, 논산, 청양, 서산, 공주에서 시행하여 5군데로 가장 많았으며 다음으로 경기도가 포천, 파주, 강화, 경북이 영주, 영천, 문경, 전북이 전주, 고창, 무주로 3군데씩 개최하는 것으로 나타났다. 이곳에서는 대부분이 지역 특산물 중 인삼과 같이 한약과 관련 있는 농산물로 많은 곳에서 축제가 개최되기 때문으로 보이는데, 한의학 관련 지역문화축제를 유형별로 살펴보더라도 한약 관련 축제가 19곳으로 대부분을 차지하였고, 그 중 인삼축제가 6곳으로 가장 많은 것도 이 때문으로 생각된다. 한약관

---

7 안성혜, 「지역문화축제 활성화를 위한 전략적 기획 방안의 모색」, 『한국콘텐츠학회 논문지』 8권 12호, 2008년, 168-175면.

련 이외의 테마로 개최되는 축제는 서울의 의성허준축제, 마니산 기(氣)축제, 제천 한방건강축제, 대구 한방엑스포 등이 있었는데, 한의학과 관련해서 더 다양한 분야에서 축제 콘텐츠 개발의 필요성이 대두되고 있다.

국내 한의학 관련 지역문화축제를 개최 시기별로 살펴보면 가을철인 9, 10월에 약 65%인 15곳에서 개최하였고 여름과 겨울철에는 거의 개최되지 않았다. 그 중 10월에 9곳으로 가장 많은 축제가 개최되었는데, 이는 국내 지역문화축제 개최 기간별 현황과 일치하고 있다. 이는 가을철이 축제 개최 시기로서 가장 적합한 것도 있지만 지역 특산물 생산시기도 큰 영향을 주는 것으로 생각된다. 행사 기간별로 살펴보면 3일간 개최하는 곳이 6곳으로 가장 많았고, 가장 오래 하는 곳은 제천과 금산으로 10일간 행사를 진행하였다. 강화 마니산 기(氣)축제의 경우에는 하루씩 5번으로 나누어 개최하기도 하였는데, 축제 테마와 지역 특성에 맞게 축제의 시기와 행사 기간도 다양화할 필요가 있을 것으로 생각된다.

국내 한의학 관련 지역문화축제를 예산별로 살펴보면 1~5억 미만이 9곳으로 가장 많았으나, 금산인삼축제는 18억으로 많은 예산으로 시행되기도 하였다. 이에 반해 공주 웰빙약초축제는 1000만원이라는 상대적으로 적은 예산으로 시행되었다. 예산은 국고, 지방비, 민자 등 다양한 방법으로 지원되었는데, 지자체장의 선심성, 전시성 부실축제 양산 및 지자체 간 경쟁으로 인한 유사 축제의 중복 개최 등의 예산 낭비와 실효성 있는 축제 평가체제 미비, 축제 지원의 제도화 미흡으로 지자체의 정치적 상황에 따라 축제 지원이 가변적인 것이 큰 문제점으로 보인다. 그러므로 "한의학 관련 지역축제 통폐합 유도"로 한의학 관련 축제 경쟁력 강화 및 예산 낭비 방지와 자체 실정에 맞은 시군구 대표축제 지정과 개성 있는 한의학 관련 축제 상품 개발로 "지역 관광콘텐츠 다양화"와 지역 관광자원과의 연계투어, 한의학 관련 산업과의 연계성 강화로 축제의 유발효과 확대 등이 필요하다고 생각된다.

4. 새로운 콘텐츠 개발을 위한 제언

엑스포 등 한의학 관련 행사를 통하여 『동의보감』을 활용하기 위해서는 다음 조건들에 부합한 콘텐츠의 구축이 필수적이다. 특히 세계전통의약엑스포의 경우는, 국가 주도로 재원 확보에 힘쓰고 있기 때문에 여느 지역축제보다는 예산문제보다 '세계'라는 이름에 걸맞은 콘텐츠의 확보가 무엇보다 절실한 문제로 부각될 소지가 크다. 이를 위해서는 다음 사항들이 고려되어야 한다.

첫째, '세계전통의약엑스포'에 걸맞은 차별화된 콘텐츠로 구축이 필요하다.

둘째, 콘텐츠 구축 시 엑스포 후속 대책까지 강구할 필요가 있다. 지금까지의 콘텐츠들은 대부분 행사 이후 재활용이 미흡하거나 처지 곤란한 무언가가 된 경우가 빈번하여 예산낭비의 요인이 많았던 것이 사실이다.

셋째, 행사 주체가 되는 그 고장의 이미지 메이킹을 위한 장기 플랜 마련과 맞물려야 한다.

이러한 조건에 부합되는 콘텐츠 구축을 하되, 『동의보감』이라는 고전적 이미지를 살리는 상태에서 현대적인 이미지를 부가하는 작업을 통해 성공적인 콘텐츠 확보를 하는 방향이 좋을 것으로 판단된다. 다음은 그 구체적 사례이다.

4.1. 프로젝트의 내용 및 범위

1) 전통 속의 『동의보감』: 『동의보감』 초간본을 판각을 통하여 복원하는 기획

현재 목판으로 남아 있는 『팔만대장경』의 동판 제작이 진행 중에 있으며, 제작된 일부 동판은 해인사에서 전시되고 있다. 『동의보감』의 경우, 총 25권 분량이 책자 형태로만 남아 있으며 목판이 없는 실정이다. 총 25권의 『동의보감』 초판본을 복원을 통해 판각하고, 그 목판을 보유하는 프로젝트를 진행하게 된다면 엑스포 실행 중 프린팅 관련 퍼포먼스, 잘 정련된 목판 보관소 등으로 외국인이나 우리나라 젊은 세대에게 큰 호응이 있을 것으로 생각될 뿐 아니라 행사 이후 지역의 볼거리로도 충분한 값어치가 있을 수 있다고 판단된다. 또한 목판의 소유는 해당 지자체에 『동의보감』 고장으로서의 이미지 제고에 막대한 영향을 미칠 수 있다.

목판의 복원은 이미 보물 제745-5호(지정일: 1983.5.3)로 지정된 『월인석보』 권 17, 18에 대해 시행한 바 있어 그 노하우를 십분 발휘한다면 프로젝트의 진행은 크게 무리가 없을 것으로 생각된다. 아래의 [표 2]은 그 공정과정을 축약한 것이다.[8]

---

8 아래 복원 공정은 다음 자료에 근거한다. 강원도 무형문화재 제16호 각자장 보존회, 『문화재수리 복원(목판제작) 보고서-문화재명: 보물 제745-5호 홍천 수타사 월인석보(권17, 18)』, 2009.12.

추진공정	내용	관련사진
1. 자료선정	− 3종 초간본 확보 − 1차 자료로서의 상황 점검	
2. 원문 교감, 관련 연구	− 학술성 확보를 위한 교감 − 성과확산을 위한 관련연구	
3. 자재선정	− 판각 목재에 대한 선정 · 벌목 시기 확인 · 진액 제거 여부 확인 · 음지 건조 시 건조 기간 확인 · 훈증 후 건조 시 건조 기간 확인	
4. 마름질, 옆 마름질, 면마름질, 면다루기, 면끌질, 대패질, 장 구분	− 목재가 판목이 될 수 있도록 여러 과정의 마름질을 함	
5. 원문 붙이기	− 확보된 원문을 목판에 붙임	
6. 글자 새기기	− 글자를 새겨 간행 가능한 판본 형성	
7. 인출	− 판각된 자료로 인출하여 완벽한 『동의보감』 간행본 확보	
8. 최종검수	− 전문가 회의를 통한 학술성 확보 − 새로운 인출본 및 원판의 학술성 확보를 위한 검수	

[표 2] 복원과정

위 작업을 위하여는 『동의보감』 초간본 판각을 위한 교감 및 관련 문헌 연구를 통해 성과확산 및 학술성의 확보가 필수적이다. 그런데, 정작 문제가 될 수 있는 것은 실행에 있어서의 예산 문제일 것이다. 『동의보감』이 총 25권으로 목판이 1563장 가량이며 새겨야 할 목판수가 약 790여 장 정도(1563÷4≒790)가 된다. 또한 1장 복원에 약 4,000,000원의 비용(기능보유자 기준)이 소요되므로 30억원 가량의 복원비용이 산출된다. 또한 목판제작 후의 인건비 및 직접비(전문가 활용비, 회의비 등)를 따로 책정해야 하므로 적지 않은 예산이 필요하다. 이에 대하여는 주요부분의 집중적 복원, 혹은 긴 기간 동안의 순차적 지원 등으로 프로젝트의 방향을 설정할 필요가 있다고 할 것이다.

2) 미래 속의 『동의보감』
: 『동의보감』 관련 엑스포 홍보를 위한 홈페이지 개설 및 대국민 원스톱 서비스를 위한 정보 공급방향 기획

우리나라에서 대형행사가 주최될 때 개설된 홈페이지는 행사 종료 후 행사와 함께 거의 사장되는 것이 사실이다. 이는 일회성 행사를 위한 홈페이지 구축이 끊임없이 일어나고 있다는 반증이다. 이러한 사태의 주요 원인은 관변위주로 이루어진 행사의 행사참여 인원, 행사의 성과 등에 대한 객관적 평가에 한계가 있었으며 행사에 대한 후속적인 보상 혹은 처벌의 체계가 없었기 때문일 것이다. 그렇지만 관변위주의 대형행사의 성공이 참여 주최들의 노력만으로 이루어질 수 있는 경우는 없다. 행사 관람의 주목적이 콘텐츠에 대한 체험임을 감안한다면, 행사 성공을 위해서는 다양한 콘텐츠 확보가 필요하고, 또 콘텐츠의 다양한 확보를 위해서는 반드시 콘텐츠 생산자인 전문가들과의 긴밀한 관계를 맺어야할 뿐

아니라 소비자인 잠정적 관람객들의 수요를 파악해야만 한다.

이를 위해서는 단순히 행사 진행에 필요한 정보를 공급하고 홍보하는 홈페이지 구축은 지양되어야 하며 행사에 앞서 다양한 콘텐츠를 홈페이지에 담을 뿐 아니라 소비자의 요구사항을 반영하여 미흡한 콘텐츠도 추가적으로 보충할 필요가 있다.

예를 든다면 홈페이지 개설 시에 해당 행사 관련 정보뿐 아니라, 『동의보감』 및 해당 지자체에 대한 학술적인 자료 전반을 체계적으로 싣고 소비자의 추가적인 요구사항을 반영하는 페이지를 마련할 필요가 있다. 『동의보감』에 대한 다양한 콘텐츠를 갈무리하여 행사에 활용한다면 행사 및 지자체 홍보에도 도움이 되겠지만 행사 종료 이후에도 홈페이지에 상시 방문자가 존속할 수 있는 계기가 마련되기 때문이다.

여기에는 초간본 복원 자료 영상, 초간본 글씨체 폰트 제공, 『동의보감』 국문·영문·한문 데이터 제공, 지자체 의료문화 콘텐츠 제공, 스마트폰 등을 통한 한방 정보 다운서비스 등을 실을 필요가 있다. 다시 말해, 엑스포 등의 행사가 없더라도 『동의보감』과 관련해서는 상시 방문하는 탄탄한 홈페이지의 개설이 행사의 성공을 견인할 수 있을 것으로 보인다.

4.2. 프로젝트 실행 시의 기대효과

2009년 2월 20일 조이 스프링거 유네스코 세계기록유산사업 총괄담당관과 등재심사 소위원회 위원장 등 유네스코 관계자 30여 명이 참가한 가운데 한국한의학연구원에서 유네스코 세계기록유산 등재를 위한 아시아태평양지역 훈련 워크숍을 개최한 바 있다([그림 1] 참조).

이 부대행사로 여러 가지 전시를 한 바 있는데, 그 가운데 목판 프린팅 퍼포먼스가 가장 큰 주목을 받은 바 있다([그림 2] 참조).

[그림 1] 유네스코 세계기록유산 등재를 위한 아시아 태평양 지역 훈련 워크숍

[그림 2] 동의보감 목판 프린팅 시연

목판 프린팅 퍼포먼스는 외국인들뿐 아니라 우리나라의 젊은 사람들에게도 상당히 낯설면서도 특이한 경험이어서, 목판 프린팅을 하는 곳에서는 한 장의 목판 인쇄된 종이를 받기 위해 긴 줄을 서는가 하면 신기함으로 인해 사진에 시연장면을 담는 모습을 쉽게 확인할 수 있다. 이러한 판각의 확보 및 퍼포먼스는 대중에게 쉽게 다가갈 수 있는 콘텐츠라 할 수 있다. 뿐만 아니라 대규모의 판각 작업은 학술성을 담지할 수밖에 없으며 이것이 학술적인 자료가 갈무리된 IT정보와 연결될 경우 학술성과 대중성을 확보할 수 있는 좋은 계기를 마련해 줄 수 있을 것이다. 그리고 대규모 판각의 보관 및 상시 홈페이지 개설 등은 『동의보감』 고장으로서 해당 지역의 이미지 메이킹에 지대한 역할을 제공할 것으로 보인다.

5. 세계전통의약엑스포 활성화를 위한 제언

　이상에서『동의보감』의 위상과 그에 걸맞은 콘텐츠 구축을 통해 한의학 관련 엑스포 등에 소용될 콘텐츠 확보방안에 대하여 논구하였다.

　그간 소설『동의보감』, 드라마 등 대중적인 콘텐츠가 없었던 것은 아니지만, 대부분의『동의보감』관련 콘텐츠는 학자층에 필요한 국역물이나 영역물에 한정되는 한계가 있었다. 이에 그간의 콘텐츠를 통합하는 IT와 더불어,『동의보감』의 위상이 지속될 수 있으며 대규모 행사에 지속적으로 이용가능한 판각 복원을 제안하였다. 이 기획이 2013년 세계전통의약엑스포와 한국 한의학을 세계에 알리고자 시행될 수많은 행사에서 활용되기를 기대해 본다.

[부록] 『동의보감』 관련 사업 현황

동의보감사업단은 2006년부터 발족하여 『동의보감』의 UNESCO 세계기록유산 등재에 중추적 역할을 하였으며, 이를 계기로 2013 세계전통의약엑스포 사전 준비를 하고 있다. 엑스포 이전에 『동의보감』 관련 학술사업 및 행사, 방송제작 지원 등 다양한 활동을 펼치고 있다. 아래는 동의보감사업단이 2009년에 행했던 사업 내용을 축약한 것이다.[9] 『동의보감』과 관련된 주요 사업 내용을 쉽게 확인할 수 있을 것이다.

Ⅰ. 2009년도 사업목표

○ 한의학(韓醫學)의 국제적 위상 제고를 위한 방안 마련
○ 동의보감(東醫寶鑑)의 세계기록유산 등재 추진과 홍보
○ 21세기 동의보감 편찬을 위한 영문 용어집 작성과 동의보감 침구편
  및 탕액편에 대한 영역
○ 2013동의보감엑스포 기본구상 및 계획수립 연구
○ 국내·외 한방문화행사 지원과 지자체 협력 체계 구축

Ⅱ. 사업의 필요성 및 배경

○ 1970년대 이후 영양부족과 전염병 등 고전적 질환에 대한 위험이

---

9 안상우 외, 『동의보감기념사업-2009년도 사업 최종보고서』, 한국한의학연구원, 2009.12.

감소한 반면 국민 생활의 변화에 따라 성인병, 노인성질환, 새로운 전염병, 비만 등 새로운 성격의 질환 등이 새로이 등장하여 국민보건을 위협

- 21세기를 맞이하여 세계 의료시장은 세계화와 무역장벽의 제거로 자본과 인력이 자유롭게 이동하는 세계 단일 시장으로 통합되어 국내 의료시장을 위협하고 있음
- 따라서 질병의 추이변화에 따라 한의학의 현대적 연구와 한의약산업 진흥을 통하여 국민보건복지의 향상의 모색 필요
- 한의약의 국제적 지위 향상, 즉 국제화를 제고함으로써 세계보건 의료자본에 대한 국내 의료시장의 개방에 대비하여 외국 의료자본에 대한 경쟁력 확보를 위한 원천적 의료자원을 선도적으로 개발하고, 나아가 이를 통해 우리나라 의료자본의 세계보건 의료시장에 진출을 위한 우리 고유의, 독점적 자원을 개발해야 함
- 한의약의 세계화 추진 사업은 이런 국가 정책적 목표를 달성하기 위한 사업의 일환

Ⅲ. 2009년도 사업 수행 현황

사업명	세부내용	2009년 사업 수행 현황											
		1	2	3	4	5	6	7	8	9	10	11	12
2세기 동의보감 편찬	동의보감 영문용어집 및 침구편, 탕액편 영역 · 동의보감 영문 용어집 작성 · 침구편 및 탕액편 영역을 위한 국문대본 작성 · 침구편 및 탕액편의 영역 완성			■	■	■	■	■	■	■	■	■	■
동의보감 엑스포	2009년 한의학국제박람회 개최 · 박람회 개최 · 정산 및 보고서 작성			■	■	■	■	■	■	■	■	■	■
	2009년 국내외 한방문화행사 참가 및 자료조사 · 대한민국 한방엑스포 부스 참가 · Traditional Medicine Expo 2009 및 태국전통의학연구본부 현황 조사			■	■	■	■	■					
	동의보감 엑스포 기본구상 및 계획수립 연구 · 동의보감엑스포 Concept 및 기본전략 구상 · 동의보감엑스포 기본계획 수립			■	■	■	■	■	■	■	■	■	■
	엑스포 대비 외국인 대상 한의약 건강증진 프로그램 개발 · 한의약 건강증진 프로그램 개발 · 영문 핸디북 개발					■	■	■	■	■	■	■	
동의보감 세계기록유산등재	유네스코 세계기록유산 등재를 위한 아태지역 워크숍 개최 · 2009년 2월 18~20일 개최 완료	■	■	■	■								
	세계기록유산 등재 심사회의 공식 참가단 구성 · 공식참가단 구성 및 홍보 활동 전개 · UNESCO세계기록유산 등재 확정					■	■	■	■	■	■	■	■
	세계기록유산 등재기념사업-KBS 특집방송 제작 및 국제학술심포지엄개최 · KBS 특집방송 제작 및 방영 · 학술심포지엄 개최					■	■	■	■	■	■	■	■
	허준의학전서 간행 · 자료 수집 및 판본 조사 완료 · 영인 원본 이미지 수집 및 영인 제작 완료 · 찬도방론맥결집성 연구			■	■	■	■	■	■	■	■	■	■

[표 3] 2009년도 사업 수행 현황

3

『혼불』의 문화콘텐츠화 방안 연구

안 남 일

1. 콘텐츠로서의 『혼불』의 가치

21세기에 가속화되고 있는 커뮤니케이션 테크놀로지의 비약적인 발전은 '문화콘텐츠'를 중심으로 하는 디지털 커뮤니케이션 미디어의 수용양식의 변화로 집약된다. 이 디지털 환경의 시대적 변화는 소위 원소스 멀티유즈(OSMU; One Source Multi-Use)라는 보편적 개념을 통해 가치창출의 핵심을 콘텐츠로 집중시키고 있다. 전 세계적으로 이미 콘텐츠를 핵심으로 국가전략산업의 경쟁이 시작되었으며, 디지털 테크놀로지와 각 분야간의 컨버젼스를 바탕으로 한 콘텐츠 기획이 활성화되고 있다.

우리의 관심은 이러한 현상의 변화를 시대적 흐름 속에서 관망하는 데 그치는 것이 아니라, 콘텐츠와 직면하게 되는 영역들을 어떻게 조화시키고 응용해 나가야 하는가에까지 이르렀다. 이는 새로운 테크놀로지의 영향으로 인한 인간 커뮤니케이션의 변화를 상호작용성, 탈대중화, 비동시성으로 제시[1]하였던 로저스의 논의에서처럼 문화생산으로서의 콘텐츠 산

업화를 주목하게 만드는 핵심적인 요소라고 할 수 있다.

　최근 들어서는 '문화콘텐츠'와 함께 '콘텐츠산업'이라는 개념을 아주 폭넓게 사용하고 있다. 영화, 애니메이션, 게임, 공연, 출판 등 각각의 문화콘텐츠 영역에서 개별적 특징을 두드러지게 표현하여 그것을 산업화 하고자 하는 연구들이 진행되고 있다. 하지만 많은 연구 성과에도 불구하고 특징적인 연구 성과를 찾기는 쉽지 않다. 그것은 대부분의 콘텐츠에 대한 이해들이 종합적 관찰과 창의적 아이디어를 통해서 진행되지 않고 있기 때문이다. 새로운 분야에서 개인적 입지 강화와 특정 목적달성을 위한 이해의 범주를 벗어나지 못했음을 의미한다.

　문화콘텐츠를 단순히 상품화를 위한 하나의 과정으로만 이해한다면 문화콘텐츠의 본질과 잠재적 역량을 올바르게 파악하기는 어려울 것이다. 문화콘텐츠산업의 성과는 그것이 가진 고유의 콘텐츠를 얼마나 잘 활용하는가에 있다고 판단된다. 따라서 문화콘텐츠의 기획 역시 이 같은 맥락에서의 접근이 필요하다. 곧 콘텐츠에 대한 깊은 성찰을 바탕으로 창의적 아이디어의 도출과 이를 산업 시스템에 어떻게 접목시켜야 하는가를 고구해야 한다.

　이러한 측면에서 본고에서는 최명희의 『혼불』을 주목하고자 한다. 그 이유는 『혼불』에는 다른 작품들과 뚜렷이 변별되는 문화콘텐츠 구축을 위한 원소스가 풍부하기 때문이다. 다시 말하자면 『혼불』에는 전통적인 유·무형의 문화적 요소가 다양하고도 풍부하게 내재되어 있다. 이에 대해서는 여러 선행연구자들이 언급한 바 있고[2], 그에 대한 내용은 혼불기

　탕으로 수정·보완하였음을 밝힌다.

1　로저스, 김영석 역, 『현대사회와 뉴미디어』, 나남, 1988.

2　"『혼불』은 그 자체로 역사·문화적 토포필리아의 집적체라고 할 수 있다."(이혜경, 「문학적 토포필리아로 찾는 『혼불』의 자리」, 『한국문학이론과 비평』 제20집, 2003.9).

념사업회에서 『혼불학술총서』①로 간행한 『혼불과 전통문화』[3] 제3부에서도 확인할 수 있다. 특히 「소설의 문화원형콘텐츠화 방안」[4]에서 장미영은 "『혼불』은 다른 소설처럼 서사적 사건 속에 문화적 요소들을 용해시키지 않고 서사성이 파괴될 정도로 문화적 요소 그 자체를 도드라지게 따로 구별하여 재현해 놓은 부분이 많다. 이러한 점은 『혼불』이 문화산업 시대에 걸맞은 가치 있고 의미 있는 새로운 문화콘텐츠 개발의 훌륭한 원천 자료로 활용될 수 있는 좋은 조건이 된다"고 하였다. 그러면서 『혼불』에 담긴 각종 문화적 요소들을 추출하여 유형별로 분류하거나 범주화함으로써 문화원형 콘텐츠를 구축할 수 있는 방안을 제시하였다. 시론적으로 제시하고 있는 이 논문의 "문화 요소의 구분, 문화 요소별 시놉시스화, 항목별

/ "민족−민속지적인 성격"(김열규, 「『혼불』의 생태비평」, 『현대문학이론연구』 제12집, 1999). / "박물지적인 성격"(정호웅, 「박물지의 형식:『혼불』」, 『황해문화』 14, 1997.3). / "『혼불』에 서술되어 있는 민속자료들을 가려내고 이를 체계적으로 정리하는 일만 하더라도 거의 단행본 차원의 작업을 수행해야 할 것이다."(임재해, 「『혼불』의 서사적 전통과 민속지로서의 성격」, 『혼불과 전통문화』, 신아출판사, 2003). / "수 많은 제도와 습속들"(김정자, 「규방문화로 본 최명희의 『혼불』」, 『한국문학논총』 제33집, 2003.4). / "전통과 민속적인 사료들을 발굴하고 복원하여 한국 전통의 원형을 그려내려 했던 것"(김영택·신현순, 「최명희 소설 『혼불』의 공간성에 관한 일고찰」, 『어문학연구』 9, 2000). / "최명희는 『혼불』에서 민족문화의 정체성을 복원하기 위해 혼신의 힘을 쏟았는데"(이현하, 「최명희의 『혼불』연구−종부의식을 중심으로」, 단국대학교 대학원 석사학위논문, 2001). / "『혼불』은 민족 정체성 수호의 민족문학으로 우리말의 보고이며 풍속 복원의 장으로서 그 의의를 지닌다."(우해영, 「최명희 『혼불』의 담론 연구」, 중앙대학교 대학원 석사학위논문, 2000). / "『혼불』은 이 시대에 문화의 전승 담론을 훌륭하게 구성하는 한 전범(典範)이다."(장일구, 「전승의 담론, 교감의 미학」, 『혼불과 전통문화』, 신아출판사, 2003). / "민속학의 보고"(서정섭, 「『혼불』의 서사구성과 언어책략 연구」, 『현대문학이론연구』 21, 2004). / "동아시아 한문문명권의 한 자락을 핍진하게 드러낸 것"(김헌선, 「『혼불』, 우주적 상상력의 총화」, 『문학사상』, 1997.12). / "『혼불』은 박물지적 성격의 풍속사적인 개별 이야기들이 작품의 주요 사건을 압도하고 있는 형국을 보여준다."(이동재, 「『혼불』에 나타난 역사와 역사인식론」, 『혼불과 전통문화』, 신아출판사, 2003).

3 혼불기념사업회, 『혼불과 전통문화』, 신아출판사, 2003.

4 장미영, 「소설의 문화원형콘텐츠화 방안」, 『한국문학이론과 비평』 제24집, 2004.9.

포트폴리오 구축, 스토리텔링화” 등의 구체적 방안에 동의를 하면서, 적어도 『혼불』과 관련해서 전체적인 이미지나 형상화는 비단 학술적 결과물에 의해서만 규정되는 것이 아니라 요즘과 같은 매스커뮤니케이션 시대에는 그에 따른 효과적인 인지전달이 매우 중요한 기재로 작용한다는 생각을 지울 수 없다.

바로 다매체 시대의 한가운데에서 원론적 분석과 함께 다양한 문화콘텐츠를 구축할 수 있는 구체적 방안에 대한 논의도 함께 병행할 때 『혼불』에 대한 입체적인 조명이 가능할 것으로 판단된다. 그러므로 본 연구는 『혼불』에 대한 콘텐츠 구축에 관한 시험적 고찰을 목적으로 한다. 그리고 『혼불』 속에 내재된 전통문화의 보전과 『혼불』의 이미지를 구축하고 다양한 프로그램의 개발을 통해서 일반 대중들의 기호를 극대화 시킬 수 있도록 원소스 멀티유즈의 적절한 효과까지도 염두에 두고자 한다.

어느 시대이든 그 시대를 표현하는 문화적 코드는 존재하고 그에 따른 문화예술을 향유하고 소비하는 사회적 순환은 자연스럽게 발생한다. 이런 맥락에서 문화콘텐츠는 디지털 시대의 특징적인 문화적 현상이자 코드이며, 이 코드를 활용하는 것은 ‘오늘, 지금, 여기’를 살아가는 우리들의 지혜라고 생각한다.

2. 콘텐츠, 문화콘텐츠, 문화콘텐츠산업

앞서 언급한 것처럼, 최근 원소스 멀티유즈를 활용한 새로운 고부가 산업의 성장으로 문화콘텐츠에 대한 관심과 중요성이 고조되고 있다. 이러한 인식에 따라 우리나라는 국가전략산업으로 CT산업을 설정하고 2001년 8월 한국문화콘텐츠진흥원을 설립하여 세계시장에서 높은 경쟁력을 가진 고품질의 문화콘텐츠를 제작 공급할 수 있도록 성장기반을 조성하고 효율적인 산업육성과 지원을 도모하고 있다. 이같은 시대적 변화 요구를 수용하기 위해서 본 장에서는 콘텐츠의 중심개념을 파악해 보기로 하자.

문화콘텐츠란 상상력, 예술성, 가치관, 생활양식 등 정신적, 감성적 가치를 담고 있는 일종의 문화상품이다. 즉, 문화유산, 생활양식, 창의적 아이디어, 가치관 등 문화적 요소들이 창의력과 기술력을 바탕으로 체화되어 유통되면서 고부가가치를 창출하는 상품이 된 것이다. 이러한 문화콘텐츠는 내용에 따라 영화, 애니메이션, 만화, 게임, 음악, 캐릭터, 방송, 에듀테인먼트 등의 장르로 분류할 수 있으며, 문자, 음성, 데이터, 이미지, 그리고 동영상 등의 형태로 표현된다. 이들 문화콘텐츠의 유통경로 또한 디지털 기술발전과 함께 빠르게 변화하고 있다. 특히 지난 1990년대 말 초고속 통신망이 본격적으로 보급되기 시작하면서 인터넷과 모바일이 새로운 유통채널로 등장해 문화콘텐츠시장이 크게 성장하는 기폭제가 됐다.

문화콘텐츠산업이란 이와 같은 문화콘텐츠의 제작, 가공, 유통, 소비과정에 관한 산업과 이러한 과정을 지원하는 연관 산업 모두를 의미한다. 문화콘텐츠산업과 관련된 용어와 범위는 나라에 따라 다른데, 미국에서는 주로 미디어 엔터테인먼트산업, 영국에서는 창조산업으로 부르고 있다. 미국의 미디어 엔터테인먼트산업에는 영화, 방송, 음악, 출판 등의 장르 외에도 테마파크 등이 포함되어 있고, 영국의 창조산업에는 영화, 음악, 공연, 게임, 방송 등의 장르 외에 미술, 공예, 패션, 디자인 등의 장르들도 포함되어 있다.[5]

문화콘텐츠는 정보통신 인프라의 구축이 본격화 되고 있는 시점에서 이러한 정보통신 인프라를 내용적으로 채워줄 디지털 콘텐츠의 가장 많은 비중을 차지하고 있는 부분이다. 따라서 이는 국가적으로 육성지원해야

---

5 서병문, 「문화콘텐츠산업은 미래경쟁력이다」, 『사상』 봄호, 2004, 64면.

필연성을 가지고 있다.

우리나라의 경우, 2002년에 문화산업진흥기본법[6]이 제정된 이후 노무현 정부가 출범하면서 참여정부의 12개 국정과제 속에 "지식문화강국실현"을 설정하였다. 또한 2003년 8월 13일 경주문화엑스포에서 노 대통령은 "세계 문화산업 5대 강국 실현"을 선언하며 "문화콘텐츠"를 차세대 성장 동력으로 선정하였다. 이러한 선상에서 2003년 8월 22일 차세대 성장 동력 보고대회에서 "문화콘텐츠"를 10대 국가적 미래전략 산업으로 선정하였는데, 이러한 사항을 배경으로 해서 2003년 12월 17일 문화관광부에서는 참여정부의 문화산업 정책비전(문화산업진흥 5개년 계획)[7]을 발표하였다.

---

6 문화산업진흥기본법(문화산업분야 중장기 기본계획 수립) : 2002년 1월 26일 제정 6/ 2003년 5월 27일 개정

7 문화산업정책비전을 통해 문화산업에 주안점을 주는 이유는 첫째, 디지털 시대의 미디어 융합이 급격히 진행되고 여가 시간 증대 및 문화소비 확대로 멀티미디어콘텐츠 수요가 폭발적으로 증가하는 현재의 사회에서 21세기는 결국 문화산업이 각국의 승패가 결정될 것이라는 점. 둘째, 하나의 성공한 원작이 여러 장르로 활용되고 저비용으로 무한복제 및 재창조가 가능(OSMU)하기 때문에 창의적 아이디어가 경쟁력의 원천이 된다는 점. 셋째, 문화산업은 새로운 고용창출을 선도하고 한국문화와 상품 전반에 대한 이미지개선, 홍보효과, 한국기업의 해외진출 등 국가이미지를 높일 수 있다는 점. 넷째, 현재 주요 선진국들과 비교해 볼 때 우리나라의 세계시장 점유율은1.5% 정도로 세계 10위권 수준에 그치고 있다는 점이다. 특히 주요분야(출판, 방송, 영화, 게임, 음반)의 시장규모는 일본과는 약 9배, 미국과는 약 26배의 격차를 나타내고 있는데, 참고로 각 국의 세계시장 점유율과 주요 분야 시장규모의 차이는 다음과 같다.

각국의 세계시장 점유율	미국(40%), 일본(10%), 독일(5.5%), 영국(4.4%), 프랑스(3.3%), 캐나다(2.1%), 이탈리아(2.1%), 중국(1.9%), 한국(1.5%)
주요분야 시장 규모	미국(230,944백만$), 일본(79,374백만$), 영국(19,701백만$), 프랑스(14,914백만$), 한국(8,766백만$)

결국 문화관광부의 문화산업 정책비전의 핵심은 앞으로 우리나라를 미국, 일본, 영국, 프랑스의 뒤를 잇는 세계 문화산업 5대 강국으로 육성하겠다는 것이다.
이상의 내용은 문화관광부의 〈참여정부의 문화산업정책비전〉을 참조.

이 같은 정책비전으로 미루어 볼 때, 세계적인 흐름에서 디지털 콘텐츠는 국가 경쟁력의 관건으로 등장하고 있기 때문에 디지털 콘텐츠의 가장 많은 비중을 차지하고 있는 문화콘텐츠에 대한 진흥방안에 대한 체계적이고 종합적인 육성 및 지원이 요구되는 것이다.

한국문화콘텐츠진흥원(Korea Culture & Content Agency)에서는 콘텐츠를 미디어 또는 플랫폼에 담기는 내용물의 의미로서 매체와 결합하여 지식정보 유통의 전체적인 체계를 이루는 것이라고 정의하고 있다. 이것은 콘텐츠의 정의를 매우 제한적으로 사용하고 있는 것이다. 하지만 콘텐츠는 영화·음악·애니메이션·게임·캐릭터 등과 그 밖의 각종 정보자료나 도서 저작물 등 사람과 사람 사이에서 소통되고 유통되는 모든 자원들이라고 할 수 있다. 다시 말해서 사람들이 지적 혹은 정서적으로 향유하는 모든 종류의 무형자산을 포괄적으로 지목하는 것이 콘텐츠인 것이다. 이러한 맥락에서 문화콘텐츠 역시 전통문화 원형연구에서 추출한 요소를 디지털 콘텐츠로 제작하고 유통과정에서 디지털 미디어를 이용한다는 협의의 개념에서 벗어나 미디어나 플랫폼에 담겨져 유통되는 총체적인 인문지식으로 콘텐츠의 외연을 확장하는 것이 바람직하다. 곧 문화콘텐츠란 기존에 있던 유·무형의 문화적 요소를 창의적으로 새롭게 기획하여 경제적 가치를 창출할 수 있게 문화 상품화하는 것을 의미한다. 이처럼 문화콘텐츠는 경제적 가치 이외에도 문화적 정체성이나 가치관, 세계관의 표상을 창출해 내기 때문에 본 연구 내용의 전체적 관점을 『혼불』에 나타난 전통문화의 콘텐츠화에 주목하고자 한다. 기본적인 관점의 틀은 문화콘텐츠 기획 플래너의 5단계 기획 프로세스[8]이고, 이를 통해서 『혼불』에 대한

---

8 백승국, 『문화기호학과 문화콘텐츠』, 효형출판, 2004, 28–29면.
  문화콘텐츠 기획 플래너의 5단계 기획 프로세스는 다음과 같이 도식화할 수 있다.

문화콘텐츠 자료의 내적 외적 질서와 구조를 파악하여 콘텐츠를 구축하는 바탕으로 삼고자 한다.

3. 『혼불』의 콘텐츠화 현황

현재 『혼불』에 대한 콘텐츠화는 '최명희'를 중심으로 한 〈혼불문학관〉[9]과 〈최명희 문학관〉[10]으로 크게 구분되고 있다. 대표적인 추진기관은 '혼불기념사업회'이다. 혼불기념사업회는 〈혼불문학관〉을 통해서 소설 『혼불』과 작가 최명희의 삶과 문학적 가치를 많은 사람들에게 알리고자 2000년 유족을 중심으로 고인의 모교인 전북대 관계자, 고인의 고향인 전주시 관계자, 그리고 문학인들이 함께 결성해서 현재까지 활발하게 활동을 하고 있다. 지금까지 혼불문학공원 조성 사업을 주도했고, 2001년부터 최명희 청년문학상과 혼불학술상을 제정, 시행하고 있으며 매년 혼불문학제를 개최하여 학문적 성과를 축적해왔다.[11]

〈최명희 문학관〉은 2006년에 전주한옥마을에 위치하였으며, 최명희 중심의 도시형 시민 밀착형 문학관으로 조성되었다. 최명희 선생님의 숭고한 문학정신을 기리고 계승 발전시키려는 목적으로 문학강연, 토론회, 세미나, 문학기행 등 다양한 프로그램을 통해서 살아서 뜀박질하는 문학의 산실이 되고자 노력하고 있다.[12]

〈혼불문학관〉과 〈최명희 문학관〉의 취지를 이해하면서 각각의 문학관의 콘텐츠를 살펴볼 때, 가장 큰 특징은 작가 최명희를 중심으로 콘텐츠가 구성되었다는 점이다([표 1] 참조). '혼불'과 '최명희'로 구분된 문학관이 조성되었으나 실제는 하나의 문학관으로 본다고 해도 크게 문제될 것은 없

---

9 전라북도 남원시 사매면 서도리 522번지.

10 전라북도 전주시 완산구 풍남동 3가 67-5.

11 혼불문학관 홈페이지(http://www.honbul.go.kr/index.htm, [그림 1] 참조).

12 최명희 문학관 홈페이지(http://www.jjhee.com/korean/2006/main_sub.html, [그림 2] 참조).

[그림 1] 혼불문학관 홈페이지 초기
화면

[그림 2] 최명희 문학관 홈페이지 초
기화면

다. 다만 한쪽은 작가 최명희라는 이름의 대표성을 강조하고, 다른 한쪽은
최명희의 최고작이라고 하는 『혼불』의 작품명으로 대표성을 강조했다는
차이뿐이다. 이처럼 최명희라는 인물중심으로 콘텐츠를 구성한 것은 어떻
게 보면 지극히 당연한 일이다. 하지만 최명희의 삶의 궤적만으로는 입체
적 조명이 어려울 수 있다. 물론 문학마을, 문학기행, 정신선양회 등 다양
한 콘텐츠화의 노력을 보여주고는 있지만, 상호작용성이라는 측면에서 볼
때 보다 적극적인 콘텐츠화가 필요하다.

특히 소설 『혼불』을 인문학 연구의 틀 속에서만 다루고 있다는 점은, 『혼
불』에 내재되어 있는 풍부한 유·무형의 문화적 요소를 활용할 수 없게 하
는 맹점을 가지고 있다. 따라서 원소스로서의 『혼불』에 대한 원론적 분석

과 함께 멀티유즈할 수 있는 구체적 방안에 대한 논의를 병행할 때『혼불』의 입체적 조명뿐만이 아니라 대중과의 소통과 더 나아가서는 적극적 콘텐츠화에 다다를 수 있을 것이다.

혼불문학관		최명희 문학관	
작가 최명희	생애 수상 어록 추모의 글 문학세계 작가앨범	꽃심을 지닌 땅	최명희 문학관 독락재 관람안내 비시동락지실 평토제 언론에 비친 찾아오시는 길
소설 혼불	줄거리 혼불배경 혼불연구 혼불문학제	아소, 님하	작가 최명희 작품 수상소감 · 연보 연구논문
혼불문학마을	혼불문학마을 마을체험 마을앨범 조성경위 오시는 길	나들목	최명희 길 · 생가터 혼불문학공원 남원혼불문학관 그리고 최명희
혼불문학기행	배경지 남원 문학 일번지 남원 남원 문화자산 혼불 답사안내 혼불 갤러리	소살소살	천필만필 욜랑욜랑 전주문화소식 일필휘지 삶을닮다
훈불정신선양회	인사말 설립취지 연혁 사업안내		
나눔터	글 남기기 잦은질문 자료실 관련사이트 혼불답사기 혼불영상자료 공지사항		

[표 1] 〈혼불문학관〉과 〈최명희 문학관〉 콘텐츠 구성 비교

4. 『혼불』의 콘텐츠화 방안

본 장에서는『혼불』에 나타난 전통문화 양상에 대한 콘텐츠 구축의 시안(試案)을 마련하고자 한다. 시안이라는 점에서 부분적 콘텐츠화라는 한계를 가질 수밖에 없다.

여러 가지 측면에서의 콘텐츠화를 모색할 수 있겠지만, 시범적으로 사회풍습(社會風習)과 관계된 "두레"와 의식주(衣食住)와 관계된 "약장", 그리고 시문(詩文)과 관계된 "서동요"를 통해 콘텐츠를 구축해 보겠다.

이에 대한 기본적 설계는 정보시스템 개발을 위해 공통적으로 거치는 단계인 SDLC(Systems Development Life Cycle)[13] 5단계에 의해 시도된다. 이는 기획단계, 통합단계, 실용화 단계로 구분한다. 기획단계는 계획단계와 분석단계를, 통합단계는 설계단계와 개발단계를, 실용화단계는 구현단계와 디버그를 포함하여 이를 바탕으로 제작된다.

첫째, 기획단계는 개발에 대한 인식에 대하여 웹과 문헌연구를 중심으로 조사를 시작한다. 이를 통해서 기존의 전통문화 관련 콘텐츠에 대한 사례를 분석하고 VR 저작 도구를 제작 측면에서 분석한다. 또한 온라인과 오프라인을 통한 자료수집과 원천소스 분석 과정을 거친 후 각계 전문가를 통해 객관적이고 사실적인 고증과 검수 작업에 근거한 답사 및 촬영, VOD 시나리오 작성 및 기초 자료를 데이터베이스화 한다.

둘째, 통합단계는 기획단계에서 수집된 자료를 가공, 제작하여 멀티미디어 콘텐츠 데이터베이스로 구현하는 단계로서 답사를 통하여 촬영된 이

---

13 SDLC는 자바와 같은 특정 언어와 관련된 것이 아니라 소프트웨어로 어떤 시스템을 만들더라도 적용할 수 있는 개발관리기법으로, 요구사항을 정리하고 파악하는 분석, 요구사항을 소프트웨어로 구현하는 방법 및 논리를 정리하는 설계, 실제로 개발하는 구현, 이를 테스트하고 문서로 정리하는 단계를 스텝대로 진행하는 방법이다.

미지와 동영상의 가공과 편집, 웹 인터페이스 설계를 통한 웹사이트 구축과 테스트 시동, 대상 문화에 대한 3D 모델링 및 가공된 동영상 자료를 VOD 소스화 하는 작업 등을 말한다.

셋째, 실용화단계는 시스템을 구축하여 이를 테스트를 거쳐 웹상에 운용하여 서비스를 제공함과 동시에 추후에 발생하는 오류에 대한 디버그 작업을 포함하는 단계이다.

이상의 내용을 단계별 추진내용과 세부 진행내용에 대해 정리해 보면 [표 2]와 같다.

	단계	내용
기획단계	개발전략 수립	개발 필요성 인식 조사 콘텐츠 관련 사전 조사
	기존 기술 분석	VR tool 분석
	자료조사, 문헌조사	전통문화 관련 국내서적, 인터넷 문헌 조사
	원천소스 분석	기존 자료 수집 및 분석
	전문가 자문	전통문화에 관한 전문가 고증
	시나리오 기획	VOD 관련 다큐멘터리 시나리오 작성
	답사	답사 및 촬영
통합단계	VR, 3D자료 촬영 및 개발	촬영된 이미지 편집 VR tool을 이용한 제작
	인터페이스 개발	웹 인터페이스 설계 및 제작
	3D 모델링	3D Max를 이용한 전통문화 모델링
	웹 구축	웹 페이지 제작
	VOD 소스작업	동영상 편집 및 내레이션 작업

실용화단계	VOD 스트리밍 테스트	VOD 서비스 시연 및 테스트
	웹 환경 운영조성	제작된 웹 사이트 구동
	VOD 스트리밍 서비스	VOD 서비스 및 동영상 검색 서비스 가동
	디버그	오류 수정 및 자료 업데이트

[표 2] 단계별 추진 내용 및 세부진행 내용

이제 『혼불』에서 "두레"의 절차와 과정을 서술하고 있는 부분과 이기채의 사랑마루에 놓인 "약장"의 묘사부분, 그리고 서동요 가사가 수록된 "서동요" 부분을 이러한 SDLC 5단계 방법론에 따라 시안을 구성해 보기로 하자.

먼저 "두레"의 절차와 과정을 서술하고 있는 부분에 대한 시안이다.

두레가 시작되던 날의 농악은 대단했었다.

일에 따라 일손끼리 소(小)두레도 짤 것이지만, 모내기는 농사 중에 가장 중요한 일이라, 마을 전체가 공동으로 대두레를 짜는 것이다.

두레를 짜면 모내기 할 순번을 정하는데, '못날 받는다'고 한다.

그 못날을 받은 다음, 쟁기질 할 일이 많은 첫 번째 집의 모내기를 시작하기 전에, 마을의 모정(茅亭) 앞 공터에서 하루 온종일 농악을 하며, 새로 시작할 일을 위하여 축수하는데, 그것이 볼 만하였다.

마을 전체가 들썩이며 울리게 되는 농악의 꽹매기 소리가 산천을 두드리며 절정에 오를 때, 온 마을 사람들은 한 덩어리로 어우러지고, 종가에서는 푸짐한 술과 음식을 모정으로 내보냈다.

으레, 첫 번째 모내기는 종가의 것을 하였다.

'두레'란, 서로 서로 개인적으로 품을 맞바꾸는 '품앗이'하고는 일의 성질부터가 달랐다. 한 마을의 성년 남자 전원이 의무적으로 참가하는 이 두레는, 경작할 땅의 많고 적음이나 자타의 구별도 없이 공동으로 일을 한다. 품이 열 개 드는 집의 일을 하게 되었을 때, 그쪽에서 미안해 하며 술과 담배를 내놓고 인사를 닦기도 하지만, 굳이 그런 염려는 안해도 된다. 행수(行首)와 도감(都監)의 지휘 아래 일사불란, 그냥 내 일 네 일 없이 함께 한 동아리가 되어 움직이고, 드디어는 맨 마지막 집까지 모두 똑같이 일하고는 끝내기 때문이다.

거기에, 뼈 빠지게 농사지어 누구 좋은 일 시키는고, 싶은 마음 같은 것은 끼여들 틈도 없다. 사람과 사람, 사람과 흙이 한 덩어리였다. 그저 다만 풍년을 간절히 바랄 따름이고, 날씨가 알맞기를 축수하며, 이렇게 너나없이 한 덩어리가 되어 매끌한 논바닥에 모를 꽂을 때, 손 끝으로 전해지는 이상한 뿌듯함이 몸을 채우는 것이다. '농자천하지대본(農者天下之大本)'의 농기 깃발을 호기롭게 펄럭이며 농악대가 동네 모정 앞에 모였을 때, 사람들은 그 날씨의 화창함과 울리는 소구·장구 소리에 진심으로 이제부터 시작되는 농사일이 부디 순탄하기를 빌었었다.[14]

위의 인용문은 두레의 절차와 과정을 설명한 부분으로, 전체 6개의 서브 메뉴로 구성할 수가 있다.

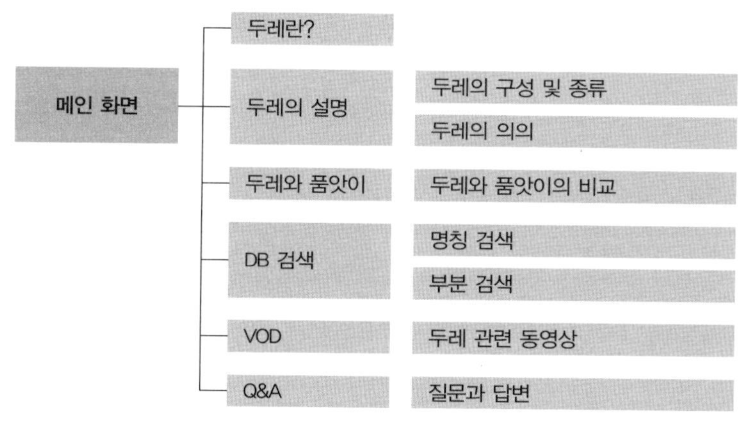

---

14 최명희, 『혼불』 제1권, 한길사, 1996, 115-116면.

[그림 3] 메인 화면용 두레 사진의 예

우선, 메인 화면을 두레 그림으로 구성한다([그림 3] 참조).

1) 두레란? ; 두레란 공동노동(共同勞動)의 형태로서, 우리의 전통적인 농촌사회에서 모내기나 김매기 같이 대규모의 노동력이 집중적으로 필요할 때 행하는 하나의 관행(慣行)이다.

2) 두레에 대한 설명 ; 두레는 조선 후기 이앙법이 전개되면서 보편적인 농민생활풍습으로 정착되었는데, 지역에 따라 그 형식은 조금씩 차이가 난다. 일반적인 구성은 전체를 통솔하는 행수(行首), 행수를 보좌하는 도감(都監), 일의 진행을 지휘하는 수총각(首總角), 규약에 따라 두레꾼의 행동을 감시하는 조사총각(調査總角), 기록과 회계를 맡은 유사서기(有司書記), 방목지의 가축을 돌보면서 논밭을 보호하는 방목감(放牧監) 등으로 되어 있다. 두레는 그 종류 또한 매우 다양한데, 대체로 성별에 따라 남자두레와 여자두레, 발생의 선후에 따라 선생두레와 제자두레, 세력의 우열에 따라 형두레와 아우두레, 세대별에 따라 청년두레와 장년두레, 크기에 따라 큰두레와 작은두레로 구분된다. 이같은 두레의 의의는 함께 힘을 모아 일을 돕는 제도로 상부상조(相扶相助)의 정신 함양과 마을공동체의 평등관(平等觀)을 보여주는 조직이다.

3) 두레와 품앗이 ; 두레는 전통적인 농촌사회에서 힘든 일을 함께 나누는 공동 노동의 풍습으로, 소농경영의 어려움을 극복하기 위해 조

직되었으므로 공동노동으로서의 진취성과 농민들의 자주적 성격이 매우 강한 긍정적인 조직이다. 이에 비해 일을 하는 '품'과 교환한다는 '앗이'가 결합된 품앗이는 역사적으로 가장 오래된 공동노동의 풍습이다. 품앗이는 품에 대해 보답하는 것을 전제로 하지만 반드시 갚지 않아도 되는 경우도 많은데, 두레보다는 규모가 작고 단순한 작업에서 부족한 노동력을 교환하고자 하는 공동노동의 풍습이다.

4) **DB검색** ; 정확한 명칭을 인지하고 있을 경우 바로 검색이 가능한 명칭검색과 사용자가 정확한 유물의 명칭을 알지 못할 경우를 대비한 부분검색으로 구분한다.

5) **VOD** ; 위의 인용된 부분의 상황을 시나리오화([표 3] 참조) 하여 제작된 동영상을 스트리밍 서비스 한다. 이를 통해서 정보제공과 함께 사용자에게 흥미를 제공한다.

6) **Q&A** ; 사용자와 관리자의 의사소통과 상호 정보 교류를 원활히 한다.

항목	VIDEO	AUDIO
종가집 논	# 오전, 맑은 하늘, 드넓은 논 # 농기 깃발이 호기롭게 펄럭이고 # 농악대를 앞세우며 # 행수를 중심으로 모내기 할 논으로 향하는 마을 장정들의 밝은 얼굴들	(농악소리)/NA) 두레에 대한 요약
타이틀	**두레**	
농촌 마을	# 실제하는 두레의 자료 화면을 보여줌	NA) 두레에 대한 상세한 설명

두레와 품앗이	# 장면 비교를 통한 두레와 품앗이의 차이점을 장면을 통해 보여줌 [품앗이] [두레]	NA) 공통점과 차이점을 구체적으로 설명
엔딩	# 마을 장정들이 협동하여 열심히 모내기를 하는 장면	(마을 장정들의 노래소리) (농악 소리)

[표 3] 두레 관련 시나리오

다음으로 이기채의 사랑마루에 놓인 "약장"의 묘사부분에 대한 시안이다.

그 대신 이기채의 사랑 마루에는 언제나 웬만한 약재가 갖추어져 있었다. 뿐만 아니라 약재를 자르고 써는 작두, 갈아서 가루를 내는 정교한 맷돌, 빻아서 가루를 내는 약절구와 작은 공이가 반들반들 윤이 나게 닦이어 있었다. 거기다가 물론, 약을 받치는 체와 비상(砒霜)도 달 수 있는 약저울이며 약 탕관도 늘 약장 위에 얹혀져 있었다.

웬만한 선비 사인(士人)의 집에는 크고 작고 간에 하나씩 갖추기 마련인 이 약장은, 그 서랍이 적게는 여남은 개에서부터 많게는 칠팔십여 개에 이르기까지 층층으로 빼곡하여, 그 안에 칸칸마다 썰어 넣어 놓은 약재가 가득 담기어 있었는데.

사랑에만이 아니라 안방에서도 약재는 쓰이어, 머리맡에 내방 약장을
두기도 하였다. 그래서 집안 안팎 식구들의 용도가 있을 때, 혹은 일가와
문중, 마을 사람들이 아플 때, 화제(和劑)를 내어 약을 지어 주었으니, 선
비라면 누구라도 스스로 화제를 낼 줄 알았다.[15]

위의 인용문은 약장 묘사 부분으로, 전체 6개의 서브메뉴로 구성할 수가
있다.

우선, 메인 화면을 약장 그림으로 구성한다([그림 4] 참조).

1) **약장의 정의** ; 한방약을 보관하기 위해 나무로 만든 용기 또는 서랍이
   달린 장롱 모양의 나무장.

2) **약장에 대한 설명** ; 서랍은 오동나무로 제작하면 습기를 방지할 뿐

---

15 위의 책. 286면.

[그림 4] 메인 화면용 약장의 예

만 아니라 충해(蟲害)도 예방할 수 있다. 원래 약장을 사용하는 목적은 약물의 방습·방충·차광(遮光)·온도 등 약성에 따라 알맞게 저장함으로써 품질을 잘 보존하기 위한 것이다. 약재는 수분·광선·온도 등에 따라 변질하고, 자연건조와 해충·서식(鼠蝕)·마손 등이 감량의 원인이 된다.

3) **DB검색** ; 정확한 명칭을 인지하고 있을 경우 바로 검색이 가능한 명칭 검색과 사용자가 정확한 유물의 명칭을 알지 못할 경우를 대비한 부분 검색으로 구분한다.

4) **약장 제작과정** ; 약장 제작 과정은 3D로 제작된 애니메이션과 함께 각각의 단계에 맞추어 내레이션을 제공하여 사용자의 이해를 돕게 한다.

5) **VOD** ; 위의 인용된 부분의 상황을 시나리오화([표 4] 참조) 하여 제작된 동영상을 스트리밍 서비스 한다. 이를 통해서 정보제공과 함께 사용자에게 흥미를 제공한다.

6) **Q&A** ; 사용자와 관리자의 의사소통과 상호 정보 교류를 원활히 한다.

항목	VIDEO	AUDIO
이기채의 사랑마루	# 밤, 조용한 이기채의 사랑 마루 # 약장 위에는 체, 약저울, 약 탕관이 가지런히 정돈되어 있고 # 약장을 등지고 앉은 사내가 작두로 약재를 자르고 있다 # 약장 옆으로 반듯하게 놓여진 맷돌, 약절구와 공이가 보인다.	(풀벌레 우는 소리가 들림) NA) 약장에 대한 설명
타이틀	**약장의 제작 과정**	
약장의 개괄	# 약장의 제작 과정 소개 화면 # 전국에 실제하는 약장의 자료 화면을 보여줌	NA) 제작 과정을 상세히 설명
약장 관련 기구 소개	# 여러 가지 기구를 다루는 모습을 보여줌	NA) 여러 기구에 대한 설명
엔딩	# 여러 종류의 약장을 보여줌	(전통음악소리)

[표 4] 약장 관련 시나리오

다음은 "서동요" 부분에 대한 시안이다.

선화공주님은
눔 그스기 얼아 두고

마동방을
밤의 몰 안고 가다

선화공주님은
남모르게 그윽히 어우러 두고
마동 도련님을
밤이면 몰래 안고 간다네[16]

위의 인용문은 서동요 가사가 수록된 부분으로, 전체 6개의 서브메뉴로
구성할 수가 있다.

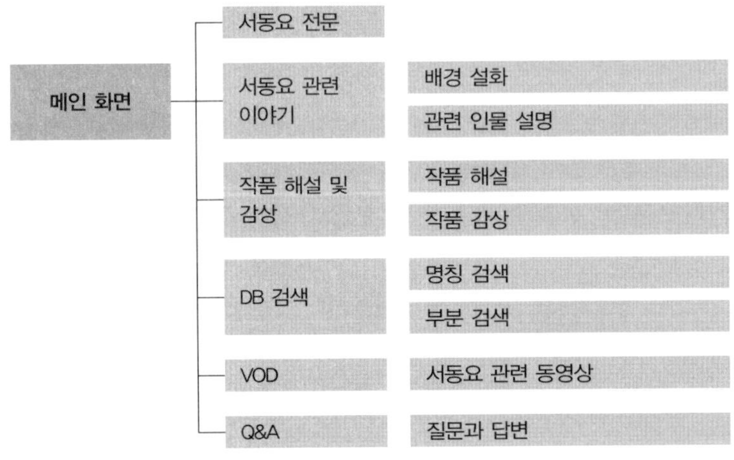

우선, 메인 화면을 서동요 관련 그림으로 구성한다([그림 5] 참조).

---

16 최명희, 『혼불』 제5권, 한길사, 1996, 190면.

1) **서동요 전문** ; 善化公主主隱
／ 他密只嫁良置古 ／ 薯童房
乙 ／ 夜矣卯乙抱遺去如

2) **서동요 관련 이야기**

(1) **배경설화** ; 백제의 제30대
무왕의 이름은 장(璋)
이다. 그 모친이 남편
을 여의고 과부가 되
어 백제의 서울 남쪽
못가에 살면서, 연못
의 용과 정을 통하여

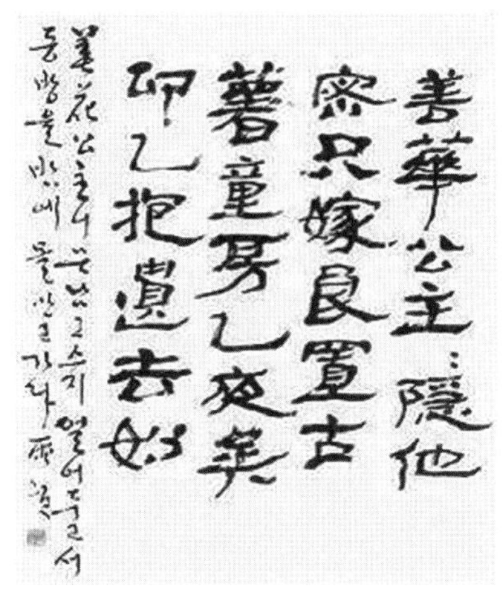

[그림 5] 메인 화면용 서동요 관련 그림의 예

아들을 낳았다. 그 아들은 재주와 도량이 커서 장차 큰일을 할
바탕을 갖추고 있었는데 항상 마(薯)를 캐어 팔아서 생계를 꾸
려 갔으므로, 사람들이 그를 '서동'이라 불렀다. 그는 신라 진평
왕의 셋째 딸 선화공주가 아름답기 그지없다는 소문을 듣고 그
녀를 아내로 맞이하고자 머리를 깎아 중의 형색을 하고 신라의
서울로 들어갔다. 서울 근방의 아이들에게 마를 나누어 주면
서 그들과 친해져 그를 따르게 되자 자신이 지은 동요를 부르
게 하였다. 이 노래가 〈서동요〉인 것이다. 이 동요의 내용이 대
궐에까지 알려져 공주는 먼 곳으로 귀양을 가게 되었다. 귀양
길에 오르는 공주의 애처로운 모습에 왕후는 순금 한 말을 노
자로 주었고, 공주가 귀양처로 가는 도중에 서동이 나타나 맞
이하며 시위(侍衛)하여 가고자 하였다. 공주는 그가 어디서 온
지는 모르나 외로운 귀양길에 친구가 되리라 생각하고 그를 따
르게 되었다. 공주는 서동이 믿음직스럽고 좋아 그와 결혼했

는데, 그 후에야 서동의 이름을 알고, 동요의 영험함도 알았다. 백제로 와서 어머니가 준 금을 내어 생계를 꾀하려 하니, 서동이 크게 웃으며, "이것이 무엇이냐"하였다. 공주가 "이것은 황금이니 가히 백 년의 부를 이룰 것이다." 하니, 서동은 "내가 어려서부터 마를 파던 곳에 흙과 같이 쌓아 놓았다."하였다. 공주가 듣고 크게 놀라 "그것은 천하의 지보(至寶)니 지금 그 소재를 알거든 그 보물을 가져다 부모님 궁전에 보내는 것이 어떠하냐."고 하였다. 서동이 좋다 하여 금을 모아 구릉과 같이 쌓아 놓고 용화산 사자사의 지명법사에게 가서 금을 옮길 방책을 물었다. 법사는 "내가 신력으로써 보낼 터이니 금을 가져오라." 하였다. 공주가 편지를 써서 금과 함께 사자사 앞에 갖다 놓으니 법사가 신력으로 하룻밤을 사이에 신라 궁중에 갖다 두었다. 진평왕이 그 신비한 변화를 이상히 여겨 더욱 존경하며 항상 편지를 보내어 안부를 물었다. 서동이 이로부터 인심을 얻어 백제의 왕위에 올랐다.

(2) **관련 인물 설명** ; 백제 무왕(武王, ?-641)은 제30대 왕으로, 재위 기간은 600-641년이고 이름은 장(璋)이다. 신라의 변경을 자주 공략했고, 고구려 세력을 견제하기 위해 노력했다. 수와 그 다음의 당에 조공(朝貢)하였으며 만년에는 궁성 남쪽에 연못을 파고 유흥지로 삼는 등 사치와 유흥을 일삼았다. 백제 무왕의 어릴 때 이름은 "말자(末子, 막둥)"였다. 무왕을 "말통대왕(末通大王)"이라고 한 근거도 그의 아명이 "막둥(맛둥)"이었기 때문이다.

3) 작품 해설 및 감상

(1) **작품해설** ; 이 노래는 신라 26대 진평왕(6세기) 때 만들어졌으며, 4구체 향가의 형식으로 참요(讖謠)적이고 동화적인 성격을 띠고

있다. 선화공주를 아내로 맞이하기 위하여 선화공주의 거짓 비행을 계략적으로 퍼뜨린다는 내용으로, 현전 최고의 향가, 배경설화에 신화적인 요소가 있는 향가, 향가 중에서 민요체를 대표하는 작품, 동요가 향가 형태로 정착된 작품이라는 의의를 가진다.

(2) **작품감상** ; 이 노래는 일종의 참요로, 서동이라는 사랑에 빠진 한 소년이 자신이 갈망하는 내용을 선화 공주라는 상대편에 전가시켜 노래한 것이다. 주객을 전도시킨 수사적 특징을 재미있게 읽을 수 있으며, 국경을 뛰어 넘고 신분의 귀천을 초월한 낭만적인 한 소년의 사랑 이야기를 재미있게 감상할 수 있다. 그리고 그 꿈이 결국 이루어졌다는 점에서 신분을 초월하고자 하는 당시 민중들의 소망을 엿볼 수도 있다. 어린 아이들이 부르는 동요의 형태를 띠고 있어 간결하고 소박한 표현을 사용하고 있으며, 사랑을 위해 목숨을 건 고대인들의 강한 정열과 순진하고 발랄한 모습을 엿볼 수 있다.

4) **DB 검색** ; 정확한 명칭을 인지하고 있을 경우 바로 검색이 가능한 명칭 검색과 사용자가 정확한 유물의 명칭을 알지 못할 경우를 대비한 부분검색으로 구분한다.

5) **VOD** ; 서동요 관련 이야기들을 시나리오화([표 5] 참조)하여 제작된 동영상을 스트리밍 서비스 한다. 이를 통해서 정보제공과 함께 사용자에게 흥미를 제공한다.

6) **Q&A** ; 사용자와 관리자의 의사소통과 상호 정보 교류를 원활히 한다.

항목	VIDEO	AUDIO
신라의 서울 금성	# 정오, 마을 아이들에게 마를 나누 어주는 마동(薯童) # 마동을 뒤따르는 아이들	(활기찬 장터 소리) (서동요를 읽는 마동의 목소리)
타이틀	**서동요**	
서동요	# 서동요 전문 화면 # 전국에 실제하는 약장의 자료 화면을 보여줌	(붓글씨로 한자씩 써 내려감) NA) 현대어로 풀어 읽음
서동요 관련 설화	# 설화 관련 슬라이드 사진 [궁남지] [서동요비] [익산 미륵사지]	NA) 관련 설화를 읽음
엔딩	# 아이들이 마을을 돌아다니며 노 래를 부름	(서동요를 부르는 아이들의 노래 소리)

[표 5] 서동요 관련 시나리오

5. 『혼불』의 콘텐츠화를 위한 제언

문화콘텐츠는 향후 디지털 정보기술(IT)에 의해 더욱 역동적으로 변화할 것으로 예상된다. 특히 인터넷과 관련된 정보산업 분야에서는 문화콘텐츠의 역할과 비중이 커질 것이라는 예측이 지배적이다. 이런 맥락에서 콘텐츠의 중요성이 강조된다.

이상에서 『혼불』에 대한 문화콘텐츠 구축을 위한 시안(試案)을 만들어 보았다. 이 때 요구되는 사항은 콘텐츠 제작 및 유통 전문가 집단 양성, 인적 · 물적 자원들 간의 네트워크 활성화를 위한 포털 사이트 구축, 문화콘텐츠의 신규 진입자들을 위한 정보 제공 서비스 등 제반 분야의 효율적인 협력이다. 이는 『혼불』에 대한 미시적 차원의 접근을 통해 단편적인 홍보의 효과에서 머무르는 것이 아니라 보다 본질적인 측면에서의 활성화 방안이 모색해야 함을 의미한다. 아무리 훌륭한 소재를 발굴하고, 그것을 통해서 콘텐츠의 시장성을 확보할 수 있다고 해도 향유층의 적극적인 공감을 얻어내지 못한다면 일회성 작업에 머물 수도 있기 때문이다.

안 소 진

4

다문화가정 자녀를 위한 청소년 캠프 프로그램 개발 방안 연구

1. 사회현상으로서의 다문화가정

최근 들어 우리사회는 국제결혼의 증가, 산업연수생 증가 등에 따라 다문화가정[1]이 급속도로 증가하고 있다. 다문화가정의 지속적인 증가의 가장 큰 원인은 결혼이민자의 증가이다. 2009년 8월 26일 통계청과 행정안전부에 따르면 지난해 국제결혼은 3만 6204건으로 전체 32만 7715건의 11%를 차지하고 있는 상태이다. 국제결혼의 증가는 우리사회 안에서의 다문화가정 증가로 자연스럽게 이어진다. 이렇게 다문화가정에서 태어난 자녀의 수는 5만 8000여 명(2008년 기준)에 달하며 지금까지 지속적으로 늘어나고 있다. 이처럼 다문화가정이 이미 우리사회의 일부분으로 자리 잡게 되었다.

---

1 '다문화가정'이라는 용어는 2004년 4월 한 시민단체가('건강한시민연대') 국제결혼가정, 혼혈인가정 등 차별성을 지닌 용어 개선을 위해 사용을 권장하면서 사용된 것이다. 이는 우리와 다른 민족, 문화적 배경을 지난 사람들로 구성된 가정을 통칭하는 개념으로 최근까지 그 범주에 관한 명확한 구분 없이 사용되고 있다.

이러한 사회적인 현상이 나타나면서 다문화가정에 대한 정부 및 사회의 관심도가 높아지고 있다. 2009년 9월 정부는 다문화가족지원정책의 총괄, 조정역할을 강화하기 위해 국무총리를 위원장으로 하는 '다문화가족정책위원회'의 설치 근거를 마련했다. 정부는 국제결혼 중개과정의 체계적인 관리, 다문화가족 초기사회적응지원, 다문화가족 자녀에 대한 지원, 결혼이민자 경제·사회 자립능력강화를 목표로 정책 추진 방향을 정했다. 하지만 지금 현재 시행되고 있는 정책 대부분은 한국어교육, 한국문화교육 등 1차적인 결혼이민자를 대상으로 시행되고 있다.

그러나 다문화가정 자녀들에 대한 프로그램은 양적으로나 질적으로 매우 미흡하다. 뿐만 아니라 다문화가정 자녀에 대한 한국사회의 고정관념과 편견으로 사회적 거리감을 가지고 있는 것도 사실이다. 이러한 환경에서 다문화가정 자녀들은 정체성 혼란을 겪고 있다. 실제로 어린이집, 유치원에 다니고 있는 다문화가정 자녀가 일반가정의 친구들을 무척 부러워하며 얼굴색과 모양이 다르고, 어눌한 한국말을 하고 있는 엄마를 창피하게 생각하고 있다. 이는 앞으로 다문화가정의 자녀들이 성장하면서 스스로를 열등한 존재로 인식하게 하는 가장 큰 문제점이라고 할 수 있다. 앞으로 다문화가정의 자녀들이 우리사회의 구성원으로 자리 잡게 하기 위해서는 체계적인 교육콘텐츠가 반드시 필요하다. 필자는 본고에서 다문화가정 자녀들의 교육콘텐츠에 대한 사례분석을 통해 문제점을 분석하고 다문화가정 청소년을 대상으로 올바른 정체성 확립을 위한 캠프 프로그램을 개발, 제안하려고 한다.

이를 위해 다문화가정 청소년을 대상으로 올바른 정체성 확립을 위한 캠프 프로그램개발에 대한 연구의 범위는 다음과 같다.

첫째, 우리나라가 어떻게 다문화사회로 접어들었는지 그 형성과정과 다문화가정의 현황을 살펴보고 그 대상을 1차적인 이주민이 아니라 다문화가정의 자녀로만 한정시킨다.

둘째, 기존에 다문화가정의 자녀들을 대상으로 시행하고 있는, 가장 대표적인 기관 2곳에서 시행되고 있는 교육 프로그램을 분석하고 그 문제점을 분석한다.

셋째, 실제로 다문화가정 자녀들이 겪는 심리현상을 파악하고 그 문제점을 분석한다.

넷째, 기존 시행되고 있는 다문화가정 자녀들을 위한 교육 프로그램의 문제점과 심리상태를 반영한 캠프 프로그램을 개발한다.

2. 다문화가정에 대한 연구 현황

사회적으로 다문화가정에 대한 연구는 많이 진행되고 있는 상황이다. 대표적 연구 성과를 일별해 보면 다음과 같다.

한국청소년상담원[2]은 2006년 다문화가정 청소년(혼혈청소년) 연구를 진행했다. 이 연구에서는 다문화가정의 청소년에 대한 실태조사를 진행하며 그들이 겪는 어려움, 자아 및 국가정체감, 미래상 등을 파악하고자 했다. 또 다문화가정 청소년에 대한 일반 청소년의 다양한 경험과 인식, 개방성 및 고정관념에 대해 조사하였다.

김은미[3]는 한국사회가 다문화사회를 받아들이고 있는 모습과 태도를 사회복지학적 관점에서 분석하였다. 이는 일차적으로 서울시민을 대상으로 하였으며, 이후 외국인마을 사람들과 결혼이주여성들을 대상으로 이들이

---

2 한국청소년상담원, 『다문화가정 청소년(혼혈청소년) 연구—사회적응 실태조사 및 고정관념 조사』, 한국청소년상담원, 2006.
3 김은미 외, 『다문화사회, 한국』, 나남, 2009.

한국에서 살아가는 모습과 욕구에 대해 실증적 분석을 실시하였다. 또한 다문화가정 자녀의 욕구와 실태를 파악하였다. 또 해외에서 시행되고 있는 다문화가정 지원 센터의 진행방향을 소개했다.

이현정[4]은 한국의 인종차별은 강한 자에게는 약하고 약한 자에게는 강한 심리에서 시작되어 차별의식, 배타성을 보이고 있다고 꼬집었다. 또 다문화인을 대상으로 한 교육이 한국어만 가르쳐서는 효과를 내기 어려우며, 소통의 부재는 갈등을 동반하게 된다고 하였다. 또 변화의 흐름 속에서 전통적이고 고정되어 있던 사고방식과 타성에 젖은 행동 방식을 변화시켜 다양한 문화를 흡수하고 우리의 것으로 만들어야 한다고 했다.

다프네 키츠[5]는 다문화 사회의 어린이, 청소년에 대해 심리학을 바탕으로 접근했다. 다문화사회 속에서 복합된 문화 속에서 자라는 아이들을 대하는 전문가들을 위해 문화가 가족 구성원에게 끼치는 영향, 사회적 상호 작용의 중요성, 다문화적 상호 작용과 문화적 변화에서 해야 할 역할에 대해 말하였다.

조준형[6]은 다문화사회 문화교육의 현황과 사례를 제시하고 이주민에게 사회문화교육 프로그램을 통하며 문화예술교육의 효과를 분석하여 다문화사회에서의 문화예술교육의 방향을 알아보았다. 실험조사는 이주민에 대한 직접적인 문화예술교육의 효과를 파악하기 위해 문화예술이 아닌 우리말 교육 분야와 문화예술교육의 과제로 사물놀이를 선정하여 비교 및 분석하였다.

---

4 이현정, 『우리의 미래 다문화에 달려 있다』, 소울메이트, 2009.

5 다프네 키츠, 『다문화 사회와 어린이(정신분석학으로 보는 다문화가정의 어린이)』, 한울, 2010.

6 조준형, 「다문화사회 이주민에 대한 문화예술교육 효과 분석연구」, 추계예술대학교 대학원 문화예술학과 박사학위논문, 2009.

　이외 다문화가정 자녀에 관한 연구는 사회학이나 심리학의 관점에서 사회조사방법론을 통해 이루어져 왔고, 다문화가족센터에서 발간된 보고서를 통해 다문화가정의 현황과 실질적인 문제점에 대해 알아 볼 수 있었다. 인문학 분야의 다문화가정 자녀에 대한 연구는 언어교육에 관련된 내용이 대부분이었다. 최근 들어 다문화가정 전체에 대한 관심도가 높아지고 기존 연구들에 대한 비판 또는 발전을 통해 심리 상태에 대한 조사가 늘어나고 있는 추세이다. 하지만 다문화가정 자녀들을 위한 교육, 심리 치료 프로그램 자체를 콘텐츠로 발전시켜 만들어 낸 연구는 아주 미미한 실정이다.

3. 다문화가정 자녀를 위한 기존 콘텐츠 분석

　다문화와 다문화가정에 대한 관심은 정부를 중심으로 이루어지고 있다. 정부차원에서 문제인식이 이루어 졌고, 그에 대한 다각도의 대책을 마련하고 있다. 2008년 새로운 정부가 구성되면서 정부조직의 개편이 있었다. 이 때 다문화가정에 대한 각 부처별 정책이 마련되었다.

구분[7]	정책영역	정책대상	정책초점
교육과학 기술부	제도권교육 인적자원개발	이주민포함 가정의 2세대와 그 부모	교과학습부진 지원 학력능력 향상을 위한 환경 조성

---

7 홍기원, "이주민 대상 문화사업의 현황 및 개선방안", 다문화사회의 문화적 지원 대책 토론회, 2008.7.10.

문화체육 관광부	문화의식 전반 문화와 예술	이주민, 이주민 포함 가정 및 그 자녀, 일 반국민	다문화에 대한 인식제고 이주민 언어/문화 적응 문화적 다양성 이해
법무부	출입국관리 국적 및 이민	입국 외국인 전체	법질서 수호를 통한 국가안정 이주 민의 사회 통합
보건복지 가족부	가족 복지 사회 복지	이주민 포함 자녀가정 및 그 자녀	결혼이주여성의 사회적응 다문화가족의 복지 증진
여성부	성평등 여성인권	결혼이주여성	이주여성의 인권 증진 이주여성의 사회문화적 적응

[표 1] 정부의 중앙부처별 소관정책 개요

정부의 이주민에 대한 다문화프로그램은 다문화 관련 업무를 다루는 다문화정책팀이 2006년에 준비를 걸쳐 2007년 11월에 조직상 편제되어 운영하였으나, 2009년 5월 조직 편제로 문화예술교육팀으로 역할이 이관되어 운영되고 있다. 다문화주의 이론에서 포관적인 의미로 다문화정책의 문제를 다루지 않고 있으며, 문화관광부의 다문화사업 실행체계는 일부 부처처럼 다문화사업만을 수행하기 위한 공식화된 인프라를 통하여 집행되고 있지 못하고 있다. 민간부문으로 지방문화원, 무화의 집, NGO단체 등은 임의적인 협력네트워크를 구성하여 수행되는 경향이 크다. 교육 분야나 사회복지 분야와 같이 서비스 전달체계가 조직화되지 않고 국가 보조사업의 형태로 수행되기 때문에 사업역량의 장기적인 축적 및 개발이나 동일한 주체로 사업을 지속하기 어려운 실정이다.

다문화가정에 대한 사회구성원 전체의 관심도 또한 낮다고 할 수는 없다. 매스미디어는 사회적으로 다문화에 대한 관심이 높다는 것을 증명한다. 매스미디어에서 다문화를 다루는 시각은 과거 '특집 프로그램' 또는 다

큐멘터리로 일회적이었다. 그러나 2003년 '느낌표(!) 아시아 아시아'를 시
작으로 공중파 예능 프로그램에서 다문화를 주제로 프로그램을 편성하기
시작했다.[8] 이는 다문화에 대한 시선이 정책에 집중된 무거운 것이 아니라
일상적인 소재를 중심으로 진행되는 효과를 가져왔다.

방송국	방송명칭	주요 내용
MBC	느낌표 '아시아 아시아'	– 공중파 TV 방송프로그램(매주 1회 방송, 코너) – 방영기간: 2003년 2월 22일 방송 시작(종영) – 정규프로그램 코너로 처음 다룬 방송 – 이주노동자들의 실태와 생활상을 소개
KBS	러브 인 아시아	– 공중파 TV 방송프로그램(매주 1회 방송, 방송시간 60분) – 방영기간: 2005년 11월 방송시작(방영중) – 국제결혼 이민자들의 가족 소개
	미녀들의 수다	– 공중파 TV 방송프로그램(매주 1회 방송) – 방영기간: 2006년 11월~(2010년 종영) – 외국인 여성 16명 출연 그들의 눈을 통해 본 한국 사회에 관한 이야기 소개
SBS	일요일이 좋다 '사돈 처음 뵙겠습니다'	– 공중파 TV 방송프로그램(매주 1회 방송) – 방영기간: 2007년 11월 ~2008년 7월(8개월)(종영) – 외국며느리들의 이야기
코미디 TV	월드 보이즈	– 케이블 TV(종영) – 외국인 남자 유학생 6명의 한국 체험기

---

8 조준형, 앞의 글.

교육 방송	사랑해요 코리아	– 라디오 프로그램(방영시간, 60분) – 한국에서 생활하는 이주노동자들이 직접 출연, 자국 문화 소개
RTV	다문화 열린사회 너 나 우리	– 케이블 TV/10부작 다큐멘터리 – 2007년 6월 방송 – 다문화사회 정착을 주제로 한 캠페인

[표 2] 매스미디어를 통한 다문화사회 이해 프로그램

다문화가정에 대한 매스미디어의 관심은 기존의 사회 구성원들에게 큰 효과를 줄 수 있다. 다문화가정의 실생활을 보게 되고 그들이 느끼는 감정에 동화되면서 실질적 이해가 이루어 질 수 있다. 이는 이민자와 내국인의 다문화에 대한 인식의 변화를 보다 쉽게 가지고 올 수 있는 중요한 수단이 될 것이다.

이처럼 우리사회에서 다문화가정은 사회구성의 일부로 자리 잡고 있다. 하지만 다문화가정에 대한 이해가 선행되지 않고 있다. 먼저 기존에 시행되고 있는 다문화가정 자녀를 위한 교육콘텐츠 사례를 분석하여 그 문제점을 파악하고, 이후 다문화가정 자녀들이 겪고 있는 사회적 문제에 대한 심리분석을 통해 올바른 정체성을 확립하고 스스로에 대한 가능성을 발견하여 미래 우리사회의 당당한 구성원으로 자랄 수 있도록 할 것이다.

3.1. '다문화가정 e-배움 캠페인'의 교육콘텐츠 분석

1) '다문화가정 e-배움 캠페인' 현황

'다문화가정 e-배움 캠페인'은 교육 프로그램 참여가 인터넷 상에서 진행된다는 점이 가장 큰 특징이다. 다문화가정의 수가 급속도로 증가하면서 전라남도·경상북도·POSCO의 협약으로 온라인상에서 교육이 가능한 '다문화가정 e-배움 캠페인'이 시작되었다. 이 후 교육장으로 직접 나오지 않고 자택에서 교육을 받을 수 있다는 점에서 결혼이민자들로부터 많은 호응을 얻고 있다. 2009년 11월 기준으로 총 48,598명이 '다문화가정 e-배움 캠페인'에 가입을 해서 교육을 받고 있다.

2007년	
04.20	전라남도·경상북도·POSCO 협약식 및 런칭 행사

2008년	
01.10	여성가족부 협약 체결(현 보건복지가족부)
01.17	전라남도 수료식(순천시)
01.18	충청북도 협약 체결
01.24	경상북도 수료식(영천시)
03.24	부산광역시 협약 체결
03.27	제주특별자치도 협약 체결
04.01	충청남도 협약 체결
04.25	강원도 협약 체결
07.17	서울특별시 협약 체결
09.24	경기도 협약 체결
10.01	한국교육학술정보원(KERIS) 협약 체결
10.31	Wall Street Journal 현장취재(옥천군다문화가족지원센터)
11.04	(사)정보화마을중앙협회 협약 체결
12.12	2008년 수료식(충북 옥천군)

2009년	
02.10	전라북도 협약 체결
02.26	서울특별시 우수사례 선정

03.10	경상남도 협약 체결
04.03	원격지원서비스 지원 개시
06.25	대통령직속 국가브랜드위원회 위원장상 수상
08.12	광주광역시 협약 체결
10.14	인천광역시 협약 체결
10.22	대전광역시 협약 체결

[표 3] 다문화가정 e-배움 캠페인 연혁

'다문화가정 e-배움 캠페인'에서 시행하고 있는 프로그램은 1단계에서부터 3단계까지 진행된다. 1단계는 컴퓨터 기본교육, 한국어·한국문화교육, 한국어 입문 1~5단계로 구성되어 있다. 2단계는 배우자 언어·문화교육, 베트남어와 문화, 중국어와 문화, 일본어와 문화로 구성되어 있으며, 3단계는 전문화교육, 영어교사 양성과정(TESOL), 학위과정, 각종 자격증 과정으로 진행되고 있다.

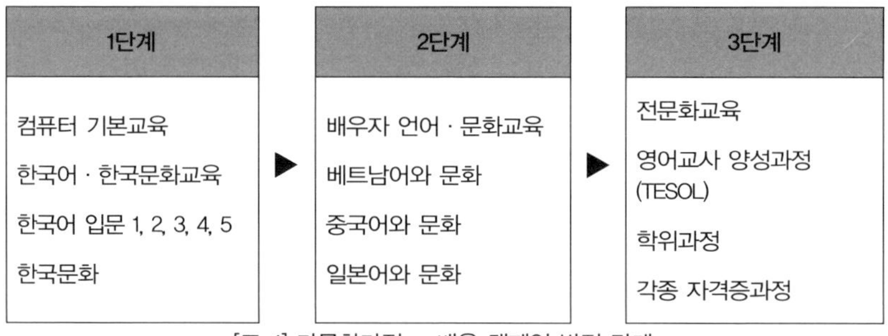

[표 4] 다문화가정 e-배움 캠페인 발전 단계

2) '다문화가정 e-배움 캠페인' 분석

'다문화가정 e-배움 캠페인'은 다문화가정에서 온라인을 통해 접하고 있다는 것이 가장 큰 특징이라고 할 수 있다. 이는 다문화가정의 교육프로그램 참여율이 낮고, 그 대상 가정 분위기가 프로그램 참여에 적극적이지 않다는 성향을 보면 참신한 시도라고 생각할 수 있을 것이다.

하지만 '다문화가정 e-배움 캠페인'의 대상이 다문화가정의 부부 및 자녀로 설정되어 있음에도 불구하고 그 교육의 내용을 살펴보면 1차적인 결혼 이민자로 한정되어 있다. 또 교육프로그램의 구성에 있어서도 한국인 중심의 문화교육, 언어교육에 국한되어 있어서 실질적으로 다문화가정의 자녀들이 동참할 수 있는 공간이 부족하다. 인터넷 공간의 가장 큰 장점 중 하나는 서로간의 소통이 가능하다는 것이다. 그러나 '다문화가정 e-배움 캠페인'은 대부분의 소통이 일방적이다. 홈페이지 구성에 있어서도 쌍방의 소통이 중심이 되어 있기보다는 일방적인 교육 중심으로 기획되어 있다는 것을 볼 수 있다. 언어교육이 1차 대상자인 결혼이민자에게 가장 중요하다는 것은 인정하지만 이것이 한국 사회에서 태어나고 자란 다문화가정의 자녀들에게까지 똑같이 적용될 수는 없다.

특히 가장 문제가 되고 있는 다문화가정 자녀의 학교부적응에는 환경요인이 의사소통에 있는 것이 아니라, 심리적인 면에서 두드러지게 나타나는 것을 볼 수 있다. 특히 또래관계나 학교적응태도 등 환경요인이 다문화가정 자녀의 학교부적응에 미치는 영향력이 높다.[9] 따라서 다문화가정 자녀들을 위한 교육은 1차 대상자였던 기존의 결혼이민자들과 확실히 구분되어 실시되어야 한다.

---

9 장덕희 외, 「다문화가정 자녀의 학교부적응에 미치는 환경요인」, 『청소년학연구』 제17권 제3호, 2010.3, 142면.

3.2. 안산시 '안산이주민센터'의 다문화가정 자녀 교육콘텐츠 분석

1) 안산시 '안산이주민센터'의 다문화가정 자녀 교육콘텐츠 현황

2009년 법무부의 자료에 의하면 결혼이민자의 수가 가장 많은 곳은 경기도가 32,434명으로 1위, 서울이 29,602명으로 2위였다. 3위가 7,683명의 경남인 것을 본다면 1, 2위와 3위의 격차가 심하다는 것을 알 수 있다. 체류외국인의 수로 본다면 경기지역은 서울과 1, 2위를 다투는 지역이다. 교육과학기술부 정보자료실에 게시된 다문화가정 자녀 현황(재학생 현황)을 보면, 2007년 외국인근로자 자녀는 25.8%가, 국제결혼 자녀는 21.4%가 경기지역에 거주함을 알 수 있다. 이에 경기지역에서 가장 체계적으로 운영되는 다문화 지원기관인 '안산이주민센터'의 프로그램운영방식을 살펴보도록 한다.

이 기관에서 실시하는 프로그램은 교육 프로그램, 서비스 프로그램, 문화행사 프로그램으로 나눌 수 있다. 안산이주민센터의 한국어교육은 외국인근로자 대상 한국어교육과 결혼이주여성 대상 한국어교육이 나뉘어 운영되고 있다. 또 결혼이주여성 대상의 '한글교실'에서는 송편 빚기, 미술관 관람 등 체험을 위주로 하는 문화행사도 같이 진행된다.

다문화교육 프로그램은 '안산이주민센터'의 하위조직이면서 하나의 독립된 법인 기관인 '국경 없는 마을'에서 운영되고 있는데 이곳에서는 다문화 사회에 대한 연구와 내외국인을 대상으로 다양한 다문화콘텐츠 및 교육 프로그램을 기획·운영하고 있다.[10] 다문화가정 아이들을 위한 방과 후 교육 프로그램은 역시 '안산이주민센터'의 하위조직인 '코시안의 집'에서 '코시안 스쿨'이라는 이름으로 실시하였다. 이는 다문화가정자녀들이 우리 사회

---

10 김은미 외, 앞의 책, 255-259면.

의 일원으로 살아갈 수 있도록 돕기 위한 취지에서 설립되었다. 코시안의 집은 맞벌이하는 다문화가족 부모를 위해 영육아 보육을 담당하고, 경제적으로 어려운 다문화가정을 지원하는 서비스 체계를 갖고 있으며, 상담, 행사기획, 다문화가정 자녀들을 위한 한국어를 비롯한 학습지도와 특별활동(피아노, 미술치료, 재즈댄스 등)을 운영하고 있었다.

2) 안산시 '안산이주민센터'의 다문화가정 자녀 교육콘텐츠 분석

안산시 '안산이주민센터'는 그 체계가 아주 잘 이루어져 있고, 활동도 가장 활발하게 진행되고 있는 곳이다. '안산이주민센터'의 프로그램 중 가장 주목해야 할 것은 다문화가정 자녀를 대상으로 진행되고 있는 '코시안의 집'이었다. '코시안의 집'은 우선 그 용어의 선택부터 서로 경계를 느낄 수 없도록 하기 위해 연구한 결과물로 볼 수 있었다.

한국 사회에서 가장 체계적이고 규모가 큰 '안산이주민센터'에서도 학생들만을 담당하는 곳이 따로 존재하지 않는다는 사실이 안타깝기는 했지만, 한국어교육에만 집중되어 있었던 다른 센터와는 다르다는 점에 주목할 만했다. 그 구성도 일방적으로 한국 전통을 고집하여 주입하는 것이 아니라, 문화교육을 통해 다문화가정 자녀들이 그 속에서 자신의 정체성을 확립해 갈 수 있도록 돕는 역할을 하고 있었다. 또, 자녀들을 위한 프로그램 또한 연극, 체험 등으로 다양하게 구성되어 흥미유발을 통한 참여자들의 적극적인 호응을 얻었다.

4. 다문화가정 자녀의 심리 문제 분석

　대한민국의 국민으로 한 나라에서 태어나고 자랐다고 하더라고 개인의 성향에 따라 여러 가지 심리적 문제가 나타날 수 있다. 하지만 두 나라의 문화를 함께 받아들어야 하는 상황에서 다문화가정 아이들은 더 많은 갈등과 어려움이 있을 것이다. 좀 더 특별한 상황에 있는 다문화가정 아이들이 성공적인 삶을 만들어 나가기 위해 가장 우선시 되어야 하는 것은 특별히 그들의 심리 상태를 파악하는 것이다. 그 후, 다문화가정 자녀들의 심리상황을 고려하여 교육 프로그램을 마련하는 것이 시급한 실정이다.

　아이들에게 다문화적 환경은 잠재적인 어려움으로 인식되는 경우가 많다. 이는 다문화가정의 아이들을 대하는 교육자들도 마찬가지이다. 다른 문화에 대한 경험이 적은 경우, 아이와 교육자 사이의 상호 작용은 필연적으로 상대방에 대한 이해 부족과 원활하지 못한 의사소통 문제를 야기하고 특정 행동에 대한 적절성의 여부를 판단할 때 많은 시각 차이를 보이기도 한다.

　대다수의 국가에서 다문화 환경은 도시와 시골 모두에서 발견할 수 있다. 외국의 경우, 런던과 시드니, 토론토와 같은 많은 대도시에서는 민족과 문화적 배경이 매우 다른 많은 사람들이 서로 가까운 곳에서 거주하며 일하고 있다. 또한 언어와 옷차림, 식습관의 형태와 그 질적 수준은 그야말로 천차만별이며, 상점과 대중교통 안에는 상당히 다양한 문화의 사람들이 서로 뒤섞여 있다. 이러한 환경에서 자라는 대다수의 아이들은 단순히 많은 사람들이 자신과 다르다는 사실을 인지하면서 이러한 차이를 자연스럽게 받아들이게 될 것이다. 하지만 경계심이 많은 부모에게서 낯선 사람들과 어울리거나 그들에게 말을 거는 것은 위험한 행동이라는 경고를 지속적으로 받는 경우도 있다. 특히 그 낯선 사람이 부모가 인정하지 않은 민족 집단의 구성원인 경우 더욱 그렇다. 그러나 이러한 경고의 효과는 아이들이 다른 문화적 배경의 아이들을 보살피는 과정에서 쉽게 사라질 수 있다. 또한 아이들은 자신이 다른 문화적 배경의 사람들에 대해 적개심을 갖게 된 근본 원인을 충분히 인식하지 못할 수도 있다.

다문화 사회에서 다른 문화를 용인하는 외적 태도는 종종 평화를 유지하기 위한 실용주의적 과정일 뿐인 경우가 많다. 대다수의 도심에서 함께 거주하는 다양한 민족들은 인구 밀집 지역이나 특정 민족의 집단 거주지에서도 별다른 상호 작용 없이 지낸다. 그러나 이러한 태도는 항상 다른 민족을 온전히 이해하거나 인정하기 때문이 아니라 단지 다른 집단의 존재를 무시하는 것이다. 따라서 이러한 공생 관계는 어느 한 집단이 위협을 느끼게 되면 하루아침에 무너져 내릴 수도 있다. 특히 어느 한 민족의 사회적 지위가 다른 민족보다 높고 그 원인이 민족적 차이 때문이라는 인식이 팽배할 경우 이러한 포용적 균형이 무너질 가능성은 매우 크다. 더 강력한 민족이 상대적으로 힘이 약한 민족을 멸시하고 각 집단의 아이들은 다른 집단의 아이들과 어울리는 것이 금지된다. 그 결과 다문화 간의 조화를 이루는 길은 막히고 그 장벽은 더욱 강화된다.

이러한 상황에서 다문화가정의 아이들에게 필요한 것은 문화적 정체성이다. 문화적 정체성에 대한 개념 발달과 관련된 문제를 이해하기 위해서 먼저 그 개념을 자세히 살펴볼 필요가 있다. 이를 위한 이론적 접근법은 토머스(Thomas, 1986)가 수행한 민족적 정체성과 문화적 정체성 간의 구별을 기준으로 삼았다.[11]

문화적 정체성이란 자아 개념의 구성 요소이며, 자신과 가족의 과거, 현재, 미래에 대한 인식과 보다 광범위한 문화 환경에서의 자신의 위치에 대한 인식과 관련된 것이다. 문화적 정체성은 민족적 배경에 뿌리는 두고 있

---

11 다프네 키츠, 앞의 책.

지만 다른 심리적 태도들도 포함하게 된다. 문화적 정체성은 여러 가지 감정을 포함하고 있다는 측면에서 정서적이며, 지각적 단서에 근거해서 유사성과 차이점을 관찰한다는 면에서 지각적이다. 또한 자신의 존재에 대한 개념이라는 측면에서 인지적이다. 자신의 존재에 대해 어떻게 지각하고 있는지는 자존감의 문제이다. 한 성인의 문화적 정체성에 대한 개념은 많은 외적인 압력뿐 아니라 자신의 사고방식 때문에 극도로 복잡해질 수 있다. 민족적으로 동질적인 국가에서 성장한 사람에게는 문화적 정체성이 민족적 정체성과 다를 가능성이 거의 없다. 따라서 이 경우 사람들의 사회적 차이는 문화적 요소에 기인한다기보다 사회, 경제적 지위, 시골 대 도시환경, 교육수준, 개별적 차이 등의 요소에 기인한다. 그러나 여행이나 체류, 이민, 망명 등의 이유로 많은 사람들이 이주하여 민족적, 문화적으로 이질적인 집단을 형성하고 있는 오늘날의 많은 국가에서는 이러한 정체성의 일치는 있을 수 없는 일이다. 또한 이들 이질적인 집단의 아이들에게 민족적 정체성과 문화적 정체성 간에 갈등이 발생할 소지는 단순한 이론적 가능성에 그치지 않을 것이다.[12] 인간은 누구나 '나는 누구인가'의 물음을 스스로에게 던진다. 이 질문은 자아 정체성을 찾아가는 과정이다. 자아 정체성은 가족, 학교, 사회에 속한 구성원으로 역할을 찾아가는 것이다. 자아 정체성과 문화적 정체성을 별개의 문제가 아니다. 문화적 정체성이 올바로 형성되어 있을 때 자아에 대한 바른 성찰이 가능할 것이다.

그렇다면 다문화가정 자녀들을 대상으로 그들이 느끼는 심리상태를 살펴보자. 여기에서 사용된 설문 조사 결과는 경기도교육청과 경기도 가족여성개발원이 2007년도에 실시한 '다문화교육 정책방안 연구'[13] 중 다문화

---

12 위의 책.

13 이 연구는 남녀 동일한 비율로 조사되었으며, 초등학생, 중학생 역시 동일한 비율

가족 자녀의 실태부분을 본 연구자가 재분석한 것이다.

(단위 : %/점/명)

구 분	평균	표준편차	빈도
나에 대해 자랑할 것이 많음	2.73	0.73	795
내가 쓸모 있는 사람이라고 느낌	3.04	0.67	792
나는 다른 사람들처럼 가치 있는 사람임	3.05	0.67	795
나에게는 좋은 자질과 능력이 많다고 생각함	2.83	0.74	797

[표 5] 다문화가정 자녀의 자아 존중감
(註) 4점 척도로서, 점수가 높을수록 자아 존중감이 높음

위의 설문조사를 살펴보면, 다문화가정 자녀들의 자아 존중감은 높은 것으로 볼 수 있다. 스스로를 쓸모 있는 사람이라고 느낀다는 대답이 가장 많았고, 나에 대해 자랑할 것이 많다고 느낀다는 대답이 비교적 낮았다. 그들은 타인에 비해 자신이 특별히 많은 것을 가졌다고는 생각하지 않지만 자신의 능력에 대해서는 긍정적인 인식을 갖고 있는 것을 확인 할 수 있다.

로 조사되었다. 이들의 부모구성은 어머니가 외국출신이고 아버지가 한국인인 경우가 82%로 가장 많았다. 다음은 아버지가 외국출신, 어머니가 한국 출신인 경우가 13.5%이다.

(단위 : %/명)

구 분	초등학생	중학생	전 체
매우 비관적이다	0.8	1.3	1.0
비관적이다	8.6	17.6	13.1
희망적이다	62.1	63.0	62.5
매우 희망적이다	28.5	18.1	23.3
합계	100.0	100.0	100.0
평균	3.18	2.98	3.08
표준편차	0.61	0.64	0.63
사례 수	396	397	793

[표 6] 다문화가정 자녀의 미래에 대한 희망 정도
(註) 4점 척도로 점수가 높을수록 희망이 큼

위의 설문조사 결과에서 볼 수 있듯 다문화가정 아이들은 대체로 미래에 대해 긍정적인 생각을 갖고 있었다. 하지만 초등학생을 대상으로 한 결과에서 보면 '매우 희망적이다'와 '희망적이다'의 합이 90.6%인데 반해 중학생을 대상으로 한 결과를 보면 79.1%로 미래에 대한 긍정도가 낮아졌음을 확인할 수 있다.

지금까지 두 가지의 항목의 설문조사 결과를 본다면 다문화가정 자녀들은 자신에 대해 긍정적인 존중을 하고 있으며 미래에 대해서도 희망적인 인식을 갖고 있다는 것을 알 수 있다. 하지만 이처럼 개인적인 측면에서 자아에 대한 인식이 긍정적이라고 하더라고 학교나 사회 속에서 부당한 경험을 하거나 부정적인 일이 있어 사회적 소외감을 느끼는 등 문제가 생기게 된다. 다문화가정의 자녀들이 학교와 가정 속에서 어떤 생각을 갖게 되는

지 살펴보자.

　다문화가정 자녀들을 대상으로 하는 설문조사에서 '가정에서 자녀의 학업을 누가 도와주느냐'는 질문에 '아버지'라는 대답이 17%로 일반 가정보다 아버지의 역할 비중이 높은 것으로 나타났다. 자아정체감에 대해서는 중학교 학생들의 자아정체감 점수가 가장 높았고, 초등학교 학생들이 가장 낮았다. '학교행사에 참여하는 것이 즐거운가'에 대해 긍정적으로 대답한 외국인 근로자 가장의 자녀는 국제결혼 가정의 자녀(9.5%)와 일반 가정의 자녀(18.0%)에 비해 상당히 낮았다. 수업 내용의 흥미도에 대해서는 초등학생 4%가 '재미있다'고 답했으며, 중학교(3.67%)에서 고등학교(3.33%)로 갈수록 재미도가 점점 낮아지는 경향을 보인다. 하지만 학교 공부와 관련된 어려움에 대해서는 전체 다문화가정 학생의 40%가 '그렇다'고 답했다. 게다가 학교에서 임원을 맡은 경험에 대해 다문화가정 자녀의 약 70%가 '경험이 없다'고 답한 반면, 일반 가정의 자녀의 경우는 41%만이 '없다'고 응답했다. 학급에서 반장을 한 경험은 국제결혼가정의 자녀는 12.2%, 외국인 근로자 가정의 자녀는 3.5%여서 외국인 근로자 가정의 자녀가 처한 열악한 상황을 짐작할 수 있다. 그래서인지 다문화가정의 자녀들은 주눅 들고 창피해 남들과 다르게 생긴 엄마를 학교에 오지 못하게 하는 아이들이 대부분이다. 그만큼 주변에서 주는 차별의식, 친구들이 무심코 던진 말들에 깊은 상처를 받는다. 교우관계에 있어서도 다문화가정 자녀들이 일반 가정의 자녀들에 비해 상대적으로 어려움을 호소하는 정도가 더 커졌다. 실제로 '다문화가정 친구를 괴롭히거나 따돌린 적이 있느냐'는 질문에 '그렇다'고 응답한 학생이 전체의 85%나 되었다.

　위의 설문조사를 다문화가정 자녀들의 문화적 정체성과 연결하여 생각해 볼 필요가 있다. 다문화가정 자녀들이 학교생활을 하고 또래집단과 함께 생활을 할수록 그들의 문화적 정체성은 부정적으로 형성되어 가고 있다는 것을 볼 수 있다. 다문화가정 자녀들은 저학년일수록 높은 자아 존중 감을 보인다. 또 미래에 대한 희망도 또한 저학년이 가장 긍정적인 답변을 보였다. 하지만 그들이 우리의 사회 속에 노출될 때 그들은 스스로를 열등한 존재로 인식함을 알 수 있다. 이는 다문화가정을 바라보는 사회 전체 분위기의 영향도 큰 원인이라고 할 수 있다. 실제로 동남아시아 여성과 결혼하는 한국남성에 대해서는 '능력이 부족하기 때문'이라고 생각한다는 학생도 53%에 달했다. 이러한 사회적 분위기 속에서 자라는 다문화가정의 자녀들은 올바른 정체성을 형성하는 것이 어려워지게 된다. 현재 우리나라의 다문화가정의 자녀들은 학교생활과 사회적 활동을 통해 심리적으로 위축되어 있으며, 스스로를 이질적인 집단으로 인식하고 있다. 이는 문화적 정체성이 열등감을 바탕으로 정립될 가능성이 높다고 볼 수 있다.

5. 다문화가정 자녀들을 위한 캠프 프로그램 개발

2008년 다문화가정 자녀 919명, 일반 가정 자녀 741명, 총 1천 660명의 학생을 대상으로 조사한 결과, 학부모 중 아버지가 한국인인 비율이 78.55%로 가장 많았고, 어머니가 일본인인 비율은 46.6%로 다수를 차지했다. 그 외에는 중국 · 필리핀 · 몽골 순이다.

지금까지 이들을 대상으로 진행된 일반적인 다문화교육은 소수자 집단에게 주류 문화를 일방적으로 강제하는 동화주의에 대한 비판으로 비롯된 다문화주의를 지향하는 교육이라고 할 수 있다. 다문화주의는 이질적인 사회적 범주들이 문화적 차이와 다양성을 존중하며 문화적 존중과 공존이 개인의 자아실현, 사회적 풍요와 결속에 기여할 것으로 기대한다. 다문화 사회가 단순한 인구 구성적인 차원을 넘어 모든 사회 구성원이 각자의 문화적, 사회적 배경에 의해 차별받지 않고 자신의 존재감을 지닐 수 있으며 타자와의 소통과 연대를 추구하는 사회로 정의된다면 다문화교육은 개인이나 집단 정체성의 차이 인정뿐만 아니라 사회적 관계에 작용하는 문화의 기제를 이해하고 동등한 문화적 시민권을 향유할 수 있도록 해야 할 것이다. 그러나 한국의 다문화교육은 이러한 지향과는 거리가 있다. 한국사회의 다문화교육은 지역사회나 시민단체에서 먼저 시행되었으며, 2005년 이후 결혼이민자 가정의 증가로 인하여 정부는 학교 다문화교육에 관심을 가지게 되었다. 이러한 정책적 관심이 이론적 논의보다 먼저 움직이면서 학교다문화교육이 무엇을 지향하며 어떤 형태로 이루어져야 하는지에 대한 체계적인 검토 없이 다양한 방식으로 이해되고 교육되는 것이 현실이다.[14]

본 연구에서는 최종적으로 최근 학부모와 학생들에게 가장 주목을 받고 있는 방학 중 학교에서 시행할 수 있는 캠프 프로그램을 개발하려고 한다. 현재 우리나라는 방학을 이용한 다양한 캠프들이 엄청난 호응을 얻고 있다. 그 중에서도 가장 선호하는 캠프는 외국인 교사와 함께하는 영어캠프지만, 전통문화교육이나 해병대 체험 프로그램 등 다양한 캠프 프로그램이 있다. 캠프 프로그램은 참가자(학생)와 교육자 간, 참가자들 서로 간의 친밀도를 높일 수 있고, 하루일과 모두를 함께하여 교육의 집중도를 높일 수 있다는 장점이 있다. 이러한 캠프의 특징은 다문화가정 자녀들을 위한 캠프를 기획하는 데 있어서 긍정적인 역할을 하게 된다. 다문화가정 자녀들을 대상으로 하계, 동계 방학을 이용하여 올바른 정체성을 확립하고 스스로에 대한 잠재력을 발견할 수 있는 프로그램을 기획하였다.

---

14 김은희 외, 「다문화교육 연구학교의 프로그램에 대한 비판적 분석」, 『시민교육연구』 제42권 2호, 2010.6, 29-60면.

이 캠프는 생활 속에서 '조화'와 '어울림'의 긍정적인 결과를 볼 수 있도록 하려고 한다. 프로그램 운영에 있어서 참가자들에게 직접적인 방법보다는 간접적인 방법으로 접근한다. 따라서 음식, 음악을 통해 각자의 역할을 정하고 그 안에서 서로 다른 재료, 악기가 어우러졌을 때 낼 수 있는 큰 시너지 효과에 대해 체험을 통해 느낄 수 있도록 한다. 또 일방적으로 다문화가정 자녀들에게 한국적인 것을 강조하기보다는 어머니의 나라, 또는 아버지의 나라를 이해할 수 있도록 하는 것이 가장 중요한 점이다. 이는 외교관체험을 통해 자긍심을 갖도록 한다.

아래의 일정표는 2011년 하계 캠프를 2박3일로 임의로 설정하고 구체화시킨 프로그램이다.

○ 제목 : Ha.Ha Camp (Halo, Harmony Camp)
○ 대상 : 모든 다문화가정의 자녀
○ 목적 : 캠프의 이름에서 볼 수 있듯 음악의 하모니처럼 서로를 이해하고
　　　　함께 어울릴 수 있는 프로그램을 중심으로 진행된다. 현재 다문
　　　　화가정의 자녀들이 겪는 가장 큰 문제인 정체성 혼란을 해결하고
　　　　자신에 대한 긍정적인 인식을 가질 수 있도록 한다.
○ 방법 : 정체성에 대한 교육을 직접적인 학습의 방법으로 할 수는 없다.
　　　　다문화가정의 자녀들이 캠프에 참여할 때 간접적인 테마를 통해
　　　　서 서로 다른 것의 어울림과 조화가 이루어질 때 보다 나은 새로
　　　　운 것이 나타난다는 것을 간접적인 방법으로 느낄 수 있게 한다.
　　　　큰 테마는 퓨전 음식, 난타 연주, role-play로 3가지이다. 이를 통
　　　　해 문화적 정체성 확립에 있어서 두 개 이상의 문화를 받아들이
　　　　고, 자신이 우등한 존재이며 글로벌 리더로서 자리 잡을 수 있다
　　　　는 것을 알아갈 수 있도록 한다.

○ Ha.Ha Camp (Halo, Harmony Camp) 일정표

1일차		
시 간	일 정	내 용
14:00~15:00	환영식	– 참가자들에게 캠프의 시작을 알리고 본격적으로 캠프가 시작된다.
15:00~16:00	참가자 팀 구성 및 인솔자 소개	– 본격적으로 캠프가 시작됨으로 캠프 참가자들을 대상으로 팀을 만들고 인솔자를 소개하는 시간이다.
16:00~17:00	팀별 시간	– 각 팀끼리 서로의 팀 이름을 정하고 서로 소개를 하는 시간이다.
17:00~19:00	저녁식사	
19:00~21:00	외교관 시험 준비	– 2일차에 있을 외교관 선발 프로그램에 참가하기 위해 스스로가 맡게 될 나라에 대해 팀별로 학습을 하는 시간이다.
22:00~22:30	취침	
2일차		
07:00~08:30	기상 및 아침식사	
08:30~11:30	음악 프로그램	– 음악 프로그램: 각 국의 타악기와 폐품을 이용하여 만든 악기를 이용하여 아름다운 하모니를 만들어내는 시간이다.
11:30~13:30	점심식사 및 휴식	

시간	활동	내용
13:30~16:00	등 산 or 체육활동	
16:00~18:00	저녁식사 (음식 프로그램 1)	– 음식 프로그램 1: 비빔월남쌈
18:00~21:00	외교관 선발 대회	– 팀별로 각 나라의 외교관이 되어 그 나라를 소개하고 출제되는 사안에 대해 이야기하고 가장 우수한 성적을 보이는 팀에는 시상한다.
21:00~22:00	간식 및 취침	
3일차		
07:00~08:00	기상 및 아침식사	
8:00~10:00	간식시간 (음식 프로그램 2)	– 음식프로그램 2: 할로할로 팥빙수
10:00~11:00	음악 연주시간	– 각 나라의 타악기를 중심으로 연습했던 음악을 부모님 앞에서 연주하는 시간이다.
11:00~12:00	해산식	

5.1. 음식을 테마로 한 프로그램

이번 캠프의 큰 특징 중 하나는 식사 시간이 다소 길다는 점이다. 그 이유는 참가자들이 직접 음식을 만들어야 하기 때문이다. 2일차부터 3일차까지 메인요리와 간식을 한 번씩 직접 요리할 수 있는 시간이 주어진다. 이때 참가자들이 하는 요리는 '어울림'을 테마로 하는 메뉴이다. 선정된 메뉴는 '비빔월남쌈', '할로할로 팥빙수'이다.

다문화가정 아이들은 퓨전음식을 직접 만들고 먹는 경험을 통해 서로 다른 나라의 대표적인 두 음식이 만나서 나타나는 시너지 효과를 체험 할 수 있을 것이다. 그렇게 자신의 잠재적인 가능성을 간접적으로 느낄 수 있게 하는 것이 이 프로그램의 목표라고 할 수 있다. 서로 다른 곳에서 왔지만 함께 만난다면 또 다른 새로운 것을 만들어 낼 수 있다는 것을 느끼게 하는 것이다. 퓨전음식들을 통해 각 나라의 고유의 음식에 대한 이해를 바탕으로 '어울림'의 중요성을 느끼게 된다. 또 가정 안에서도 각자의 부모님과 공통의 관심사를 갖게 되는 긍정적인 효과도 기대해 볼 수 있을 것이다.

1) 비빔월남쌈

■ 비빔월남쌈 만들기
　① 밥을 고추장에 비벼 작은 라이스페이퍼에 담아둔다.
　② 신선한 야채를 손질해서 적당한 크기로 자른다.
　③ 준비된 고기를 야채와 비슷한 크기로 잘라서 준비한다.
　④ 오징어, 새우 등을 익혀 준비한다.
　⑤ 큰 접시 위에 준비된 재료들을 가지런히 둔다.
　⑥ 큰 라이스페이퍼 위에 각자의 취향에 따라 재료를 놓는다.
　⑦ 맛을 음미한다.

비빔밥은 한국의 전통 음식으로 각종 채소, 밥, 고추장 등을 함께 비벼서 먹는 요리이다. 또 최근에는 신선한 야채와 함께 즐길 수 있는 well-being 일품음식으로 국내뿐만 아니라 해외에서도 좋은 반응을 얻고 있다.

또, 월남쌈은 세계인의 입맛을 사로잡은 베트남의 대표적 음식이다. 따뜻한 물에 얇은 라이스 페이퍼를 불려 각종 야채와 고기, 해산물을 곁들여 싸먹는 방법은 참가자들에게 흥미를 유발할 수 있다. 이는 한국의 구절판과도 비슷해 한국인들에게도 아주 친숙한 음식이다.

2) 할로할로 팥빙수

■ 할로할로 팥빙수 만들기
① 얼음을 곱게 갈아서 각자의 그릇에 담아 둔다.
② 사과, 키위, 바나나, 열대과일 등을 그릇에 곱게 담아둔다.
③ 팥과 떡을 준비한다.
④ 얼음이 담긴 각자의 그릇에 기호에 따라 과일과 팥을 넣는다.
⑤ 연유나 아이스크림을 올린다.
⑥ 맛을 음미한다.

할로할로는 필리핀식 빙수이다. 할로할로는 '섞어 버무린다'는 뜻으로 필리핀의 모든 패스트푸드점에서 하나의 메뉴로 정하여 판매되고 있을 정도로 대중적인 음식이다. 아이스크림과 얼음, 과일을 함께 비벼먹으면 된다. 할로할로는 만드는 방법이 매우 쉽고 성별과 나이와 상관없이 선호한다는 장점을 갖고 있다. 물론 한국에서도 이와 비슷한 음식이 있다. 그것은 여름철에 즐겨 먹게 되는 '팥빙수'이다. 사실 두 음식은 거의 같다고 할 수 있을 정도로 그 모양이나 만드는 방법에서 유사점을 보인다.

5.2. 음악을 테마로 한 프로그램

이 프로그램은 음악을 큰 테마로 버려지거나 생각지 않았던 물건들이 악기로 사용되어 아름다운 연주를 할 수 있다는 것을 보여준다. 악기 구성은 마림바, 장구, 꽹과리, 심벌즈, 마라카스, 탬버린, 심벌즈를 중심으로 폐품을 이용해 만든 타악기이다. 타악기는 음악치료의 방법으로도 사용되고 있다. 악기를 손이나 도구를 이용해서 치는 것은 스트레스 해소의 효과를 얻을 수 있다. 타악기는 연주법을 익히는 시간이 오래 걸리지 않는 가장 큰 장점을 가지고 있다. 악기를 치거나 두드리는 연주법은 아이들의 스트레스 해소에 효과를 갖고 올 수 있다. 음악을 통한 만족감을 느낄 수 있을 뿐 아니라, 타인과 조화를 이루는 방법을 간접적으로 학습할 수 있다. 뿐만 아니라 마지막 날 부모님 앞에서 연습한 곡을 연주함으로 성취감을 느낄 수 있을 것이라 예상된다.

두 곡의 악보는 노래파트까지 4파트로 구성되어 있다. Perc1은 트라이앵글, 탬버린, 마라카스 등의 악기를 사용하고, Perc2는 작은 북, 작은 물병, 장구 등 가벼운 소리를 낼 수 있는 악기를 사용한다. 또, Perc3은 큰북 등 Perc2보다 좀 더 무거운 소리를 낼 수 있는 악기를 사용한다. 또 R은 오른손, L은 왼손, RL은 양손을 모두 사용하여 악기를 치는 것을 의미한다. 난이도가 높지 않고 어렸을 때부터 익숙하게 들어오던 음악이라 흥미를 갖고 난타공연을 만들 수 있을 것이라 기대한다.

5.3. Role-play를 테마로 한 프로그램

이 프로그램에서는 다문화가정의 자녀들이 팀을 이루어 진행한다. 1일차에 팀마다 나라를 추첨하여 각 나라에 대해 조원들끼리 학습할 수 있게 한다. 출제 예상 문제를 미리 주어 폭을 좁혀 주어, 심도 있게 탐구할 수 있게 한다. 국가별 위인을 설정하여 그 인물과 업적에 대해 연구하는 시간을 갖는다. 2일차에는 1일차에 공부했던 각 인물이 되어 각 나라의 외교관의 자격으로 출제되는 사안에 대해 각 나라를 대표해서 토론하는 대회를 갖는다.

이 프로그램을 통해 기대할 수 있는 효과는 다음과 같다. 한국 이외의 국가에 대해 보다 자세하게 이해하고 각 나라의 상대성, 특수성, 우수성을 각각 느낄 수 있다. 또 스스로 한 나라를 대표해서 외교관이 되어 생각을 많은 사람들 앞에 정리하여 말하는 경험은 특별하게 기억될 것이다.

6. 다문화가정 자녀들을 위한 캠프 프로그램 개발의 기대 효과

앞서 사회현상으로서의 다문화가정에 대해 알아보면서 우리사회의 다문화가정의 증가 원인이 국제결혼의 증가가 가장 큰 원인을 차지하고 있음을 볼 수 있었다. 국제결혼 증가는 우리사회 안에서의 다문화가정의 증가로 자연스럽게 이어지고 또, 다문화가정 안에서 태어나는 자녀가 급격히 늘어나고 있는 현실이다. 우리사회는 다문화가정에 대한 관심도는 높지만 체계적이고 구체적인 정책수립, 사회기관형성, 프로그램 개발은 아직 부족한 상태이다. 특히 다문화가정 자녀에 대한 교육프로그램은 아직 걸음마단계라고 말할 수 있다. 다문화가정 자녀들이 건강한 자아 정체성을 형성하고 두 가지의 문화를 자연스럽게 받아들여 긍정적인 문화 정체성을 갖게 하기 위해서 다문화가정 자녀들을 대상으로 한 구체적인 교육 프로그램 개발이 필요하다. 지금까지 다문화가정 자녀들을 대상으로 한 다문화교육은 우리사회의 문화를 일방적으로 강요하는 동화주의를 바탕으로 진행되어 왔다. 다문화와 관련된 축제, 행사에서 한국전통의 문화를 보여주거나 체험하게 하는 프로그램이 주가 되어 왔다. 하지만 다문화가정 자녀를 대상으로 가장 중요하게 생각해야 할 점은 문화적 차이와 다양성을 존중하는 문화적 존중이다. 문화적 존중과 다양성이 인정받을 때 그 안에서 진정한 다문화 교육이 시작될 수 있다.

필자는 본고에서 문화적 존중과 다양성을 바탕으로 방학 중 학교나 사회단체에서 시행할 수 있는 캠프 프로그램을 개발했다. 현재 우리나라에서 방학을 이용한 다양한 캠프 프로그램이 많은 호응을 얻고 있다. 캠프 프로그램은 참가자와 교육자 간, 참가자들 서로 간의 친밀도를 높일 수 있다는 점, 하루일과를 모두 함께하여 교육의 집중도를 높일 수 있다는 점에서 다문화 교육의 좋은 콘텐츠라 할 수 있다. 이 캠프(Ha.Ha Camp)는 생활 속에서 '조화'와 '어울림'이라는 키워드로 직접적인 다문화 교육이 아니라 간접적으로 접근한다. 음식, 음악을 통해 각자의 역할을 정하고 그 안에서 서로 다른 재료와 악기가 함께 할 때 나타나는 시너지 효과를 몸으로 느끼게 하는 것이다. 또 일방적으로 한국적인 것을 강조하는 것이 아니라 어머니, 아버지의 나라를 이해할 수 있도록 하는 외교관 체험을 통해 자신의 뿌리에 대해 생각할 수 있도록 하는 기회를 제공한다. 큰 테마는 음식, 난타 연주, role-play 3가지로 구성되어 있다. 이를 통해 문화적 정체성 확립에 있어서 두 개 이상의 문화를 자연스럽게 받아들이고 서로 다른 요소들을 잘 이해하고 발전시킨다면 글로벌 리더로 성장 갈 수 있음을 알려줄 수 있다.

음식을 테마로 한 프로그램에서 선정된 메뉴는 '비빔월남쌈', '할로할로 팥빙수'이다. '비빔월남쌈'은 한국의 전통 음식인 '비빔밥'과 베트남의 대표 음식인 '월남쌈'을 응용해서 만든 음식이다. '할로할로 팥빙수'에서 '할로할로'는 '섞어 머무린다'는 뜻으로 필리핀의 대표적 간식이다. 이는 우리나라의 '팥빙수'와 먹는 방법과 모양이 매우 유사하다. 서로 다른 나라의 대표적인 두 음식을 변형, 응용해서 새로운 음식을 만든다는 점에서 다문화가정 자녀들이 새로운 음식문화를 자연스럽게 접할 수 있는 기회를 제공한다. 또 가정 안에서 부모님과 공통의 관심사를 갖게 되는 긍정적인 효과를 기대해 볼 수 있다. 음악을 테마로 난타음악 프로그램을 통해 버려지거나 생각지 못했던 물건들이 악기로 사용되어 아름다운 연주를 할 수 있다는 의외성을 체험하게 한다. 난타는 타악 연주로 연주법을 익히는 시간이 오래 걸리지 않고 악기를 치거나 두드려 스트레스 해소의 효과를 얻을 수 있다. 음악 연주를 통한 만족감과 타인과 조화를 이루는 방법을 간접적으로 학습할 수 있으며, 부모님 앞에서 연주회를 열어 자아

성취감을 느낄 수 있다. role-play 프로그램은 다문화가정 자녀들이 팀을
이루어 진행한다. 각 나라의 외교관이 되어 출제되는 사안에 대해 각 나
라를 대표해서 토론대회를 갖는다. 여러 나라에 대해 자세히 이해하고 각
나라의 특성과 상대성, 우수성을 느낄 수 있다. 외국의 경우에는 우리나
라보다 다문화사회가 먼저 형성되어 왔고 그를 받아들이는 모습과 환경
이 더 성숙된 것이 사실이다. 다문화사회에 대한 선진화가 이루어진 환경
에서는 현재 다문화가정에서 배출된 세계를 움직이는 2, 3세대들이 많이
있다. 이를 다문화가정의 자녀들이 알고 스스로에 대해 가능성을 찾을 수
있는 것이 이 프로그램의 가장 큰 기대효과라고 할 수 있다.

5

'처용설화'의 게임콘텐츠 개발 방안 연구

이 용 승

1. 한국설화와 게임콘텐츠

본고는 한국설화를 변용한 게임콘텐츠 개발 방안을 고찰하는 것을 목적으로 한다. 설화와 게임의 상관관계를 밝히고, 그 동안 국내에서 개발되거나 서비스된 한국설화를 변용한 게임콘텐츠 사례 분석을 통해 게임 속 한국설화의 수용 양상을 살펴본다. 또한, 이를 바탕으로 게임콘텐츠의 원천서사로서 활용가치가 높은 '처용설화'를 재해석한 게임의 기본 콘셉트(High Concept)을 제시할 것이다.

21세기 디지털 기술의 급속한 발달로 산업의 환경이 지식과 문화 주도의 문화콘텐츠산업으로 빠르게 재편되고 있다. 이러한 21세기 문화콘텐츠 주도 산업사회에서 성장의 동력원을 찾기 위한 다방면의 연구가 진행되고 있다. 미래학 분야의 석학 롤프 옌센(Rolf Jensen)은 정보화 산업시대 다음에 닥쳐올 미래사회를 '드림 소사이어티(Dream Society)'로 보았다. 감성의 가치가 인정받는 '스토리텔링 주도의 시대'를 예견한 것이다. 롤프 옌센의 주장대로 현재 문화콘텐츠산업 영역에 있어서 스토리텔링은 인간의 삶과 연계된 모든 영역으로 확산되고 있으며 엄청난 부가가치를 창출해 내고 있다. 전 세계적으로 성공한 『반지의 제왕』은 소설로 1억 부 이상이 판매되었고 영화로도 제작되어 29억 달러 이상의 매출을 기록했다. 『해리포터』의 경우는 이보다 두 배인 2억 부 이상의 소설이 판매되었으며, 게임과 영화를 포함한 문화산업시장 전반에 걸쳐 308조 원에 달하는 경제적 수익을 거뒀다. 이러한 성공사례들은 문화콘텐츠산업 분야에 있어서 스토리텔링의 중요성과 가치를 증명해 준다. 흥미로운 것은 이 두 작품의 스토리텔링 핵심이 설화를 현대적으로 재해석하고 있다는 점이다. J.R.R 톨킨이 쓴 『반지의 제왕』은 북유럽 신화와 고대 유럽 설화들을, 조앤 K.롤링이 쓴 『해리포터』의 경우 켈트 설화를 변용했다. 이와 같은 사실을 국내 콘텐츠산업 활성화에 대한 방법론적 모색을 하는 데 고려할 수 있을 것이다. 협소한 국내 콘텐츠시장의 한계 극복을 위해 세계시장 진출을 전제로 개발되는 국내 콘텐츠산업의 스토리텔링화에 있어서 우리의 설화에 주목해야 할 당위성을 제시해 주기 때문이다.

한국콘텐츠진흥원은 2009년 국내 콘텐츠산업 스토리텔링 SWOT 분석을 통해 국내 콘텐츠산업 스토리텔링의 강점이 5천 년 유구한 역사 속에서 이어져 내려온 풍부한 문화유산(설화)과 창조적 저력에 있다[1]고 밝혔다. 이는 국내 콘텐츠산업의 세계적 경쟁력 확보를 위해서 한국설화를 변용한 스토리텔링의 다양한 시도가 요구됨을 보여준다. 스토리텔링을 통해 한민족 문화의 결정체인 한국설화를 세계인이 공감할 수 있게 변용하는 것이야말로 우리가 세계적으로 인정받을 수 있는 우수한 문화콘텐츠를 확보할 수 있는 최선의 방법인 것이다.

---

1 한국콘텐츠진흥원, 『국내 콘텐츠산업 스토리텔링의 경쟁력 강화를 위한 공공적 지원 방안』, 2009.

한국설화를 변용한 콘텐츠를 기획·제작하고자 할 경우 판매시장과 구매고객의 확보가 선행되어야 투자의 리스크를 줄일 수 있다. 이 때문에 국내외적으로 경쟁력을 갖추고 있는 문화콘텐츠산업 분야로의 선행 개발이 요구된다. 하지만 안타깝게도 국내 문화콘텐츠산업 분야의 대부분은 여전히 국제적인 경쟁력을 확보하지 못하고 있는 실정이다. 단, 게임 분야만은 예외라는 점에서 주목을 끈다. 국내 게임산업의 국내외적 파급력과 영향력은 지속적으로 괄목할 만한 성장을 하고 있다. 『2009년 게임백서』에 따르면 국내 게임산업 규모는 2008년도를 기준으로 5조 6천억 원으로, 수출 10억 9천만 달러와 무역수지 흑자 7억 달러를 기록했다. 또한 국내 게임산업 수출 규모는 2007년도에 비해 40.1%로 연평균 24.7%가 증가한 수치이다. 이는 전체 콘텐츠 수출액의 58%에 해당하는 것으로 수출 콘텐츠의 절반 이상이 게임인 셈이다. 바로 전체 문화산업 수출을 전반적으로 게임산업이 주도하고 있음을 알 수 있다. 이처럼 국내 문화콘텐츠산업의 현 상황을 고려해 보았을 때, 한국설화를 변용한 게임콘텐츠 개발은 투자 리스크를 줄일 수 있는 동시에 한국문화의 위상을 세계에 알릴 수 있는 최선의 선택이 될 수 있을 것으로 판단된다.

(단위: 천 달러, %)

산업 구분	수출액						
	2005	2006	2007	2008	구성비	전년대비 증감률	연평균 증감률
출판	191,346	184,867	213,100	260,010	13.8	22.0	10.8
만화	3,268	3,917	3,986	4,135	0.2	3.7	8.2
음악	22,278	16,666	13,885	16,468	0.9	18.6	9.6

게임	564,660	671,994	781,004	1,093,865	58.0	40.1	24.7
영화	75,995	24,515	24,396	21,037	1.1	13.8	34.8
애니메이션	78,429	66,834	72,770	80,583	4.3	10.7	0.9
방송	121,763	133,917	150,953	160,120	8.5	6.2	9.6
광고	9,359	75,981	93,859	14,212	0.8	84.9	14.9
캐릭터	163,666	189,451	202,889	228,250	12.1	12.5	11.7
에듀테인먼트	5,203	5,016	5,201	5,736	0.3	10.3	3.3
합계	1,235,967	1,373,158	1,562,043	1,884,416	100.0	20.6	15.1

[표 1] 문화산업 수출입 규모(2009년)

한국설화와 게임콘텐츠 간의 상관관계를 보다 잘 이해하기 위해서는 게임산업이 발달하면서 게임에서 스토리의 중요성이 점점 강화되고 있는 사실에 주목할 필요가 있다. 이전까지 게임스토리는 선형적인 서사를 보이는 몇몇의 롤플레잉 게임이나 어드벤처 게임에서만 차용되고 있다고 보았다. 또한 게임 이용자들이 게임에 몰입하는 이유는 잘 짜인 스토리를 소비하기 위해서가 아니라 게임이 재현하는 스토리의 외적인 요소들(그래픽, 인터페이스, 사운드, 시스템 등등)[2] 때문이라고 보았다. 하지만 이러한 관점은 스토리를 중요시하는 〈드래곤 퀘스트〉나 〈파이널 판타지〉 시리즈와 같은 게임들에 대한 대중의 지속적인 관심과 열광을 설명하지 못한다. 심지어 오늘날 게임시장에서 상대적으로 스토리의 중요도가 낮다고 생각되

---

2 이정엽, 『디지털 게임, 상상력의 새로운 영토』, 살림, 2008, 6면.

던 액션게임 장르에서마저도 그리스 신화의 내용을 짜임새 있게 스토리텔링 해낸 〈갓 오브 워〉 시리즈와 같이 스토리를 중시한 게임들이 큰 성공을 거두고 있다. 이것은 새롭고 흥미로운 스토리를 향한 대중적 갈망이 반영된 결과로 생각된다.

『2010 한·일 게임이용자 조사보고서』([도표 1] 참조)에 따르면 국내 게임이용자들이 게임을 하면서 관심 있게 보는 요소들 중 제1순위가 '스토리(34.1%)'이다. 게임이용자들은 다른 어떤 요소보다 게임의 스토리에 가장 민감해 있음을 보여주는 자료이다. 한국 게임산업이 더욱 발전해 나가기 위해서 대중과 호흡하고 그들을 만족시킬 수 있는 우수한 스토리 발굴의 필요성이 제기되는 이유이기도 하다. 한국설화가 콘텐츠로서 시장경쟁력을 확보하기 위해서 게임이라는 문화산업 분야를 필요로 하는 것과 마찬가지로 게임 역시 시장과 대중의 선호를 만족시키기 위해 한국설화를 필요로 하고 있는 것이다. 앞으로 한국설화와 게임이 상호 동반자로서 발전적이고 협력적인 공생관계를 이루어야 하는 이유가 여기에 있다고 하겠다.

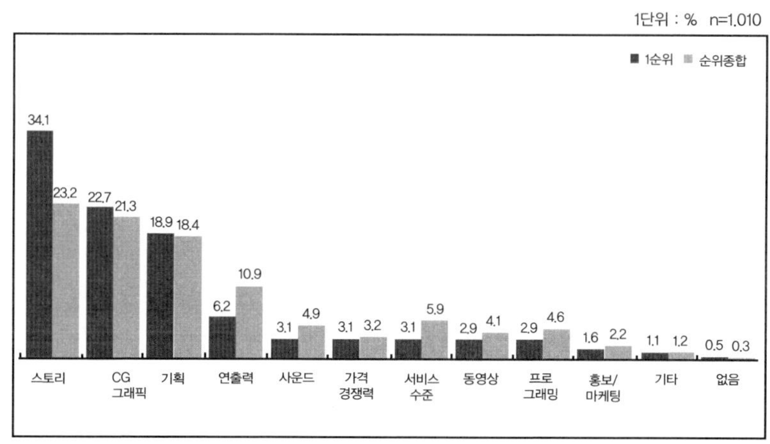

[도표 1] 게임을 하면서 관심 있게 보는 요소(한국)

2. ‘처용설화’의 게임콘텐츠적 잠재력

‘처용설화’는『삼국유사』권2 “처용랑 망해사”조에 전하는 향가인 「처용가」와 처용과 아내, 역신에 관련한 이야기 부분을 말하는 것[3]이다.

49대 헌강대왕 대에는 서울에서 동해 어귀에 이르기까지 집들이 즐비하게 늘어서 있고 담장이 서로 맞닿았는데, 초가집은 한 채도 없었다. 길에는 음악과 노랫소리가 끊이지 않았으며 바람과 비는 사철 순조로웠다. 이때 대왕이 개운포(학성 서남쪽에 위치하므로 지금의 울주다)로 놀러 갔다 돌아오려 했다. 낮에 물가에서 쉬고 있는데, 갑자기 구름과 안개가 캄캄하게 덮여 길을 잃었다. 왕이 괴이하게 여겨 주위 사람들에게 물으니 일관이 아뢰었다. “이는 동해에 있는 용의 변괴니, 마땅히 좋은 일을 하여 풀어야 합니다.” 그래서 용을 위해 근처에 절을 짓도록 유사에게 명령했다. 명령을 내리자마자 구름이 걷히고 안개가 흩어졌다. 이 때문에 그곳의 이름을 (구름이 걷힌 포구라는 뜻의) 개운포라고 한 것이다.

동해의 용은 기뻐하여 일곱 아들을 거느리고 왕의 수레 앞에 나타나 덕을 찬양하며 춤을 추고 음악을 연주했다. 그 중 한 아들이 왕의 수레를 따라 서울로 들어와 왕의 정사를 보필했는데, 이름을 처용이라 했다. 왕은 미녀를 주어 아내로 삼아 그의 마음을 잡아 머물도록 하면서 급간이란 직책을 주었다. 그의 아내가 매우 아름다웠으므로 역신이 흠모하여 밤이 되면 사람으로 변해 그 집에 와 몰래 자곤 했다. 처용이 밖에서 집에 돌아와 두 사람이 자고 있는 것을 보고는 노래를 지어 부르고 춤을 추다가 물러났는데, 그 노래는 다음과 같다.

동경 밝은 달에 밤새도록 노닐다가
들어와 자리를 보니 다리가 넷이구나.

---

3 오지원, 「처용설화의 현대적 변용 연구」, 아주대학교 교육대학원 석사학위논문, 2007.

둘은 내 것이지만 둘은 누구의 것인가.

본래 내 것이지만 빼앗긴 것을 어찌 하리.

이때 역신이 형체를 드러내 처용 앞에 꿇어앉아 말했다. "제가 공의 처를 탐내어 범했는데도 공이 노여워하지 않으니 감탄스럽고 아름답게 생각됩니다. 맹세코 오늘 이후로는 공의 형상을 그린 그림만 보아도 그 문에는 절대로 들어가지 않겠습니다." 이로 인해 나라 사람들이 문에 처용의 형상을 붙여 사악함을 물리치고 경사스러운 일을 맞이하려고 했다.**4**

이상과 같은 내용으로 이루어진 '처용설화'는 스토리텔링을 통해 게임콘텐츠로 개발하기에 적합한 잠재적 요소들을 가지고 있다.

첫째, '처용설화'의 상징성과 모호성을 들 수 있다. '처용설화'는 상징적 언어를 취하고 있다. '처용설화'는 전체적으로 통일과 조화의 구조를 이루고 있는 가운데 명석한 표현이나 내용을 피해 해석의 여백을 남기고 있다. 이러한 상징적 언어들은 모호성을 조성한다. '처용설화'는 모호성을 가지고 있으면서도 전체적인 일관성을 가지고 조화를 이루고 있다는 점에서 좋은 소재가 된다.

---

4 일연, 김원중 역, 『삼국유사』, 민음사, 2007, 196-197면 / 681-682면.
第四十九, 憲康大王之代, 自京師至於海內, 比屋連墻, 無一草屋. 笙歌不絕道路, 風雨調於四時. 於是, 大王遊開雲浦, [在鶴城西南, 今蔚州]王將還駕, 晝歇於汀邊, 忽雲霧冥噎, 迷失道路. 怪問左右, 日官奏云, 此東海龍所變也, 宜行勝事以解之. 於是勅有司, 爲龍刱佛寺近境. 施令已出, 雲開霧散, 因名開雲浦. 東海龍喜, 乃率七子, 現於駕前, 讚德獻舞奏樂. 基一子隨駕入京, 輔佐王政, 名日處容.
王以美女妻之, 欲留其意, 又賜級干職. 其妻甚美, 疫神欽慕之, 變爲人, 夜至基家, 竊與之宿. 處容自外至其家, 見寢有二人, 乃唱歌作舞而退. 歌日, 東京明期月良, 夜入伊游行如可, 入良沙寢矣見昆. 脚烏伊四是良羅, 二肹隱吾下於叱古, 二肹隱誰支下焉古, 本矣吾下是如馬於隱, 奪叱良乙何如爲理古. 時神現形, 跪於前日, 吾羨公之妻, 今犯之矣, 公不見怒, 感而美之. 誓今已後, 見畫公之形容, 不入其門矣, 因此, 國人門帖處容之形, 以僻邪進慶.

지금까지 '처용설화' 관련 논문 및 저서가 320여 편에 이르고 있는데, 이는 '처용설화'에 관한 다양한 관점에서의 연구와 방법론이 배양되었음을 보여주는 동시에 '처용설화' 자체가 지닌 상징성과 모호성을 증명해 주는 것이다. 독자를 무한한 상상의 세계로 이끄는 이러한 설화적 상징성과 모호성은 '처용설화'를 변용한 게임콘텐츠 개발의 핵심적 요소다. 이러한 '처용설화'의 특성을 보여주는 대표적인 예로 처용의 정체에 관해 이루어진 다양한 연구와 견해들을 들 수 있다. 동해용의 아들로 초월적인 힘을 가진 처용이라는 인물 설정이 지닌 모호성은 '처용설화'에 대한 상상력의 원천들 중의 하나다. 처용은 '논리와 현실의 세계' 그리고 '초월과 상상의 세계'에 걸쳐있어 단선적인 성격 규명이 어려운 인물이다.[5]

현재까지의 처용의 정체에 관한 견해들을 정리해 보면 대체로 세 가지로 나누어 볼 수 있다.

① 신(神) : 용신사상 및 호국불교의 측면
② 역사적 실존 인물 : 지방 호족 세력으로 보는 견해와 이슬람 상인으로
　　보는 견해, 그리고 화랑으로 보는 견해(김학성,1995)
③ 무격(巫覡) : 신과 인간을 겸한 무격으로 보는 견해(서대석, 1975)[6]

이처럼 정체 해석의 모호성을 가지고 있는 처용의 캐릭터는 '처용설화'가 게임콘텐츠로 변용되었을 때 다양하게 스토리텔링화 될 수 있는 모티브를 가지고 있음을 의미한다. 게임 스토리텔링에 있어서 '처용설화'에서는 밝히고 있지 않은 처용의 성장과정과 공간 설정에 이를 적용해 보

5　고가연구회, 『향가의 깊이와 아름다움』, 보고사, 2009, 348면.
6　고려대학교 아세아문제 연구소 한국사연구실, 『디지털 삼국유사 사전 · 박물지 시범개발(2)』, 2009, 960면.

면 다음과 같은 다양한 캐릭터 성장과정과 게임 공간 설정 가능성이 확인
된다. 처용이 신적 존재로 설정된 게임을 진행하는 플레이어는 인간이 아
닌 신족으로서, 신적인 능력의 향상을 통한 캐릭터 성장의 과정을 경험하
게 된다. 이때 게임이 진행되는 공간은 〈테오스〉[7], 〈탄트라〉[8] 등에서와 같
이 신과 인간이 공존하는 상상속의 세계다. 처용을 이슬람 상인으로 보
는 견해를 게임의 스토리텔링에 반영할 경우에는 플레이어 캐릭터(Player
Character)는 상인으로서의 성장과정을 거치게 된다. 또한, 온라인 게임인
〈실크로드 온라인〉[9]에서와 마찬가지로 게임의 공간적 배경은 한반도를 넘
어서 아시아 문화권을 비롯해 실크로드의 교역로를 지나 이슬람 문화권으
로까지 확장된다. 처용의 정체를 신과 인간을 겸한 무격으로 보았을 경우
에는 모바일 게임인 〈샤먼슬레이어〉[10]나 온라인 게임인 〈C9〉[11]에서와 같이

---

7 장르 : MMORPG
   개발사 : 아라마루
   게임 특징 : 그리스 · 로마 신화를 모티브로 제작된 게임이다. 게임의 플레이어는
            자신의 캐릭터를 최종적으로 올림포스의 신이 될 수 있도록 성장시켜
            야 한다.
8 장르 : MMORPG
   개발사 : 한빛소프트
   게임 특징 : 인도의 신화와 전설을 기반으로 신과 인간이 공존하는 게임 공간을 구
            현하였다.
9 장르 : MMORPG
   개발사 : 조이맥스
   게임 특징 : 아시아와 유럽을 잇는 실크로드를 배경으로 중국, 이슬람, 유럽의 고대
            문명을 게임 안에 담아냈다. 게임 플레이어는 상인이 될 수도 있다.
10 장르 : 액션RPG 모바일 게임
    개발사 : 모코코
    게임 특징 : 정령이 존재하는 비프로스트라는 세계를 배경으로 정령과의 교감과
             수행을 통해 세상의 이치를 깨닫고자하는 샤먼들의 모험을 게임의 줄
             거리로 하고 있다.
11 장르 : 액션MMORPG
    개발사 : NHN게임즈

게임의 진행과정을 통해 신과 인간을 이어주는 중간자인 샤먼(shaman)[12]의
캐릭터를 성장시키게 된다. 이 때 게임 속 공간은 샤먼의 주술과 마법이
통용되는 판타지 세계가 된다. 이처럼 '처용설화'에 내포된 상징성과 모호
성은 강한 서사적 잠재력을 가지고 있다. 이를 통해 일정한 형식이나 틀에
구애받지 않고 스토리텔링이 될 수 있는 자유를 획득함으로써 '처용설화'
는 게임이 요구하는 다양한 이야기 구조로 재구성될 수 있는 것이다.

둘째, '처용설화'가 영웅 신화적 모험 구조로 되어 있다는 점을 들 수
있다. 영웅 신화의 전형성과 여성의 성장이라는 내용을 담고 있어서 이
미 게임콘텐츠로 개발된 '바리공주설화'와 마찬가지로 '처용설화'의 중심
스토리라인은 게임콘텐츠 개발에 적합한 남성 영웅의 신화적 모험 과정
의 전형적인 구조를 보인다. '처용설화'가 이미 게임으로도 제작된 유럽
의 서사시 「베어울프」[13]와 유사성을 보이는 것도 이러한 서사 구조적 측

게임특징 : 네페르에 대항해 인간 세상을 구하기 위해 이계의 문이 위치한 9번째
　　　　대륙으로 향하는 용사들의 이야기를 중심으로 한 게임으로 샤먼을 캐
　　　　릭터로 선택할 수 있다. 2009년 대한민국 게임대상을 수상했다.

12 샤먼은 무격, 주의, 사제, 예언자, 신령의 대변자, 사령의 인도자 등으로 기능한다.
사람들은 샤먼이 엑스터시의 기술로 초인적인 상태가 되어 초인적 능력을 발휘
한다고 믿는다. [한국의 샤먼] 샤먼을 한자로 무격이라고 쓰는데 무(巫: 여자), 격
(覡: 남자)을 차용한 말이다. 한국 무속의 기원은 분명하지 않지만, 아주 오랜 고
대사회 때부터 한민족의 주요한 신앙형태였다는 점만은 분명하다("샤먼", 『두산
세계대백과사전』, 두산동아, 2002).

13 고대영어로 쓴 영국의 영웅 서사시. 게르만 민족의 영웅 서서시 중에서 완전히 보
존되고 있는 것으로 가장 오래된 작품이다. 2부로 구성되어 있으며 1부에서는 데
네 국가(덴마크)의 왕 호로트가르의 궁전에, 근처 늪에 사는 괴물 그렌델이 밤마
다 찾아와 신하들을 납치해 살해한다. 바다 건너 이웃나라 게아타스의 젊은 무사
베어울프는 이 이야기를 듣고 데네국으로 찾아와 용감무쌍하게 카인의 후예라고
하는 그렌델과 그의 모친을 타도한다. 2부에서는 게아타스의 왕이 된 베어울프가
50년간 선정을 베푼다. 보물을 도둑맞은 화룡의 복수로부터 국민을 구하기 위해
싸워 화룡을 퇴치하지만 독기로 인해 자신도 사망한다. 인간의 영웅적 행위를 찬
양하면서도 모든 인간적인 것은 초자연의 운명의 힘 앞에서는 무력하다는 비극적

면에 기인한 것이다. 조셉 캠벨에 따르면 영웅이란 스스로의 힘으로 복종(자기극복)의 기술을 완성한 인간[14]으로 볼 수 있는데, 자신과 부인 그리고 역신의 관계를 자기극복을 통해 풀어낸 처용 역시 영웅적 면모를 보인다. 원질신화(Monomyth)의 복합적인 영웅은 예외적인 능력을 가진 인물이다. 이 영웅은 사회적 존경을 받기도 하고 무시당하거나 경멸을 받기도 한다. 영웅과 그가 속한 세계는 상징적인 어떤 장애로 고통을 받는다. 하지만 자신을 압제하던 상대를 이겨내는 데 그치는 것이 아니라 자기가 속한 사회 전체의 소생에 필요한 수단을 가지고 돌아오며 그 선물의 은혜를 베푼다.[15] 자신 앞에 나타난 역신을 물러나도록 했을 뿐만 아니라 사회전체에서 사악함을 몰아내고 경사스러운 일을 불러온다는 벽사진경(辟邪進慶)의 상징성을 획득한 처용은 원질신화의 복합적인 영웅인 셈이다. 게임의 서사구조에도 자주 활용되는 영웅이 치르는 신화적 모험의 표준 궤도는 통과제의에 나타난 양식인 '분리-입문-회귀' 형태의 확대판이다.[16] 일반적인 게임 서사의 모험 구조도 이와 같다. 플레이어에게 임무(퀘스트)가 주어지고 문제 해결을 위한 모험과 임무 완수 후 보상의 단계로 구성되어 신화의 모험 구조와 유사한 측면을 보인다. '처용설화'의 스토리라인의 경우도 설화적 특성을 고려할 경우 신화 속 영웅의 여행과 성장을 따르는 보편적 게임의 서사구조로 스토리텔링 될 수 있다.

세계관을 제시하고 있다("베어울프", 『두산세계대백과사전』, 두산동아, 2002).

14 조셉 캠벨, 이윤기 역, 『천의 얼굴을 가진 영웅』, 민음사, 2004, 29면.

15 위의 책, 52-53면.

16 조셉 캠벨, 이윤기 역, 『세계의 영웅 신화』, 대원사, 1989, 34면.

신화적 모험 구조	게임의 서사구조	'처용설화'의 서사구조
분리	달성해야 할 임무(퀘스트) 자발적 참여로 모험 시작	동해용의 아들로 태어남 헌강왕을 따라 여행을 떠남
입문	강해지기 위한(레벨 업) 대결, 수집(아이템) 등의 퀘스트 수행	왕정을 보좌함 자기극복을 시험하는 시련 역신에게서 아내(미인)를 구함
회귀	모험 · 임무 수행의 보상	자기극복을 이룸 벽사진경의 상징성 획득 홀연히 사라짐(고려사)

[표 2] 게임과 '처용설화'의 서사구조 비교

'처용설화'를 게임콘텐츠에 적합하게 변용해서 스토리텔링 할 경우, 처용의 부인과 역신과의 관계를 성애적인 것(불륜)으로 치부한다거나 '처용-부인-역신' 간의 갈등 해소과정을 관용과 화합으로 바라보는 기존 해석의 틀에 지나치게 얽매일 필요는 없다. 또한 『삼국유사』의 내용뿐만이 아니라 『악학궤범』이나 『고려사』 등 기타 자료의 수용을 통한 다양한 관점의 해석들에도 눈을 돌려볼 필요가 있다. 예를 들어, 질병을 옮기는 사악한 역신을 구축하기 위한 의식무적 측면에 주목해 '처용설화'를 해석할 경우 프로타고니스트(Protagonist)인 처용과 안타고니스트(Antagonist)인 역신의 적대적 갈등이 강조된다. 이를 통해 전형적 구출형 스토리의 삼각구도로 스토리 전개를 풀어내어 게임 스토리텔링의 역동성을 확보 할 수도 있다.

셋째, '처용설화'는 종합적 설화소를 통해 게임 스토리텔링의 다양한 모티브를 제공하고 있으며 문화적 공감대 형성이 가능한 소재들을 보유하고 있다는 점이다. '처용설화'에 등장하는 용(드래곤)과 미인, 왕, 춤, 역신(역병) 등은 세계의 설화와 이를 변용한 게임에 자주 등장하는 단골 소재들이다.

고대 그리스에서 시작된 큰 뱀의 모습을 가진 용(드래곤)은 보물이나 성지를 인간이 더럽히지 못하도록 지키는 역할을 하였다. 동양에서의 용의 이미지와 비교하면 서양에서의 용(드래곤)의 이미지는 사악한 것으로 받아들여지고 있는데 이는 기독교에서 전하는 용(드래곤)에서 비롯되었다.[17] 동양에서의 용은 불, 물, 싸움 등 다양한 사물, 사건을 관장하는 신으로서 숭배되었으며 그 기원은 조상령이 신격화된 것으로 추정된다.[18] 우리나라에서의 용은 권위(權威), 기복(祈福), 기우(祈雨), 벽사(辟邪), 호법(護法), 입신(立身) 등의 의미를 지니고 있어 예술작품의 소재로 다양하게 사용되었다. 용의 무한하고 경이로운 조화능력과 장엄하고 화려한 모습이 작품들 속에서 드러난다.[19] 이처럼 다양한 문화의 영향을 받으며 계승되어온 용(드래곤)은 현대에 이르러서는 판타지 소설과 애니메이션, 게임 등에 많이 등장하게 되면서 우리의 환상세계를 풍요롭게 해주고 있다. 용(드래곤)을 소재로 활용한 대표적인 비디오 게임으로는 〈팬저 드래군〉[20]과 〈디비니티 2 : 에코 드라코니스〉[21] 등이 있으며 〈드래곤 네스트〉[22]와 〈드래고니카〉[23] 같은 온라인 게

---

17 오리엔트 지방에서 유럽으로 전파된 성서에는 드래곤이 신의 적이며 악마라고 쓰여 있었다.

18 소노자키 토루, 임희선 역, 『환수 드래곤』, 들녘, 2000 참조.

19 윤열수, 『신화 속 상상동물 열전』, 한국문화재보호재단, 2010, 272면.

20 장르 : 슈팅
    개발사 : 세가
    게임 특징 : 드래군을 타고 하늘을 날면서 적을 무찌르는 게임으로 자유로운 시점 변화와 입체감 있는 화면이 특징이다.

21 장르 : RPG
    개발사 : 레이디언 스튜디오
    게임 특징 : 게임 진행상의 필요에 따라 주인공 캐릭터를 드래곤과 인간으로 바꾸어가며 플레이하는 게임이다.

22 장르 : 액션RPG(온라인 게임)
    개발사 : NHN게임즈
    게임 특징 : 사악한 용에 맞서는 여섯 용사의 이야기로 콤보 플레이를 통해 액션을 강조한 RPG게임이다.

23 장르 : 액션RPG(온라인 게임)
    개발사 : NC소프트
    게임 특징 : 3D로 구현된 횡스크롤 액션게임으로 인간과 드래곤 간의 싸움을 주

임들도 용(드래곤)을 무찔러야 할 대상(몬스터)이나 신통력을 가진 조력자 등으로 자주 등장시킨다.

춤(무용)은 언어나 문자 발명 이전 모든 문화권에서 제례의식과 사회적 표현, 종족의 단합, 구애, 사랑, 치료의술을 행하던 수단[24]이었으며 현대사회에서는 몸으로 표현하는 또 하나의 언어로서 문화적 소통의 기능을 수행하고 있다. 이러한 문화적 소통의 기능과 더불어 시각적 요소가 강하다는 점 때문에 춤은 〈댄스 댄스 레볼루션〉[25], 〈댄스 센트럴〉[26]과 같이 플레이어의 직접적인 동작이 요구되는 게임에서부터 게임 속 캐릭터 특수기술의 동작 구현에 이르기까지 게임의 중요 콘텐츠로서 다양한 형태로 활용되어 왔다. '처용설화'에서 처용이 추었던 춤은 처용의 가면을 쓰고 추는 탈춤인 처용무로 전해지고 있는데, 가면과 의상, 음악, 춤이 어우러진 수준 높은 무용예술[27]이라는 점에서 시각적 요소를 비롯한 게임콘텐츠의 전반적 완성도를 높여 줄 수 있는 소재로서 다양한 활용이 가능하다.

앞서 언급된 '처용설화'의 소재들 중에서도 다른 설화들과 차별성을 가지는 소재인 역병[28]과 역병을 퍼트리는 역신의 경우에는 특히 주목할 필요

요 내용으로 하고 있다.

24 김성숙, 「신화를 주제로 한 무용에 나타나는 표현 특성 연구: "처용무"와 "마음의 동굴"을 중심으로」, 이화여자대학교 대학원 석사학위논문, 2001, 18면.

25 장르 : 댄스
    개발사 : 코나미
    게임 특징 : 나오는 노래에 맞춰 4방향의 화살표 표시가 그려져 있는 발판을 밟으며 플레이 하는 게임이다.

26 장르 : 댄스
    개발사 : 하모닉스 뮤직 시스템즈
    게임 특징 : 플레이어의 동작을 인식하는 키넥트(Kinect) 센서를 활용해 곡의 리듬에 맞춰 화면에 등장하는 댄서의 동작을 따라하는 게임이다.

27 http://www.unesco.or.kr/whc/ich/korich_choyongmu.asp

28 유행병과 같은 뜻이다. 세균이 발견된 것이 17세기 후반이고, 세균학이 발전하여

가 있다. 대외무역과 교류가 활발해지면서 세계적으로 역병의 전파와 확산의 속도가 빨라졌다. 이것은 동아시아 지역도 마찬가지였으며 8~9세기 당나라, 신라, 일본의 역사문헌들에서도 역병과 관련한 기록들이 많이 발견된다.[29] 신라의 경우 선덕왕과 문성왕이 두창(천연두)으로 추정되는 병에 걸려 사망했으며 경문왕과 헌강왕 대에는 역병이 창궐했다. 때문에 역병으로 인한 불안을 잠재우기 위해 약사불 신앙을 장려했으며 역병을 옮기는 역신을 물러가게 하기 위해 처용의 얼굴이 그려진 부적을 대문에 붙이거나 처용무를 추는 전통이 이어졌다. 또한 중국과 일본에서는 역신을 몰아내고 경사스러운 일을 기원하는 전통풍습이 종규[30]신앙을 통해 전해 내려 오고 있기도 하다. 대표적 역병인 천연두는 문명이 시작된 이래로 인류를 위협해왔으며 아프리카나 중동 또는 아시아 대륙에서 동물바이러스로 시작돼 어느 시점에선가 인간에게 옮겨 왔다.

과거부터 역병이 세계적인 두려움의 대상이었다는 이 같은 역사적 사실과 더불어 현재까지도 바이러스 테러에 대한 세계인들의 관심이 크다[31]는 점에 근거해 볼 때 세계시장을 겨냥하고 제작되는 게임콘텐츠의 스토리텔링에 있어서 그 활용성이 높다.[32] 이처럼 역병을 치유하고 역신을 쫓

역병의 병원이 확실해진 것은 19세기 후반이며, 일반인이 올바른 지식을 가지게 된 것은 그 후의 일이다. 따라서 옛날에는 역병을 매우 무서워하여 역신의 탓으로 생각하고 주술이나 기도에 의지했으며, 역병에서 벗어나려고 여러 가지 수단, 방법이 취해졌다("역병", 『두산세계대백과사전』).

29 『삼국사기』에 역병에 관한 30여 건의 기록이 전하며, 『속일본기』에도 역병에 관한 기록이 남아 있다(KBS 〈역사스페셜〉 제4회 : 귀신 쫓는 사나이, 처용은 누구인가?(2009.7.20) 참고).

30 중국에서 역귀를 쫓는 신. 한반도에도 풍습이 전해져 종규가 악귀를 잡는 그림을 그려 벽이나 문에 붙이고, 귀신의 머리를 그려 문설주에 붙이기도 한다("종규", 『두산세계대백과사전』).

31 신성택, 「탄저병보다 더 무서운 천연두」, 〈뉴스한국〉, 2010.10.22.

32 천연두 외에도 전염성이 높은 유행병들을 종합하여 역병이라는 소재로 활용할 수

아낼 수 있는 힘을 지닌 처용은 무한한 활용 잠재력을 지닌 매력적인 캐릭터인 것이다. 이제까지 질병의 확산을 소재로 다룬 게임으로는 비디오게임인 〈바이오 하자드〉[33], 〈데드 라이징〉[34] 시리즈 등과 보드게임인 〈팬데믹〉[35]이 대표적이다. 그 중 〈바이오 하자드〉의 경우에는 게임의 큰 성공을 바탕으로 영화, 애니메이션 등으로도 제작되었다.

이러한 설화적, 역사적 소재들이 문화적인 세련화의 과정을 통해 완결성 있는 현대적 서사물의 형태로 거듭나게 된다면 다른 서사물들에 비해 문화적인 공감대를 쉽게 확보 할 수 있을 것이다.

3. '처용설화'의 OSMU 현황

현재까지 '처용설화'는 원천콘텐츠로서 문화산업 장르의 광범위한 영역에서 활용되어 왔다. '처용설화'의 내용을 직·간접적으로 담아내었거나 처용의 상징성을 활용한 다양한 서적들이 출판되었다. 제목이나 내용에서 처용이 언급되거나 소재로 다루어진 작품들 중 대표적인 소설과 시(시집)를 정리해 보면 아래 표의 내용과 같다.

있다.

33 장르 : 액션
　개발사 : 캡콤
　게임 특징 : 글로벌 제약회사인 엄브렐러사의 음모를 파헤치고 바이러스의 확산
　　　　　과 생체실험을 통해 생겨난 좀비들을 무찌르는 내용을 담고 있다.
34 장르 : 액션
　개발사 : 캡콤
　게임 특징 : 쇼핑몰을 돌아다니는 좀비들의 공격을 피해 72시간 동안 생존하는 것
　　　　　을 목표로 하는 게임이다.
35 　전 세계를 돌아다니며 질병(4종류)의 확산을 막고 질병의 치료제 개발을 위한 자
　원을 모으는 것을 목표로 하는 보드게임이다.

소설	시(시집)
정한숙, 『처용랑』(1958)	김춘수, 『처용』, 「처용 단장」(1974)
김춘수, 『처용』(1962)	신석초, 「처용은 말한다」, 「처용무가」(1974)
김현이, 『산문시대』(잃어버린 처용의 노래)	서정주, 「처용훈」(1982)
신상성, 『처용의 웃음소리』(1981)	오완영, 『처용무』(1983)
김수용, 『처용유사』(1988)	이하석, 「처용의 딸」(1984)
이인성, 『강어귀에 섬 하나 처용환상』(1993)	최두석, 「노래와 이야기」(1984)
윤대녕, 『신라의 푸른 길』(1995)	박제천, 『달은 즈믄 가람에』, 「處容」(1984)
김소진, 『처용단장』(1995)	윤석산, 「처용의 노래」(1987)
이영희, 『달아 높이곰 돋아사』(1997)	김현숙, 「처용의 아내」(1987)
구광본, 『처용을 어디서 다시 볼꼬』(1997)	박라연, 『서울에 사는 평강공주』, 「처용처가」
윤후명, 『처용나무를 향하여』(1998)	선정주, 『겨울 처용무』(1991)
김근우, 『피리새』(2008)	정대구, 「처용신가」(1991)
박영호, 『우리 집에 왜 왔나-처용아비』(2008)	한광구, 『서울 처용』(1993)
	정일근, 『처용의 도시』(1995)
	문정희, 「처용 아내의 노래」(1996)
	박진섭, 『달개비 같은 누이야』(1998)
	정 숙, 『신 처용가』(2001)
	김종철, 「처용을 위하여 1」(2001)
	최종두, 『처용에게 고한다』(2004)

[표 3] 처용을 소재로 한 문학작품

출판 이외에도 다양한 문화콘텐츠 장르에서 처용은 변용되었다. 현대에
와서 처용이 음악과 공연의 콘텐츠로 활용된 선례는 다음의 표와 같다.

[표 4] 처용을 소재로 한 음악과 공연

처용은 지역문화 축제의 콘텐츠로도 활용되고 있다. 특히 울산에서는 울산을 대표하는 문화축제로 처용문화제[36]가 해마다 열린다.

[그림 1] 처용문화제(처용무와 처용 퍼레이드)

36 〈처용문화제 연혁〉

처용맞이, 처용마당, 울산월드뮤직페스티벌, 처용 퍼레이드, 처용무와 함께하는 세계의 춤과 악기 체험, 처용 학술제, 월드뮤직 국제 심포지엄, 세계 음식축제, 각종 전시체험행사가 문화제 기간 중에 진행되며 처용무와 처용 시조창, 처용&B-boy 등과 같이 처용콘텐츠를 활용한 공연들도 이루어지고 있다([그림 1] 참조). 그러나 다양한 콘텐츠에도 불구하고 단순 관람을 제외하고는 일반 어린이나 청소년이 참여해 볼 수 있는 처용과 직접적으로 관련된 참여형 콘텐츠가 부족하다. 따라서 처용문화제와 연계하여 '처용설화'를 변용한 게임콘텐츠를 개발할 경우 게임과 축제의 홍보와 더불어 어린이와 청소년의 보다 적극적인 축제 참여를 유도해 낼 수 있을 것이다.

처용을 콘텐츠로 변용한 드라마에는 〈이제 처용은 춤추지 않는다〉(2006)가 있으며, 영화로는 정용주 감독에 의해 제작되어 2005년 제10회 부산국제영화제 와이드앵글 부문에서 상을 수상한 〈처용의 다도〉, 죽은 영혼들이 머무는 중천에서 자신의 옛 사랑을 지키려는 '처용대' 소속의 한 퇴마무사에게 벌어지는 사건을 그린 조동오 감독의 액션판타지 영화 〈중천〉(2006), '처용설화'의 모티브를 차용하여 '비독점적 다자간 연애'인 폴리아모리(Polyamory)를 소재로 다룬 정윤수 감독의 〈아내가 결혼했다〉(2008)가 있다.

'처용설화'가 만화, 애니메이션 장르로 가공된 작품으로는 유시진에 의해 '처용설화'가 현대적으로 재해석된 순정만화 『마니』(1997)와 한국콘텐츠진흥원에서 민족문화원형의 디지털콘텐츠 개발과정에서 제작된 플래시

1967년, 제1회 울산 공업축제 개최
1991년, 제25회 축제부터 환경과 문화 예술적 의미를 강화해 '처용 문화제'로 축제명 변경
1995년, 처용문화제 추진위원회 발족, 매년 6월에서 10월로 축제 개최 일정 변경
2007년, 제41회부터 처용문화제 행사 중 하나로 울산월드뮤직페스티벌 신설
2010년, 제44회 처용문화제 개최
http://www.cheoyong.or.kr 참고.

애니메이션[37]이 있다.

　이외에도 처용관련 콘텐츠의 국내 산업적 활용성의 증진과 세계화 진출의 방안모색을 도모하기 위해 개발된 처용관련 디지털 콘텐츠인 디지털 처용무, 처용유적지(사진자료), 처용소재 그림, 캐릭터, 역사자료 등 총 321건의 콘텐츠 자료가 한국콘텐츠진흥원에서 운영하는 문화콘텐츠닷컴[38] 유통센터에 등록되어있다.

　하지만 이제까지의 '처용설화' 콘텐츠의 OSMU 현황을 종합해 볼 때 '처용설화' 콘텐츠가 이처럼 다양한 문화콘텐츠 장르에서 개발, 재활용되었음에도 정작 현대사회의 대표적인 엔터테인먼트 문화산업 장르인 게임으로는 아직 개발되지 않았다는 점을 지적할 수 있겠다.

　오늘날 디지털 시대의 문화콘텐츠는 서로 독립적으로 존재하는 것이 아니라 유기체적인 성격을 보인다는 점에서 '처용설화'를 활용한 게임이 아직 개발되지 않았다는 것은 처용과 관련한 문화콘텐츠 전체의 유기적 연결성과 통합성을 저해하는 요소로 작용할 것임이 분명하다. 또한 국내외적으로 게임에 대한 관심과 게임을 즐기는 이용자의 비율이 증가하고 있으며 게임이 앞으로 문화 산업시대를 이끌어나갈 청소년층의 글로벌 문화코드라는 점에서 '처용설화'의 변용 스토리텔링에 기반을 둔 게임의 제작은 시급한 과제라고 하겠다.

4. 한국설화를 변용한 게임콘텐츠 현황

　과거부터 현재까지 한국설화를 게임 스토리텔링에 접목시키고자 하는

---

37 http://cheyong.culturecontent.com/sub03/s4.asp

38 http://www.culturecontent.com

시도는 계속되어왔다. 그 중 대표적인 게임으로는 〈머털도사〉 시리즈, 〈바람의 나라〉, 〈거상〉, 〈군주〉, 〈칼온라인〉, 〈패온라인〉, 〈테일즈 런너〉, 〈메이플스토리〉, 〈귀혼〉, 〈아이온〉, 〈에이지 오브 코난〉, 〈치우천황전기〉, 〈고구려영웅전-주몽편〉, 〈주몽〉, 〈단군왕검전기〉, 〈바리공주의 전설〉, 〈서기행전〉(보드게임[39]) 등이 있다.

	제목/장르/개발사	게임의 특징
	제목: 머털도사 시리즈 장르: RPG 개발사: 오렌지소프트	만화책과 애니메이션의 성공에 힘입어 발매된 게임이다. 한국설화의 내용을 게임의 스토리에 반영하였으며 이후 모바일용으로도 발매되었다 (게임 진행 중 처용이 등장한다).
	제목: 바람의 나라 장르: MMORPG 개발사: 넥슨	바람의 나라는 김진의 동명의 만화를 게임으로 옮긴 작품으로, 고구려 2대 왕인 유리왕 시대의 사랑과 전쟁의 이야기를 다루고 있는 온라인 게임이다.
	제목: 거상 장르: MMORPG 개발사: 조이온	최고의 상인을 목표로 유저들과 경쟁을 하는 게임이다. 경제활동이 게임의 중심 내용을 이루고 있다.
	제목: 군주 장르: MMORPG 개발사: 엔도어즈	거상의 경제시스템과 정치시스템을 결합해 탄생시킨 게임이다. 실제 게임에서 투표를 통해 군주를 선출 할 수 있다.

---

39 판 위에서 말이나 카드를 놓고 일정한 규칙에 따라 진행하는 게임. 보드게임은 주로 플레이어들이 직접 대면하여 즐기는 게임들이 주를 이룬다. 최근의 보드게임은 그 종류나 형태가 매우 다양해지고 있으며, 정치, 경제에서 환경보호 같은 친사회적 소재까지 그 수용 범위가 매우 넓다.

<table>
<tr><td></td><td>제목: 칼온라인
장르: MMORPG
개발사: 아이닉스 소프트</td><td>한국형 판타지를 선보인 게임이다. 상고시대 대륙을 호령했던 치우천황과 황제 헌원의 전쟁을 게임의 배경으로 하고 있다.</td></tr>
<tr><td></td><td>제목: 패온라인
장르: MMORPG
개발사: 와이디온라인</td><td>동아시아 고대설화를 바탕으로 만들어진 동양적 판타지를 선보인 게임이다. 야설록의 참여로 큰 관심을 끌었으며 치우천황과 황제 헌원의 전쟁을 모티브로 개발되었다.</td></tr>
<tr><td></td><td>제목: 테일즈 런너
장르: 레이싱
개발사: 라온엔터테인먼트</td><td>총 8명의 캐릭터 중 한 명을 선택해 우리나라의 전래동화를 배경으로 최대 30인이 경주를 할 수 있는 레이싱 게임이다.</td></tr>
<tr><td></td><td>제목: 메이플스토리
장르: MMORPG
개발사: 넥슨</td><td>귀여운 캐릭터와 횡스크롤 액션 방식의 캐주얼한 게임성으로 저연령층을 중심으로 캐주얼 MMORPG의 유행을 일으킨 게임이다.</td></tr>
<tr><td></td><td>제목: 귀혼
장르: MMORPG
개발사: 엠게임</td><td>무협을 기반으로 귀신이라는 요소를 첨가한 MMORPG+캐주얼 횡스크롤 액션 게임이다.</td></tr>
<tr><td></td><td>제목: 아이온
장르: MMORPG
개발사: NC소프트</td><td>천계와 마계의 극한대립, 그리고 이들 모두를 위협하는 용족과의 무한 전투를 그린 게임이다. 하늘을 날아다니는 공중전과 '어비스'라는 공간의 개념을 추가했다.</td></tr>
<tr><td></td><td>제목: 에이지 오브 코난
장르: MMORPG
개발사: 펀컴</td><td>로버트 E. 하워드의 소설을 기반으로 제작된 MMORPG게임이다. 한국의 문화에 대한 다양한 영상과 자료를 조사해 게임에 적용했다.</td></tr>
</table>

	제목: 치우천황전기 장르: 액션RPG 개발사: 모바일원	치우천황과 헌원 사이에서 벌어진 탁록대전을 모티브로 제작된 모바일 게임으로 다양한 아이템과 던전이 특징이다.
	제목: 고구려 영웅전 – 주몽편 장르: 액션RPG 개발사: 엔플레이	고구려 건국설화인 주몽설화를 모티브로 하고 있다. 천랑이라는 주인공을 통해 고구려 건국의 과정을 경험해 볼 수 있도록 구성되어 있다.
	제목: 주몽 장르: 액션 개발사: 올리브나인	드라마 주몽의 내용을 바탕으로 시조산의 다물활을 찾는 이야기부터 시작해 난관들을 극복하고 다물군을 세우고 한나라의 현토군을 축출한 뒤 고구려를 건국하는 내용을 담고 있다.
	제목: 단군왕검 전기 장르: SRPG 개발사: 한모바일	고조선 시대의 단군신화를 바탕으로 분기에 따라 다양한 에피소드들을 경험할 수 있도록 구성된 게임이다. 게임산업개발원 우수게임공모전에서 모바일 게임부문 문화관광부 장관상을 수상한 게임이기도 하다.
	제목: 바리공주의 전설 장르: 액션RPG 개발사: 한게임	우리 고유의 '바리공주설화'를 바탕으로 제작된 액션RPG게임이다. 자신을 버린 부모의 병을 고치기 위해 생명수를 구하는 내용을 중심 스토리로 하고 있다.
	제목: 서기행전 장르: 보드게임 개발사: 써밋디자인	'금동대향로'에 새겨진 5악사와 갖가지 기이한 동물들을 등장인물로 하고 백제의 여러 설화를 바탕으로 하여 '창작 비주얼 스토리텔링'된 보드게임이다.

[표 5] 한국설화를 변용한 게임콘텐츠

이 중 〈머털도사〉 시리즈는 PC게임으로 제작된 게임이다. 게임의 스토리와 아이템, 캐릭터 등에 다양한 한국설화와 고전소설, 그리고 문화유적들을 변용해 활용했으며 캐릭터의 인기에 힘입어 모바일 게임으로까지 제 작되었다. 초기 한국 PC게임의 설화수용 양식을 보여준다는 점에서 주목 할 만하다.

온라인 게임인 〈바람의 나라〉, 〈거상〉, 〈군주〉, 〈귀혼〉의 경우에는 게임 에 등장하는 아이템(바람의 나라: 처용의 갑주)과 캐릭터(몬스터 포함) 설 정에 있어서 한국 설화적 요소를 차용했다. 전래동화와 설화를 배경으로 하는 레이싱 게임인 〈테일즈 런너〉의 경우 게임의 공간배경('해와 달'맵) 에 한국설화의 요소를 접목시켰다. 〈메이플스토리〉, 〈칼온라인〉, 〈패온라 인〉, 〈아이온〉의 경우에는 퀘스트에 한국설화의 서사를 보다 직접적으로 변용해 적용했다.

횡스크롤 액션 방식의 캐주얼 게임인 〈메이플스토리〉의 경우에는 게임 속에 전래동화의 마을을 만들어 게임플레이어가 다양한 전래동화와 설 화의 등장 캐릭터들[40]과의 만남을 경험할 수 있도록 했으며, 이들과 관련 한 퀘스트를 제공해 게임플레이어들이 설화를 간접 체험하도록 유도했 다. 〈칼온라인〉과 〈패온라인〉의 경우에는 상고시대 대륙을 호령했던 치우 천황과 황제 헌원의 전쟁을 주된 모티브로 제작되었다는 점과 게임 내에 청룡·주작·백호·현무와 같은 신수들을 등장시켰다는 점에서 유사점 이 발견된다. 특히, 〈칼온라인〉의 경우에는 장화홍련, 심청전, 흥부전 등 을 퀘스트로 게임의 서사에 활용했다. 〈아이온〉의 경우에는 '선녀와 나무 꾼'을 변용한 '님프의 날개옷', '금도끼 은도끼'를 변용한 '잃어버린 도끼', '견우와 직녀'를 변용한 '불멸의 사랑' 등의 퀘스트를 제공하고 있다. 〈에 이지 오브 코난〉의 경우는 해외 제작사의 게임에 한국설화가 수용되었다

---

40 NPC(Non Playable Character) : 흥부, 놀부, 콩쥐, 팥쥐 등
　　몬스터 : 월묘(달토끼), 호돌이(호랑이), 삼미호(구미호) 등

는 점이 특징이다. 제작자들은 게임 속에 한국적 공간을 구현하였으며 한국설화를 퀘스트에 반영했다. 단군신화, 홍길동전, 장화홍련전, 심청전 등이 퀘스트로 제공된다. 현지화라는 측면에서 설화와 고전소설을 활용했다는 측면이 흥미롭다. 〈치우천황전기〉, 〈고구려영웅전-주몽편〉, 〈주몽〉, 〈단군왕검전기〉 등은 한국설화를 스토리에 변용한 모바일 게임이다. 한국설화의 친숙함을 이용해 게임이용자의 빠른 내용이해를 도모했으며 모바일 게임이라는 플랫폼에 맞게 전체적으로 액션성이 강조되는 특징이 확인된다. 〈서기행전〉의 경우에는 보드게임과 한국설화의 결합이라는 점이 이채롭다. 한국설화를 변용한 게임들의 경우 전반적으로 역사적 사실과 설화적 상상력을 자연스럽게 결합시켜 흥미유발의 효과를 배가 시키고자 한 것이 확인된다. 다만, 체계적으로 OSMU가 이루어 지지 못한 점과 활용 시도가 일부 설화에만 국한되었다는 점은 앞으로 개선되어야 할 것으로 보인다.

4.1. '바리공주설화'의 게임콘텐츠 개발 사례

'바리공주설화'는 '당금애기설화'와 더불어 한국의 대표적인 무속 신화로 꼽힌다. 바리공주는 죽은 사람을 저승으로 인도하는 오구신으로서, 무당의 조상신으로 받들어지기도 한다. '바리공주설화'는 제주도를 제외하고 우리나라 전역에서 두루 전승[41]되어 왔는데, 그 내용은 지역에 따라 많은 차이가 있다.

'바리공주설화'를 기반으로 제작된 게임으로는 〈바리공주의 전설〉이 있다. 전형적인 영웅 신화적 구조로 이루어진 설화를 게임화 하였을 경우 나

---

41 김진영·홍태한, 『서사무가 바리공주 전집 1』, 민속원, 1997, 15면.

타날 수 있는 서사구조의 변용을 확인해 볼 수 있다는 점에서 비교분석의
가치가 있다.

1) '바리공주설화'의 기본적 서사구조[42]

① 바리공주 부모가 혼인을 한다.
② 바리공주 부모가 연이어 딸을 낳는다.
③ 일곱 번째도 공주를 낳는다.
④ 바리공주가 버림을 받는다.
⑤ 바리공주 부모가 병에 걸린다.
⑥ 병에 필요한 약이 약수임을 알게 된다.
⑦ 바리공주가 부모를 만난다.
⑧ 여섯 딸에게 부탁하나 모두 핑계를 대고 거절한다.
⑨ 바리공주가 약수를 가지러 길을 떠난다.
⑩ 바리공주는 약수를 지키는 이를 만난다.
⑪ 바리공주는 약수를 얻기 위해 일정한 대가를 행한다.
⑫ 바리공주가 부모를 살려낸다.
⑬ 바리공주가 부모 살린 공을 받는다.

2) 〈바리공주의 전설 : 지옥의 생명수〉 서사구조

① 고대에 불라국과 서역국이 존재한다.
② 서역국(지옥)의 지배자 염로왕이 왕국 전체를 악의 세계로 만들려고 한다.
③ 성신할배와 성신할매는 서천서역으로 통하는 입구를 봉인한다.
④ 순수한 영혼을 가진 오귀대왕의 딸 바리가 태어난다.

---

42 위의 책, 38-39면.

⑤ 연화부인에 의해 길러진 바리는 무공일신에게 무술을 배운다.

- 스크롤 되는 영상 / 컷인으로 배경 스토리 전달한다.
- 무사 수행 (퀘스트)-무사의 조건 / 지혜의 갑옷 / 태양의 거인
- 이벤트 발생

⑥ 오귀대왕은 수심환이라는 병에 걸린다.

⑦ 오귀대왕의 경호대장인 공손대인은 바리를 찾아간다.

(공손대인으로 게임진행)

- 공손대인과 바리의 만남 (퀘스트)-바리데기 찾기 / 태양의 문
- 이벤트 발생

⑧ 국왕의 병을 낫게 하기 위해 생명수를 찾아 떠난다. (서천서역)

- 바리데기의 수행 (퀘스트)-별의 마을을 찾아라 / 봉인된 다리 / 성
  신할배의 부탁-무장선인과의 싸움을 대비한 레벨 업, 아이템 획득
- 낭화 찾기 1, 2 (필수 퀘스트)

⑨ 무장선인과 싸움에서 이기고 생명수를 획득한다.

- 이벤트 발생

⑩ 이미 죽음을 맞이한 오귀대왕(염로왕에게 살해당함).

⑪ 바리공주는 극한의 선에 도달한다.

'바리공주설화'의 보편적 서사구조는 게임인 〈바리공주의 전설〉로 제작
되면서 게임이라는 장르의 특성에 맞도록 변화 되었다. 이러한 변화를 이
해하기 위해서는 〈바리공주의 전설〉의 게임 특징을 살펴볼 필요가 있다.
제작사인 한게임이 내세운 〈바리공주의 전설〉의 게임 특징은 총 4가지로,
①역동적인 액션 횡스크롤 RPG게임, ②남녀노소 누구나 즐길 수 있는 쉬
운 RPG, ③우리 고유의 바리데기신화를 게임으로 제작, ④게임의 시작과
끝을 따라 흐르는 거대한 이야기로 정리 할 수 있다. 게임이 '바리공주설
화'의 서사를 확장 변용한 스토리를 바탕으로 액션RPG장르로 제작되었다
는 것, 누구나 즐기기 쉬운 게임을 만들고자 했다는 점, 그리고 일반적인

온라인 게임과 달리 게임 플레이를 위해 클라이언트를 설치하지 않아도 웹상에서 간단히 즐길 수 있는 플래시 게임의 형태로 제작되었다는 점 등을 통해 〈바리공주의 전설〉은 게임을 즐기고자 하는 플레이어들의 문화적 공감대와 게임접근성을 최우선으로 고려했다는 것을 알 수 있다. 게임의 서사 역시 이러한 게임제작 콘셉트가 반영되어 게임을 즐기는 누구나가 쉽게 공감할 수 있는 인간 중심의 효(孝)사상을 바탕으로 '바리공주설화'의 서사에서는 등장하지 않는 염로왕이라는 등장인물을 안타고니스트로 등장시켜 프로타고니스트인 바리공주와 명확한 선악의 대립구도를 이루도록 설정했다. 이러한 분명한 선악의 대립구도는 주인공인 플레이어의 모험(게임플레이)에 대한 강한 동기를 부여해준다. 〈바리공주의 전설〉은 게임스토리에서 영웅 신화적 모험 구조를 보다 분명히 드러내고 배경공간과 퀘스트의 추가로 서사를 확장하기 위해 염로왕 이외에도 '바리공주설화'에는 등장하지 않는 다양한 등장인물들을 새롭게 탄생시켰다. 바리공주에게 무공을 가르치는 인물인 무공일신, 오귀 대왕의 경호대장으로 나오는 공손대인, 상점을 운영하는 매화와 장돌, 별의 마을에서 살고 있는 성신할배, 지옥문을 지키고 있는 야차귀 등이 새롭게 추가된 등장인물들이다.

〈바리공주의 전설〉은 플레이어에게 한꺼번에 모든 서사를 공개·전달하지 않는 게임 장르의 특성을 반영하여 스토리는 사이트를 통해 중심 스토리의 뼈대만을 간략하게 공개하고 세부적인 스토리들은 게임을 진행하는 과정에서 주어지는 퀘스트의 해결을 통해 플레이어가 서서히 알아갈 수 있도록 설정되었다. 〈바리공주의 전설〉에는 '바리공주설화'에서와 달리 한 가지 목표의 달성에 서사가 집중되어 있지 않으며 달성해야 할 다양한 퀘스트들이 업데이트를 통해 새롭게 추가된다. 플레이어는 다양한 새로운 등장인물들과의 만남, 캐릭터의 성장과정(레벨 업, 아이템의 획득)을 통해 서사의 확장을 경험한다. 즉, 행위 주체인 플레이어가 자신에게 주어진 캐릭터의 성장을 위해 어떻게 게임을 진행하는가라고 하는 선택적 행동에 따라 텍스트 상으로는 다소 빈약하고 미완성인 것처럼 보이는 게임의 서사는 차츰 완성되어 가는 것이다. 서사구조의 여백을 채워나가는 이러한 플레이어의 행위를 통해 게임에 대한 몰입 또한 유도된다. 게임이라는 매체의 특성이 반영된 서사의 확장방식이라는 측면에서 '처용설화'를 변용한 게임의 스토리텔링에도 신화적 모험의 구조를 명확히 드러낼 수 있게 해주는 새로운 등장인물의 추가와 더불어 캐릭터의 성장(레벨 업)을 유도할 수 있는 다양한 퀘스트의 제공이 필요하다는 것을 알 수 있다.

4.2. '서동(무왕)설화'의 게임콘텐츠 개발 사례

'서동(무왕)설화'를 게임화한 〈서기행전〉은 충청남도와 충남문화산업진흥원의 2008 문화자원 디지털콘텐츠화 사업지원으로 (주)써밋디자인과 한국기술교육대학교 디자인공학과에 의해 공동으로 개발 되었다. 국보 287호인 '금동대향로'에 새겨진 5악사와 갖가지 기이한 동물들을 등장인물로 하고 백제의 여러 설화를 바탕으로 하여 '창작 비주얼 스토리텔링'된 보드게임이다.[43] 충청남도는 '2010 세계대백제전' 행사의 일환으로 부여군 규암면 합정리 백제문화단지 내 백제역사문화관에 백제관련 문화콘텐츠를 직접 체험 할 수 있는 'i-백제 종합체험장'을 운영하면서 『서기행전』 보드게임을 백제문화를 배울 수 있는 학습 게임장에 전시하고 게임을 체험 할 수 있도록 하였다. 〈서기행전〉이 일반 보드게임과 다른 부분은 보드게임 속에 스토리북이 포함되어 있다는 점이다. 이 스토리북에

---

43 http://www.seogi.net/seogi/open_contents/010101.php

는 '서동(무왕)설화'와 초왕의 이야기가 변용 스토리텔링 되어 있다.[44] 〈서기행전〉은 스토리북을 추가적으로 제공하는 것을 통해 주어진 환경과 게임규칙에 지배되는 보드게임에 부족한 서사적 측면을 보완하고 게임진행의 궁극적 목표를 플레이어들에게 전달한다. 〈서기행전〉의 스토리북

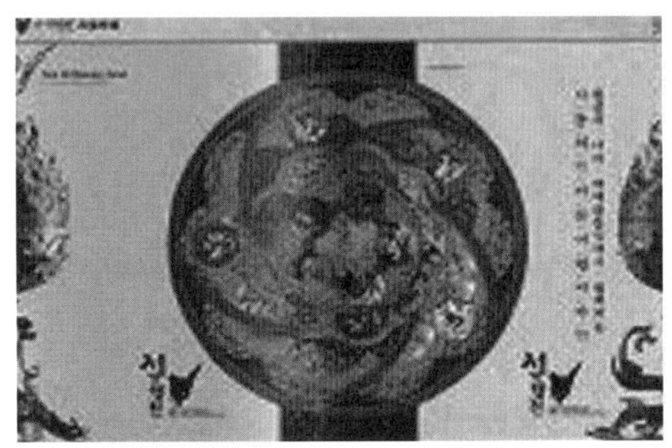

[그림 2] 〈서기행전〉 보드게임과 스토리 북

은 매체 보완적 역할을 수행하는 것이다. 이처럼 〈서기행전〉 보드게임과 스토리북은 별개의 것이 아니다. 스토리북의 서사구조를 분석해 보아야 할 이유가 여기에 있다. 〈서기행전〉의 경우 스토리북을 통해 한국설화를 보드게임에 접목했다는 사실과 더불어 보드게임이라는 플랫폼의 특이성, 지역문화축제 연계하여 개발된 교육용 게임콘텐츠라는 점에 주목할 필요가 있다.

---

44 충남문화산업진흥원, 『2008 문화자원 디지털 콘텐츠화 사업 : 백제유물의 스토리텔링을 통한 게임상품의 개발』, 2008.

1) '서동(무왕)설화'의 서사구조

① 서동의 어머니와 용과의 인연을 통해 서동이 태어난다.

② 서동은 마를 팔아서 생계를 유지한다.

③ 선화공주가 미인이라는 소문을 듣고 서라벌로 간다.

④ 아이들에게 '서동요'를 부르게 하여 공주가 귀양을 가게 된다.

⑤ 선화공주는 서동과 동행하고 혼인하여 백제로 간다.

⑥ 서동이 황금으로 진평왕의 신임을 얻어 왕으로 등극한다.

⑦ 미륵 삼존의 상을 만들고 미륵사를 창건한다.

2) 〈서기행전〉 : 스토리북의 서사구조

① 나라에 가뭄이 들어 5부족장은 여의주를 계승할 용의 아들을 찾아 나선다.

② 서동이 5악사와 만나 여행을 시작한다.

③ 지혜의 땅에서 메구락지, 나르릭, 외각조와 만난다.

④ 수수께끼의 산에서 종지발, 철면공, 괴물 외수와 만난다.

⑤ 선행의 강에서 미미기, 긴코새, 팔랑수와 만난다.

⑥ 바다를 넘는 모험을 통해 5장군과 괴물들은 대결을 하게 된다.

⑦ 다섯 괴물을 보물에 봉인한다.

⑧ 서동은 백제 왕흥국의 왕이 된다.

3) 〈서기행전〉 보드게임의 진행과정

① 플레이어들은 서동을 도와주는 5악사가 되어 게임에 참여한다.

　　— 조력자 캐릭터를 게임 플레이에 활용

② 주사위를 던져서 이동하여 미션을 수행하고 괴물을 무찌른다.

③ 서동이 왕흥도에 도착하거나 플레이어들이 괴물을 모두 무찌르면 게임이 종료된다.

■ 보물카드와 퇴치한 괴물의 가치를 종합해 가장 높은 가치를 획득
한 플레이어가 승리(플레이어간의 상호경쟁이 존재한다).

신화적 모험 구조	'서동(무왕)설화' 서사구조	〈서기행전〉 : 스토리북의 서사구조	보드게임의 진행과정
분리	서동이 고향을 떠나 서라벌로 간다.	5악사와 모험의 여정을 시작하는 서동	5악사가 되어 게임에 참여한다.
입문	서동과 선화공주의 성혼, 황금으로 왕의 신임을 얻음	괴물들과의 만남과 대결에서의 승리	미션수행, 괴물퇴치
회귀	왕으로 등극 미륵사를 창건	백제 왕흥국의 왕이 됨	왕흥도 도착시 게임종료

[표 6] '서동설화' 및 〈서기행전〉 서사구조 비교

'서동(무왕)설화'는 서동과 선화공주의 아름다운 사랑으로 우리에게 인지도가 높은 설화임에도 불구하고 〈서기행전〉이 제작되기 이전까지 게임콘텐츠로는 활용되지 못했다. 그 원인으로는 역동적인 안타고니스트의 부재를 들 수 있다. '서동(무왕)설화'의 설화소 자체만을 살펴보면 용, 왕, 아름다운 공주, 황금 등 문화적 공감대를 형성하기 쉬운 판타지의 단골 소재들이 많다. 하지만 이러한 소재들을 활용해 게임콘텐츠로 개발하고자 했을 때 스토리텔링에 있어서 가장 큰 걸림돌로 작용하는 것이 사악한 적대자와의 직접적인 경쟁이나 결투가 부족하다는 것이다. 플레이어의 자발적 참여로 완성되는 게임의 서사는 다른 어떠한 장르보다도 프로타고니스트인 플레이어와 안타고니스트인 악당의 적대적 대립구도를 요구 한다.

이러한 이유 때문에 〈서기행전〉은 스토리북을 통해 '서동(무왕)설화'에서 서동이 용의 아들이며 모험을 통해 시련을 극복하고 결국 왕이 되었다는

설화의 서사에 백성을 구하기 위해서 무찔러야만 하는 5마리의 괴물을 새롭게 등장시켰다. 이를 통해 〈서기행전〉은 영웅의 신화적 모험 구조를 표면화했다. 더불어 조력자 캐릭터들(5악사)을 활용해 다수의 플레이어들의 적극적인 상호참여와 직접적 경쟁에 기반을 둔 보드게임의 특수성을 부각시켰다. 이 때문에 플레이어는 치열하고 복합적인 대립구도(경쟁과 결투) 속에서 모험과 도전의 욕구를 가지도록 유도된다. 이것은 설화를 변용해 상호작용적 서사를 유도 할 수 있는 게임을 개발하고자 했을 때에 게임의 내적 서사구조에 대한 변용과 더불어 게임콘텐츠의 플레이 방식과 게임의 규칙 대한 연구가 병행되어야 한다는 것을 보여준다.

다음으로 〈서기행전〉에 있어서 주목할 만한 것들로는 설화와 관련한 역사적 유물과 유적을 활용해 게임의 캐릭터를 개발했다는 것과 백제문화에 대한 교육과 지역문화제에서의 활용이라는 분명한 제작 목표가 있었다는 것을 들 수 있다. 접근성 낮은 문화유물을 창조적이면서도 친숙하게 재해석해 낸 것과 게임의 제작에 있어서 사전에 명확한 제작 방향성을 가지고 있었다는 사실은 '처용설화'를 변용한 게임콘텐츠 개발의 기획단계에 있어서도 참고할 만하다.

5. '처용설화'를 변용한 게임콘텐츠의 기본 콘셉트(High Concept)

◎ **게임 제목** : 팬데믹(Pandemic)[45](가칭)

◎ **게임 장르** : SRPG (Simulation Role Playing Game)

---

45 세계적으로 전염병이 대유행하는 상태를 의미하는 말이다.

◎ 게임의 흥미요소 및 특징

(1) 기존 RPG의 정형화된 틀을 벗어난 새로운 세계관
- 신과 인간, 다양한 악귀/역귀, 질병을 형상화한 몬스터가 공존하는 세계
- 설화와 역사 속 인물들이 캐릭터로 등장

(2) '처용설화' 및 다양한 설화에 기반을 둔 시나리오와 선택에 따른 미션분기
- 개별 미션(퀘스트)에 각국의 설화 접목

(3) 전염병의 대유행(천연두, 흑사병 등)과 벽사진경[46]이라는 흥미로운 소재

(4) 지중해와 실크로드를 통해 유럽과 중동, 아시아를 아우르는 광대한 맵
- 유럽과 중동, 아시아 여러 국가들의 실존 장소와 가상의 공간이 공존함
- 각국의 문화재, 유적을 활용한 건물과 도시, 아이템 디자인
- 다소 어둡고 몽환적인 2D 배경 그래픽

(5) 캐릭터 계열별 클래스가 존재한다.
- 전투를 통해 얻은 경험치를 통해 클래스 변경을 할 수 있다.
- 클래스에 따라 사용할 수 있는 스킬이 달라진다.
- 캐릭터 계열에 따른 상성이 존재한다.

(6) 간단하고 직관적인 인터페이스, 튜토리얼 모드(Tutorial Mode) 제공

---

46 사귀(邪鬼)를 쫓고 경사(慶事)로운 일을 맞이하는 것을 의미한다.

◎ 게임의 세계관과 스토리[47]

[세계의 시작]

태초에는 어둠이 어둠을 감추었으며, 그때까지는 무(無)도 없고 유(有)도 없었다. 오직 혼돈만이 존재했다. 태초의 빛이 그 어둠을 가로질러 펼쳐졌을 때. 그 빛으로부터 우주의 창조신이 태어났다. 창조신은 빛과 어둠을 나누고 창공으로 물과 물 사이를 갈라놓았다. 하늘 아래 있는 물이 한데 모여 대지가 드러나고 생명의 기운이 움트는 대지에는 자연과 어울려 살 수 있는 태초의 몇몇 신족들과 동물, 식물이 탄생하게 되었다. 또한, 심연의 점토로 그를 닮은 형체를 만들고 그의 피를 부여하여 인간들을 만들고 생명을 주어 그를 찬양하게 했다. 하지만 문명의 발달과 수적증가를 통한 힘의 축적으로 점차 오만해진 인간들은 창조신의 권능을 의심하고 부정하기 시작했다. 창조신은 언젠가 인간들이 자신에게 도전할지 모른다는 걱정에 휩싸였고 그는 인간들에게 질병과 죽음이라는 운명의 족쇄를 채웠다. 역신족의 수장인 역신마마(the goddess of smallpox)[48]에게 질병과 죽음을 관장하도록 하고, 그녀가 이 힘을 과용할 것에 대비해 용신족에게 인간을 도와 역신족을 견제할 힘을 주었다. 창조신은 모든 신족과 인간들이 힘의 균형을 이루고 평화롭게 살아가길 바라며, 자신의 존재를 스스로 감추었고 이로서 모든 문제는 해결된 것처럼 보였다.

---

47 게임의 스토리는 전체 2부로 구성되어있으나 본고에는 그 중 1부의 내용만을 간략히 담았다.

48 역신을 높여 이르는 말, 역신은 전염병의 신을 의미하며 일반적으로는 천연두(天然痘)를 퍼뜨리는 두신(痘神)을 말한다. 천연두는 손님, 마마라고도 하며 지석영이 종두를 도입하기 전까지는 해마다 많은 사상자를 내는 무서운 돌림병이었다. 헌강왕의 선대인 제48대 경문왕 대의 후반기에는 천재지변이 많았고 전염병이 자주 창궐하였다고 한다.

[태동하는 어둠]

오랜 세월을 걸치며 대륙과 대륙 간, 신족과 인간들 간의 문화가 활발히 교류하게 되면서 경제적인 발전으로 인한 부의 획득과 새로운 국가들의 건국은 계속되었다. 이러한 발전은 신족과 인간들 모두에게 무한이 이어질 것으로 믿어졌다.

모든 것이 풍족해진 지 수백 년의 시간이 흘렀다. 이러한 풍요의 시대의 이면에 어둠이 눈뜨기 시작한 것은 이즈음이었다고 역사서는 전한다. 풍요는 모든 이의 것일 수 없어 기득권 계층과 소외된 계층의 간의 욕망의 대립은 피할 수 없는 숙명으로 다가왔다. 이것은 신이든 인간이든 가리지 않는 운명의 굴레였다.

[팬데믹의 시작]

시작은 같았지만 세월이 흐르자 역신족과 용신족은 서로 다른 자신들만의 방법으로 그들의 세력을 구축했다. 역신마마는 질병과 죽음이라는 창조신에 의해 주어진 힘을 스스로를 위해 사용하기 시작했다. 이를 통해 자신만의 세력을 키우고 인간들을 압박하고 통제했다. 처음에는 인간들도 저항했지만 그들의 저항이 무의미하다는 것을 깨닫게 되기까지 오랜 시간이 걸리지 않았다. 역신마마의 악귀군단이 휩쓸고 지나간 자리에는 고열과 구역질나는 악취, 고통스러운 비명과 공포만이 남았다. 4년도 채 안 되어 유럽인구의 3분의 1이 죽음으로 내몰렸다. 수많은 국가들이 멸망하고 굴복했다. 역신마마가 퍼트린 유행병으로 국가와 사회제도는 너무나도 쉽게 부서져버렸다. 역신마마는 역신족과 악귀군단을 통해 인간들을 노예로 부렸으며, 자신의 권능을 과시하며 그녀를 찬양하게 했다. 불평등한 사회의 계층화가 심화되었고 약탈과 비난, 고행의 시련이 인간들에게 닥쳤다. 역신마마는 그녀가 가진 권력을 이용해 모든 부를 통제하고 유럽의 모든 땅과 법의 결정권을 가지게 되었다. 또한, 지중해와 실크로드를 중심으로 한 무역로를 통해 그녀의 지배 세력권을 서에서 동으로 점차 넓혀갔다.

[처용, 영웅의 등장]

중동과 아시아를 중심으로 한 용신족은 그들이 가진 벽사의 힘을 이용해 인간을 괴롭히는 악귀들을 물리치고 인간들의 정착과 번영을 도왔다. 인간의 한계를 초월하는 초자연적인 용신족의 힘을 인간들은 숭배했다. 수많은 국가들이 건국되는 데 용신족은 그들의 힘을 나누어 주었으며 때로는 인간의 모습으로 변하여 그들과 함께 했다. 역신마마의 파괴적인 살육으로 세계의 황폐화가 계속되자, 많은 국가들이 이들에게 도움을 구했다. 용신족은 처음에는 중립을 선언하는 등, 신족간의 전쟁을 피하고자 했다. 하지만 결국 역신마마의 지속적인 위협에 절망하던 인간들을 돕기로 결정한다. 역신마마에 대항하는 일부 저항세력의 끈질긴 투쟁에 의해 희망의 불꽃을 이어가던 전장의 상황은 용신족의 본격적인 참전으로 역전의 발판을 마련한다. 역신마마를 따르는 악귀군단의 침략에 대항해 용신족은 아직 그녀의 파괴의 힘이 미치지 않은 여러 국가들과 연합하여 벽사군단을 결성하고 대항한다. 역신마마를 중심으로 한 악귀군단과 용신족을 중심으로 뭉친 벽사군단 간의 전쟁은 수년 동안 지속되었다. 끝날 것 같지 않던 치열한 전쟁 끝에 용신족의 피를 이어받은 저항군의 리더, 처용에 의해 결국 역신마마는 봉인되고 수장을 잃은 역신족과 악귀들은 뿔뿔이 흩어져 버린다. 새로운 영웅이 탄생한 것이다. 벽사군단의 연합국인 신라국의 헌강왕은 역신마마의 위협에서 세계를 구한 처용에게 벽사군단 최고의 미녀이자 무녀인 유화를 부인으로 삼길 권하고 처용은 이를 받아들인다. 용신족인 처용과 인간 무녀인 유화의 결혼은 신족과 인간의 앞으로의 화해와 공존의 상징이 되었다.

[깨어진 봉인]

　언제까지나 계속될 것 같은 평화로운 시간이 흐르던 어느 날 저녁, 하늘에는 다가올 피의 보복을 예언이라도 하듯 붉은 달이 떠올랐다. 곧이어 무녀의 힘을 잃은 채 정체모를 어둠의 기운에 굴복당한 유화에 의해 역신마마의 봉인은 깨트려진다. 왠지 모를 불길한 기운을 느낀 처용은 황급히 집으로 돌아오지만 그를 맞이한 것은 이미 역신마마의 혼에게 몸과 마음 빼앗겨버린 유화였다. 유화의 생명을 볼모로 위협하는 역신마마를 다시금 봉인하고 사랑하는 부인을 구하기 위해 처용은 자신이 가진 벽사진경의 모든 능력을 쏟아낸다. 가까스로 역신마마를 유화의 몸에서 몰아내는 데는 성공하지만, 그 역시 능력을 모두 소진하고 만신창이가 되고 만다. 처용은 최후의 남은 힘을 짜내어 귀면(처용면)에 자신의 혼을 봉한다. 유화와의 슬픈 이별, 돌아올 기약조차 없는 오랜 잠에 빠져든다.

◎ 주요 캐릭터 설정

- **처용** : 본 게임의 처용은 반신반인(半神半人)이다. 용신족의 수장인 아버지(용왕)와 인간 무녀인 어머니 사이에서 태어났다. 인간 세상에서 처용은 역신마마에 대항하는 저항군의 리더이자 거대 상단에 속한 상인으로 활동한다. 용신족의 능력(인간을 뛰어넘는 신체능력, 질병의 면역력 등)과 샤먼의 능력(어머니에게서 물려받은 능력)을 가지고 있다.
- **유화** : 병에 걸린 아버지의 치유법을 찾기 위해 여행 중이다. 강한 치유 능력을 가지고 있는 아름다운 무녀로 평소에는 남장을 하고 있다. 유화의 모티브가 된 것은 '바리공주설화'의 바리공주다.

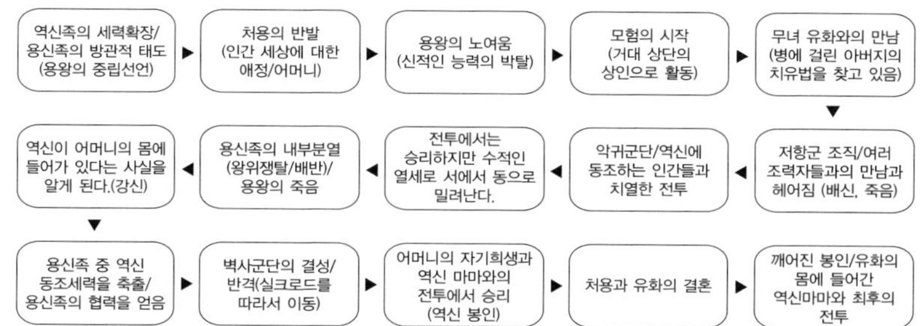

[표 7] 게임의 맵 구성 및 디자인

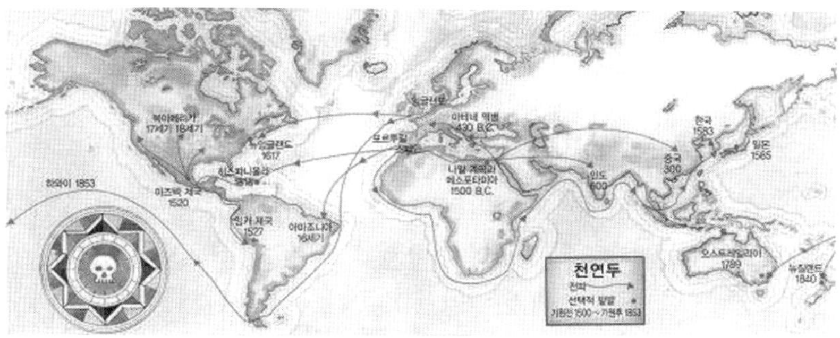

[그림 2] 천연두의 확산경로[49]

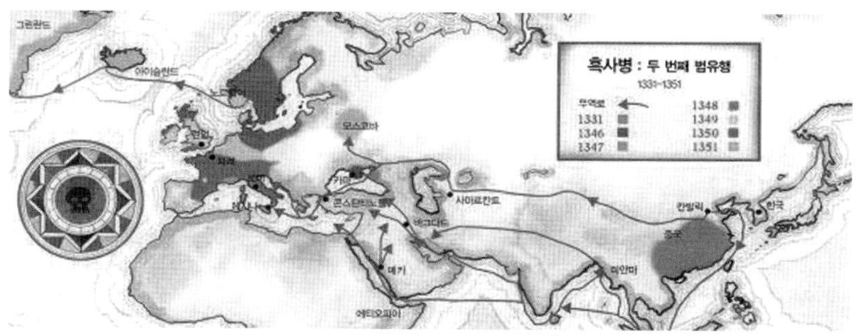

[그림 3] 흑사병의 확산경로[50]

• 게임의 플레이는 천연두, 흑사병의 전파 경로를 따라서 전개되며, 실

---

49 브린 바너드, 김율희 역, 『세계사를 바꾼 전염병들』, 다른, 2006, 16면.
50 위의 책, 8면.

제 유럽과 중동, 아시아 국가들의 도시들이 이벤트와 전투미션의 맵이 된다([그림 2], [그림 3] 참조).

- 아테네 지역의 경우 역신마마의 주요거점으로 세계 경제, 문화 교역의 중심지
- 역신마마의 악귀군단과 저항군/벽사군단의 전투는 지중해와 실크로드의 무역로를 중심으로 전개된다.

6. '처용설화'의 문화콘텐츠화 전망

본 연구에서 제시한 '처용설화'를 재해석한 게임의 기본 콘셉트에는 질병을 옮기는 사악한 역신을 구축하기 위한 '처용설화'의 무의식적 측면을 반영하였다. 처용의 인물 설정의 다양성과 영웅 신화적 모험구조를 바탕으로 처용과 역신의 적대적 갈등을 부각시켜 역동성 있는 구출형 스토리의 삼각구도로 스토리 전개를 풀어내었다. 또한, 문화적 공감대 형성이 가능한 '처용설화'의 종합적 설화소를 소재로 사용하여 처용이라는 캐릭터가 가진 매력을 드러내고자 하였다.

이러한 '처용설화'의 변용 스토리텔링이 반영된 게임이 제작될 경우 일차적으로는 처용과 관련한 문화콘텐츠 전반의 유기적 연결성이 확보됨과 동시에 어린이나 청소년의 참여형 콘텐츠가 부족한 처용문화제의 단점을 보완해 주는 효과를 기대할 수 있다. 이를 통해 '처용설화'는 앞으로 문화산업시대를 이끌어갈 청소년층의 글로벌 문화코드로 자리매김 할 기회를 가질 수 있을 것이다.

하지만 '처용설화'를 변용한 이번 게임콘텐츠 기본 콘셉트의 가치는 이에 국한되지 않는다. 현재, 한국 문화콘텐츠산업은 더욱 발전해나가기 위해 지금까지 우리의 주요수출시장이었던 일본, 중국 등 아시아 국가들뿐만 아니

라 큰 성장 잠재력을 가지고 있는 유럽 및 중동 국가들로까지 문화콘텐츠산업 시장을 다각화 시켜야하는 시점에 놓여있다. 특히, 중동의 경우 인터넷 이용자가 2008년 기준 약 5,335만 명이며 인터넷 이용자 증가 속도와 1인당 국민 소득이 세계에서 가장 높다[51]는 점에서 한국의 온라인게임을 비롯한 게임콘텐츠가 진출하기에 좋은 시장 여건을 갖추고 있다. 한국 문화콘텐츠 산업의 첨병으로서 중동 게임시장에 우리 게임이 진출해 성공을 이루어내기 위해서는 시장 트렌드의 분석과 더불어 현지의 소비자들이 공감할 수 있는 스토리의 확보가 선행될 필요가 있는데 본 '처용설화'를 변용한 게임콘텐츠 기본 콘셉트에는 이러한 한국 문화콘텐츠산업 시장의 요구가 반영되어 있다. 게임콘텐츠에 적합하게 '처용설화'를 변용, 스토리텔링 함에 있어서 중동사회에서 터부시하고 있는 성적인 해석을 피했으며 글로벌 문화코드라고 볼 수 있는 선과 악의 대립, 질병(전염병)과 치유, 세계적으로 게임의 주 소비층인 청소년들이 선호하는 성장의 코드를 반영하고 있다. 또한, '처용설화'에 담겨있는 시대를 뛰어넘는 원형적 보편성을 유지하면서 동시에 과거 지중해와 실크로드를 통해 왕성했던 유럽과 중동, 아시아의 역사, 문화적 교류의 시대상을 처용의 이슬람 상인 설을 통해 스토리텔링에 자연스럽게 담아내고 있다. 이러한 점은 이제까지 제작된 '처용설화'를 활용한 여타 문화콘텐츠들과의 차별성을 띠며 중동 현지인들의 관심을 유도 해낼 수 있는 스토리텔링의 방안을 제시한다는 점에서도 주목할 만한 시도이다.

이처럼 '처용설화'는 다양한 해석의 가능성만큼이나 그 활용성이 높으며 한국 문화콘텐츠산업 시장의 다각화라는 과제를 해결할 해답을 담고 있다는 점에서 앞으로도 지속적으로 관심을 가져야 할 우리의 창조적 문화유산이라 하겠다.

---

51 한국콘텐츠진흥원, 『글로벌 게임산업 트렌드 May 2010 1st Issue』, 2010.

6

이 중 식

『탐라순력도』의
문화콘텐츠 개발 방안 연구

1. 원천소스로서의 『탐라순력도(耽羅巡歷圖)』

최근 전 세계는 21세기를 선도할 산업으로 문화산업을 지목하고 있다. 국토가 좁고 지하자원이 많지 않은 우리나라의 경우 지식기반산업인 문화산업의 중요성이 더욱더 강조되고 있다. 우리정부 역시 문화산업의 중요성을 인식하고 있으며 IT강국으로서 IT기술을 접목한 문화콘텐츠 개발에 노력하고 있으나 산업현장에서는 콘텐츠의 부족 문제가 심각하게 대두되고 있는 상황이다. 문화콘텐츠 개발에 있어서 가장 기초적인 작업은 바로 원천소스의 개발이며 원천소스가 될 수 있는 문화원형의 발굴은 매우 중요한 작업이라 할 수 있다. 이러한 배경에서 긴 역사를 배경으로 하여 우리에게 전해진 다양한 문화재를 활용한 문화원형의 개발과 활용은 시대적인 소명이요 또한 무한한 가능성을 가진 유망시장(블루오션)이라고 할 수 있다. 본고에서는 보물 제652-6호[1]로 지정된 『탐라순력도』에 대해서 자세

---

1 『탐라순력도』는 병와 이형상의 유고 중의 하나로 보물 제652호 이형상 수고본부터

히 분석하고 이를 기초로 다양한 콘텐츠로의 활용가능성을 모색해 볼 것이다.

『탐라순력도』는 1702년(숙종28) 제주목사 겸 병마수군절제사로 부임한 이형상이 1702년 10월 29일부터 11월 19일까지 21일 동안에 걸쳐 제주관내 순시를 비롯해 한 해 동안 거행했던 여러 행사 장면을 제주목 화공 김남길[2]로 하여금 40폭의 채색도로 그리게 한 다음 매 화폭의 하단에 간결한 설명을 적고, '호연금서'라는 이름의 그림 한 폭을 곁들여 꾸며진 총 41폭의 화첩이다. 『탐라순력도』에 수록되어 있는 행사그림들은 18세기 초 제주도의 관아와 성읍, 군사 등의 시설과 지형 및 풍물에 관한 갖가지 시각적 정보를 담고 있다는 점에서 무엇보다도 제주지방의 역사적 연구에 더할 수 없이 귀중한 자료적 가치를 지닌다.[3] 더불어 당시 해외로 인식될 정도로 서울과 가장 멀리 떨어져 있던 제주도지방의 독특한 환경과 문화를 잘 보여주고 있다는 점에서 문화원형으로서의 매우 각별한 가치를 지니고 있다. 그러므로 본 연구에서는 먼저 선행연구 자료에 대하여 검토를 하고 『탐라순력도』의 각 장면들을 분석하여 그림 속에 담겨 있는 18세기 제주도지역의 사회문화와 제주도사람들의 정신세계를 고찰하여 볼 것이다. 또한 이형상이 저술한 『남환박물』을 참조하여 당시 제주도 문화의 특징을 드러내고 그리하여 『탐라순력도』에 담겨져 있는 여러 문화요소들 중에서 독창성이 강한 것들을 추려내어 변용과 재해석 등

보물 제652-10호 동이산략까지 11책으로 되어 있다.

2 『탐라순력도』 서문에 "한가한 날에 화공 김남길로 하여금 40도를 그리게 하고"하여 화공의 이름이 명시되어 있다. 그러나 김남길이 제주목 소속 화공인지 목사를 따라 내려온 중앙의 화공인지는 명확지 않다.

3 탐라순력도연구회.
1999년 7월 향토사 학자 등 분야별 전문가 15인으로 탐라순력도 연구회가 구성되어 원화를 구체적 조사·연구하여 2000년 8월 『탐라순력도논총』을 발간하였다.

을 통하여 문화콘텐츠로의 활용가능성을 제시하고자 한다.

『탐라순력도』 관련 선행 연구는, 『탐라순력도』가 1979년 국가지정문화재 보물로 지정된 이후 여러 분야에서 다양한 학술연구가 시도되었다. 본격적인 학위논문으로는 윤민용[4]의 「『탐라순력도』 연구」가 있다.

학술지발표 논문을 살펴보면, 정광중[5]은 「『탐라순력도』의 분석을 통한 제주도 마을의 구성실태와 형성배경」에서 제주지역 마을들의 설촌과정과 유래에 대하여 집중적으로 연구하였고, 윤일이[6]는 「『탐라순력도』를 통해 본 제주 3성의 건축특성」을 통해 『탐라순력도』에 나타난 3성과 9진 등 방어진지에 대해서 연구를 하였다. 장현주와 이주영[7]은 「조선 숙종조 『탐라순력도』를 통해 본 상급 관원복식」에서 순력도에서 보여지는 관원들의 복장에 대해 주목을 하고 자세히 분석을 하고 있으며 그 외에 고부자[8], 노재현[9] 등 여러 학자들의 연구가 있었다.

특히 1999년 결성된 탐라순력도연구회에서는 2000년 8월 『탐라순력도논총』을 발간하여 다양한 학문분야에서 『탐라순력도』를 고찰 하였다. 그러나 대부분의 논문들이 개별적인 학문분야의 관점에서 순력장면에 대한 단편적인 연구에 그치고 있을 뿐 『탐라순력도』가 담고 있는 조선 중기 제

---

4 윤민용, 「『탐라순력도 연구』」, 한국예술종합학교 학위논문, 2010.

5 정광중, 「『탐라순력도』의 분석을 통한 제주도 마을의 구성실태와 형성배경」, 『초등교육연구』 6, 제주교육대학교 초등교육연구소, 2001.

6 윤일이, 「『탐라순력도』를 통해 본 제주 3성의 건축특성」, 『대한건축학회 논문집』 23, 대한건축학회, 2007.

7 장현주 · 이주영, 「조선 숙종조 『탐라순력도』를 통해 본 상급 관원복식」, 『服飾』 57, 한국복식학회, 2007.

8 고부자, 「『탐라순력도』에 나타난 제주복식」, 『한국대학박물관협회 학술대회』, 한국대학박물관협회, 2000.

9 노재현 · 신병철 · 한상엽, 「탐라십경과 『탐라순력도』를 통해 본 제주 승경의 전통」, 『한국조경학회지』 37, 한국조경학회, 2009.

주지역 문화에 대한 포괄적인 연구가 부족한 문제를 가지고 있다.

한편 『탐라순력도 논총』의 경우, 지도적 가치, 행정과 도로, 방어시설, 축산, 경관, 자연환경, 음악, 회화 등 여러 학자들에 의해서 각 분야별로 개별적인 연구들을 모아놓은 것으로 『탐라순력도』에 대해 총체적인 분석이 시도되었다. 가장 최근 연구자료인 윤민용의 논문은 순력도의 제작자인 이형상에 대한 연구와 함께 각 그림 장면들에 대해서 비교적 상세하게 연구·분석하고 있으나 이 역시 주로 회화적인 측면을 중점으로 하고 있으며 문화사적인 측면에서의 연구는 부족한 형편이다.

결론적으로 대부분의 논문이 주로 연구자의 개별적 관점에서 단편적으로 보고 있으며 독특한 지방 문화에 대한 심층적이고 포괄적인 분석 시도가 미흡한 형편이다. 또한 더 나아가 문화사적인 가치가 높은 『탐라순력도』에 대해서 현대적 관점에서 가치를 재조명하고 다양한 문화콘텐츠로 개발하려고 하는 시도는 찾아보기가 어려운 실정이다.

2. 『탐라순력도』 개관

『탐라순력도』의 내용은 제주도 지도 1면과 행사장면 39면, 제주도를 떠나는 장면을 그린 〈호연금서〉 1면, 화기(畵記) 2면 등 모두 43면으로 이루어졌다. 행사기록그림 39면 가운데, 1702년 10월 29일부터 11월 19일까지 21일 동안에 걸쳐 실시했던 제주도내의 순력장면이 22면으로 가장 많다. 이들 22면의 순력행사는 제주목을 출발해 화북소-조천관-별방성-수산소-정의현-서귀진-대정현-모슬포-차귀소-명월진-애월진 등의 요새지와 그 주변의 명승명소를 동쪽에서 서쪽 방향으로 일주하면서 시행했으며 순력 중 명승지에서 연회장면 6면이 추가되었다. 그리고 순력 이전의 장면이 8면이고 순력 이후의 장면이 〈병담범주〉, 〈건포배은〉, 〈비양방록〉

등 3면으로 총 43면이 된다. 〈비양방록〉 행사그림 아래 기록된 '1702년 10월 11일 생포한 사슴들을 다음 해 4월 28일에 비양도로 옮겨 풀어놓았다'는 내용으로 미루어, 그림들은 1703년 5월 초순경의 10여 일 동안에 걸쳐 그려진 것으로 추정되고 있으며, 목사의 제서(題序) 일자가 1703년 음력 5월 13일로 기재되어 있는 것으로 보아 순력행사가 있었던 다음 해에 화첩으로 제작되었음을 알 수 있다.[10]

이러한 『탐라순력도』의 43면을 구분하면 아래 [표 1]과 같다.

번호	제 목	일 자	내 용
1	한라장촉 (漢羅壯矚)	1702년 4월 15일	제주도 전도
2	공마봉진 (貢馬封進)	윤 6월 7일	진상에 쓰일 말을 제주목사가 최종점검하는 장면
3	승보시사 (陞補試士)	윤 6월 17일	승보시(과거) 장면
4	감귤봉진 (柑橘封進)		진상에 쓰일 귤과 귤껍질을 확인하는 장면
5	귤림풍악 (橘林風樂)		망경루 후원 귤림에서 실시된 풍악
6	교래대렵 (橋來大獵)	10월 11일	교래 부근에서 사냥하는 장면
7	산장구마 (山場驅馬)	10월 15일	산장에 말을 모으고 확인하는 장면
8	성산관일 (城山觀日)	7월 13일	성산일출봉에서 일출을 바라봄
9	우도점마 (牛島點馬)	7월 13일	우도목장의 말을 점검함
10	화북성조 (禾北城操)	10월 29일	화북진 소속 성정군의 군사훈련모습

10 탐라순력도연구회.

11	조천조점 (朝天操點)	10월 29일	조천진 성정군의 훈련과 인근 목장의 둔마 점검
12	김녕관굴 (金寧觀屈)	10월 30일	김녕 용암굴을 구경함
13	별방조점 (別方操點)	10월 30일	별방성의 군사훈련, 군마점검
14	별방시사 (別方試射)	11월 1일	별방진의 활쏘기 시험
15	수산성조 (首山城操)	11월 2일	수산진 군사훈련 점검
16	정의조점 (旌義操點)	11월 2일	정의현 군사훈련 점검
17	정의양로 (旌義養老)	11월 3일	정의현에서 양로잔치
18	정의강사 (旌義講射)	11월 4일	정의현에서 강 시험과 활쏘기 시험
19	정방탐승 (正方探勝)	11월 5일	배를 타고 정방폭포를 구경함
20	서귀조점 (西歸操點)	11월 5일	서귀진 군사훈련
21	천연사후 (天淵射帿)	11월 6일	천지연에서 활쏘기
22	현폭사후 (懸瀑射帿)	11월 6일	천제연에서 활쏘기
23	고원방고 (羔園訪古)	11월 6일	고둔과원의 왕자구지 탐방
24	산방배작 (山房盃酌)	11월 10일	산방굴에서 배작
25	대정조점 (大靜操點)	11월 10일	대정현 군사점검
26	대정배전 (大靜拜箋)	11월 11일	대정현 배전
27	대정양로 (大靜養老)	11월 11일	대정현 양로잔치
28	대정강사 (大靜講射)	11월 12일	대정현 활쏘기 시험

29	모슬점부 (摹瑟點簿)	11월 13일	모슬진 군사 점검
30	차귀점부 (遮歸點簿)	11월 13일	차귀진 군사 점검
31	명월조점 (明月操點)	11월 13일	명월진 군사 및 군마 점검
32	명월시사 (明月試射)	11월 14일	명월진 활쏘기 시험
33	애월조점 (涯月操點)	11월 14일	애월진 군사 및 군마 점검
34	제주조점 (濟州操點)	11월 15일	제주읍 성정군 훈련 점검
35	제주전최 (濟州殿最)	11월 17일	제주목 관하 관리의 업적을 심사
36	제주사회 (濟州射會)	11월 18일	제주읍성 활쏘기 시험
37	제주양로 (濟州養老)	11월 19일	제주목 양로잔치
38	병담범주 (屛潭泛舟)		병담에서 뱃놀이
39	건포배은 (巾浦拜恩)	12월 20일	관리들의 조정에 배례, 신당이 불타는 모습
40	비양방록 (飛楊放鹿)	1703년 4월 28일	생포한 사슴을 비양도에 방사함
41	서문	1703년 4월 28일	탐라순력도를 그리게 한 목적과 설명
42			
43	호연금서 (浩然琴書)		보길도에서 한라산을 바라보며 호연한 마음으로 거문고를 타며 책을 읽음, 떠나는 모습

[표 1] 『탐라순력도』 43장면 구분(시기순)

　　『탐라순력도』의 각 장면들을 행사 내용면에서 분류하여 보면 순력의 1차적인 목적인 군사훈련 및 군기, 군마의 점검과 활쏘기 시험을 하는 장면

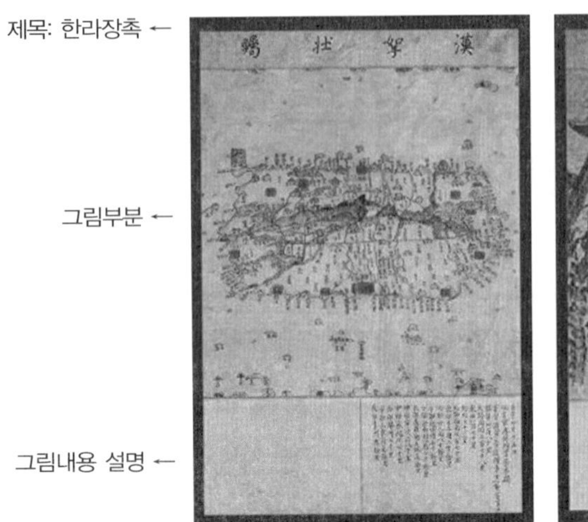

[그림 1] 〈한라장촉〉

[그림 2] 〈공마봉진〉

이 21면으로 가장 많으며 사냥을 비롯한 지역 유람 장면이 8면이고, 양로 잔치 및 풍류 행사 장면이 5장면, 진상품 점검 등의 공식 행사장면 6장면 기타 3면 등이다. 각 장면에는 1차적인 행사 외에도 그 지역의 자연환경이나 풍습, 생활문화 등을 보여 주는 그림들이 함께 묘사되어 있어서 당시의 사회 모습을 대략적으로 그려 볼 수 있게 한다.

제1면인 〈한라장촉〉은 18세기 초 당시의 제주도 전도라고 할 수 있다. 이 지도의 특징은 지금 우리가 보는 지도와는 다르게 남쪽을 위로 하고 북쪽을 아래로 놓고 있다는 점이다. 이것은 조선조 당시 임금이 내려다보는 것을 기준으로 하는 경향에 의한 것이라고 보여 진다. 그리고 특이하게도 제주도의 주변으로 일본국, 유구국[11], 안남국 등을 표기하고 거리를 표시함으로써 제주도의 지리적인 위치를 정확하게 인식하고자 한 점을 알 수 있다.

『탐라순력도』에는 말에 관련된 그림들이 많은데 〈공마봉진〉은 조정에

---

11 지금의 일본 오키나와지방으로 1879년 일본에 강제병합되기 전까지 존재하던 나라이다.

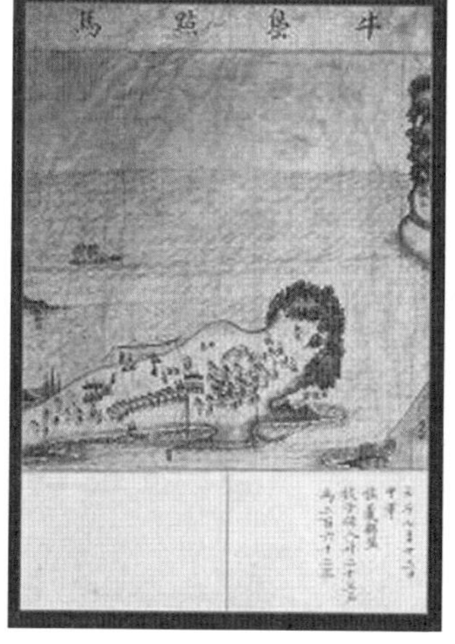

[그림 3] 〈산장구마〉   [그림 4] 〈우도점마〉   [그림 5] 〈제주조점〉

공물로 바칠 말을 선별하는 모습을 그린 그림이며 〈산장구마〉는 말을 키
우기 위해 한라산 중턱에 만들어진 목장에서 말을 점검하는 행사를 그린
것이고 〈우도점마〉 역시 우도에 만들어진 목장의 말을 점검하는 모습을
보여 주고 있다. 〈공마봉진〉에서는 당시 제주지역의 진상에 대한 고통을
추정하여 볼 수 있는데, 특히 말의 경우에는 국가의 중요한 군사자원으로
간주되어 철저하게 관리되고 있었는데 목동들은 자신이 키우던 말의 손실
이 있을 경우 변상은 물론이며 중대한 처벌을 받게 되어 말을 키우던 목동
들의 고난에 대한 이야기가 많이 전해 내려오고 있다.[12]

〈제주조점〉과 〈정의조점〉은 목사의 순력 행사 중 가장 중요한 군사들과
군사시설 물품에 대한 검열을 하고 있는 장면으로 당시 군사들의 무기와
복식, 군기물 등을 잘 볼 수가 있어서 중요한 자료이다.

〈김녕관굴〉, 〈정방탐승〉 등은 순력을 하면서 유명한 경승지를 관람하는

---

12 박찬식, 「17, 18세기 제주도 목자의 실태」, 『제주문화연구』, 1993.

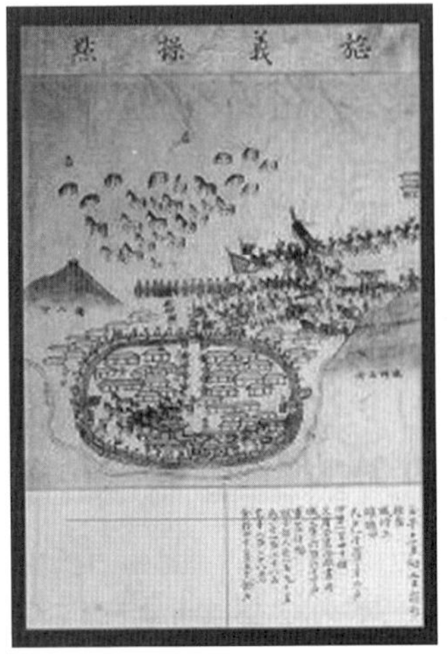

[그림 6] 〈정의조점〉

[그림 7] 〈애월조점〉

[그림 8] 〈김녕관굴〉

모습으로 제주도의 뛰어난 경관을 잘 볼 수가 있다. 〈김녕관굴〉에서는 지금의 만장굴과 김녕굴을 함께 볼 수 있는데 김녕굴에서는 어느 목사가 큰 이무기를 죽인 이야기가 전설로 내려오고 있다. 〈정방탐승〉은 바다로 바로 떨어지는 폭포로 유명한 정방폭포를 배를 타고 바다쪽에서 구경하는 모습이며 〈산방배작〉의 경우 산방산 중턱에 있는 굴속에서 잔을 기울이는 모습이다.

〈건포배은〉의 경우, '건포'란 건입동 포구를 말하며 '배은'이란 문무관리들이 관덕정 앞과 건입포에서 임금이 있는 북쪽을 향해 절을 하며 은혜에 감사를 표하는 것이다. 관리들이 궁궐이 있는 북쪽을 향하여 배례를 올리는 모습과 함께 제주도 내 마을별로 산재하였던 신당들을 혁파하여 불태워 지는 모습이 잘 묘사되어 있는데 이는 제작자인 이형상 목사가 성리학자이자 관료의 입장에서 무속신앙을 배격하는 상황을 잘 보여 주고 있다. 그림 아래에는 불에 타 없어진 신당이 129곳, 훼손된 사찰이 5곳이며, 285명의 무격(남녀무당)을 농업으로 돌려놓았다고 적고 있는데 건포배은

[그림 9] 〈정방탐승〉

[그림 10] 〈산방배작〉

[그림 11] 〈건포배은〉

은 이형상 목사가 조정에 장계를 올려 허락을 받음으로써 그동안의 민폐가 상당히 줄어든 것에 대해 임금님의 은혜를 입었다 하여 북쪽을 향해 절을 올린 것이다.

이형상 목사는 신당 혁파 자체를 큰 업적으로 여겼던 것으로 보인다. 『남환박물』에 의하면 건포배은 이후에 문무관리들과 지방호족들이 이형상 목사를 찾아와 인사를 올리며, 임금님의 은혜에 감격한 백성들은 그 은혜와 덕을 그리워하는 마음을 드러내기 위해 섬의 어리석은 몇 가지 풍속을 스스로 금할 것을 다짐했다고 전한다.

『탐라순력도』의 41개 그림을 장소별로 나누어 보면 제주목에서의 그림이 총 21면으로 가장 많고 정의현에서의 그림이 9면, 대정현의 행사가 9면, 기타 2면 등으로 나뉜다. 시기적으로 분류를 해 보면 순력행사 기간 중의 그림이 28면으로 가장 많고 순력행사 이전의 그림이 8면, 그리고 순력행사 이후의 그림이 3면, 기타 2면으로 구분이 된다. 이러한 『탐라순력도』의 장면들을 행사 목적과 내용에 따라서 구체적으로 분류를 하면 다음의 [표 2]와 같다.

구 분		면수	장 면
군사 및 군마점검	군사	12	〈화북성조〉, 〈조천조점〉, 〈별방조점〉, 〈수산성조〉, 〈정의조점〉, 〈서귀조점〉, 〈대정조점〉, 〈모슬점부〉, 〈차귀점부〉, 〈명월조점〉, 〈애월조점〉, 〈제주조점〉
	군마	2	〈산장구마〉, 〈우도점마〉
시험 및 행사		11	〈승보시사〉, 〈별방시사〉, 〈정의강사〉, 〈천연사후〉, 〈현폭사후〉, 〈대정배전〉, 〈대정강사〉, 〈명월시사〉, 〈제주전최〉, 〈제주사회〉, 〈건포배은〉
탐승 및 잔치		7	〈귤림풍악〉, 〈성산관일〉, 〈김녕관굴〉, 〈정방탐승〉, 〈고원방고〉, 〈산방배작〉, 〈병담범주〉
양로잔치		3	〈정의양로〉, 〈대정양로〉, 〈제주양로〉
사냥 및 방사		2	〈교래대렵〉, 〈비양방록〉
진상 관련		2	〈공마봉진〉, 〈감귤봉진〉
기타		2	〈한라장촉〉, 〈호연금서〉
계		41	

[표 2] 『탐라순력도』 장면 내용별 분류

3. 『탐라순력도』를 통해 본 제주인의 특성과 사회문화

『탐라순력도』에 담겨 있는 18세기 탐라지역의 문화와 풍습을 이해하려면
이형상 목사가 파직된 이후 고향 영천에서 저술한 제주도의 문화와 풍습에

관한 책 『남환박물』[13]을 함께 보아야한다. 1530년에 간행된 『신증동국여지 승람』과 제주목사를 역임한 이원진이 1653년 편찬한 『탐라지』[14] 등의 저술 을 참고로 하고 『남환박물』과 『탐라순력도』에 나타나는 18세기 제주사람들 의 독특한 생활상을 유추하여 보면 몇 가지로 정리될 수가 있다.

첫째, 척박한 땅과 가혹한 기후환경으로 인하여 먹고 입을 거리가 부족 한 상황에서도 굳세게 살아가던 제주사람들의 삶에 대한 강한 의지를 들 수가 있다. 〈병담범주〉에서 보이는 물질하는 제주해녀의 모습을 보면 하 얀색의 얇은 옷 한 벌만 입은 채로 바다로 뛰어 들고 있다. 해녀들은 밭일 과 함께 틈틈이 잠수를 하는데 깊은 바다 속까지 들어가는 위험한 작업을 수행하며 고단한 삶을 살아가고 있었다. 또한 〈공마봉진〉, 〈감귤봉진〉 등 에서는 가난한 삶 속에서도 진상품을 마련해야하는 서민들의 고통을 잘 볼 수가 있다. 박찬식[15]에 의하면 세종대 이후 진상품의 품목이 확정이 되 었고 조선전기 진상되는 귤의 종류는 8종류였으며 전복의 경우 말린 것으 로 4가지 종류가 있었고 그 외에 말이 중요한 진상품이었다. 가난에 시달 리며 진상품을 마련해야 하는 제주도 사람들의 고통은 극심하였으며 『남 환박물』에 의하면 이러한 진상의 고통에 시달리는 시노비들이 당시 제주 도 인구의 절반이 넘었다고 한다.

둘째, 여러 장면에서 보이는 군사 및 방어시설 점검에서 알 수 있듯이 군사지역으로서의 제주도 사람들의 역할이다. 항상 성을 쌓고 군사시설

---

13 『남환박물』은 보물 제652-5호로, 이형상이 조선 숙종 당시 제주도의 문물 제반 현 황을 서술한 책이다.
14 『탐라지』는 1653년 제주목사 이원진이 『신증동국여지승람』과 김정의 『제주풍토 록』 등을 참고하여 편찬한 제주 3읍의 읍지이다.
15 박찬식, 「『탐라순력도』에 보이는 제주 진상의 실태」, 『탐라순력도 논총』, 탐라순력 도연구회, 2000.

[그림 12] 연대

을 유지하는 데 제주인들의 많은 노역이 요구되었으며 활쏘기가 장려되고 〈교래대렵〉에서 보는 바와 같이 군사훈련을 겸한 사냥에 많은 이가 동원되기도 하였다. 이날 사냥에 참여한 관원은 삼읍 수령과 감목관이며 사냥에 동원된 인원은 말을 타고 사냥하는 마군(馬軍) 200명, 걸어서 짐승을 일정한 장소로 모는 보졸(步卒) 400여 명, 포수(砲手) 120명이며, 사냥을 통해 사슴 177마리, 돼지 11마리, 노루 101마리, 꿩 22마리를 잡았다고 기록하고 있다. 또한 제주도 해안가를 따라서 많은 연대[16]와 봉수대 등이 설치가 되어 이러한 시설을 유지·관리하는 일이 너무도 큰 고역이었다고 한다. 25봉수 중에 제주목 소속 봉수에는 별장(別將) 6명, 봉군(烽軍) 24~36명이 배치되어, 1개월에 5일씩 6개 조(조별인원은 별장 1인, 봉군 4~6명)로 나누어 순환하며 근무하였다.

연대는 별장 6명, 직군(直軍) 혹은 연군(煙軍) 12명을 배치하였는데, 근무 방법은 봉수와 같았다. 봉수나 연대에는 주로 제주에 거주하고 있던 각 관

---

16 해안가에 적의 침입을 살피기 위한 시설로 봉수와 같은 기능을 하면서 방어시설의 기능을 함께 하였다. 조선 중종조에 제주도에는 연대 38곳과 봉수 25곳이 있었다(『민족문화대백과사전』).

아 소속의 공노비(公奴婢) 가운데서 충당하였다([그림 12] 참조).

셋째, 고단한 삶을 살아가는 거친 섬 지방의 특성상 절대자에 기대고자 하는 심정에서 생겨난 무속신앙에 대한 제주사람들의 맹신을 알 수 있다. 〈건포배은〉 장면에서 보면 철저한 성리학자인 이형상 목사는 이러한 제주인의 무속신앙에 대한 집착을 터부시하고 미개한 탓으로 여겨 타파하고자 하여 신당 129개소를 불태우고 절 5곳을 없앴으며 285명의 무속인(심방)들을 농민으로 환원시켰다. 그러나 삶을 영위함에 있어서 매일같이 계속되는 일상생활의 괴로움을 해소해 주는 유일한 수단이 신당이었기 때문에 제주사람들의 신앙생활 근본을 결코 바꿀 수는 없었다. 이러한 제주도 사람들의 무속신앙에 대한 풍속은 지금까지도 민간에 널리 전해지고 있어서 제주의 당은 자연마을별로 적게는 1개, 많게는 5개까지 있는데 1990년대 후반에 300여 개가 존재하는 것으로 보고되었을 정도로 성행하고 있다.[17]

넷째, 본토의 다른 어떤 지역보다도 장수하는 사람들이 많았음을 알 수가 있다. 가혹한 기후와 먹을거리가 부족한 환경임에도 불구하고 옛 자료들을 보면 제주지역에 유난히 장수하는 사람들의 숫자가 많았던 것으로 나타난다. 〈제주양로〉의 장면에서도 화기에 나타난 숫자를 보면, 당시 잔치에 참석한 인물들 중에 80세 이상의 노인이 183명, 90세 이상의 노인이 23명, 100세 이상의 노인도 3명이 참석하였음을 알 수가 있다. 현대에 들어서도 제주도가 장수하는 지역으로 나타나는 원인에 대해 최근 많은 연구가 있었는데 일반적으로 해산물을 위주로 하는 식습관과 맑은 공기와 자연, 나이가 들어서도 노동을 하는 생활문화 등이 이유로 알려지고 있다. 최근 서귀포시는 진시황의 불로초이야기와 제주도의 장수이미지를 활용하여 '불로장생'의 이미지를 브랜드화 하려는 시도를 하고 있다.

---

17 「제주의 민속 V」, 『제주문화자료총서 5』, 제주도, 1998, 73면.

다섯째, 말 목장으로서의 제주도의 중요성이 여러 곳에서 나타나고 있다. 제주도에는 아주 오랜 옛날부터 제주 고유의 품종인 말이 있었음을 알수가 있으며 몽골 간섭기에 국가적인 말 사육장이 제주도에 설치가 됨으로 해서 더욱더 중요한 말의 주요 산지가 되었고 제주도에서는 말의 사육과 관련되는 많은 이야기들이 구전되어 내려오고 있다. 〈우도점마〉 장면에서 보듯, 말의 사육은 제주도지역의 중요한 임무였으며 말이 군사자원으로서 중요하게 평가되던 시절 말의 사육과 관리는 국가적인 사업이었으며 이로 인한 제주사람들의 고통도 심각한 것이었다. 당시 말을 키우던 목동들을 제주도 방언으로 '말테우리'[18]라고 불렀는데 이러한 목동들은 키우던 말을 잃어버리게 되면 개인적으로 변상을 해야 했으며 그로 인해 자신의 딸을 파는 경우도 있을 정도로 엄격하게 관리되고 있었다.[19]

4. 『탐라순력도』에서 나타나는 제주인의 정신세계

『탐라순력도』를 통해 본 제주사람들의 삶 속에는 격리된 세계에서 살아오며 만들어진 그들만의 독특한 자연관이나 세계관이 담겨 있다. 『남환박물』 등을 참조하여 제주사람들의 정신세계를 들여다보면 몇 가지로 특정될수 있다.

첫째, 척박한 자연환경에 순응하며 살아가는 삶의 지혜를 엿볼 수 있다. 오늘날에도 우리가 흔히 볼 수 있는 제주도의 돌담은 차가운 바닷바람을 적당히 막아주면서도 정면으로 부딪혀 무너지지 않게 돌과 돌 사이에 적당한 틈을 남겨 두었다. 또한 〈화북성조〉, 〈애월조점〉 등 많은 그림에서

---

18 말을 키우는 목동을 지칭하는 말로 대표적인 천민집단이었다.
19 박찬식, 앞의 글.

제주도의 초가집이 많이 보이는데 지금은 거의 남아 있지 않지만 제주도의 초가집은 주위에서 흔히 보이는 새(억새의 일종)라고 하는 풀로써 띠를 만들며 지붕을 낮게 하고 지붕이 날아가지 않게 돌로 지붕을 엮어 두는 지혜를 보이고 있다. 이렇게 자연에 거스르지 않고 순응하는 제주사람들의 자세는 오늘날에도 중요한 가치를 지닌다 할 수 있다. 그리고 〈산장구마〉 등의 그림에서 말을 키우는 목자 테우리들의 모습이 보이는데 이러한 테우리들은 말을 관리하며 농민들의 작업을 돕기도 하였다. 토질이 좋지 않은 제주도의 경우 몇 년에 한 번씩 밭을 바꾸어 가며 농사를 짓는데 쉬는 해에는 소나 말을 그곳에 방목해서 그 배설물을 이용하여 토질을 높이기도 하고 또 봄에 소나 말을 이용하여 밭을 밟아 주기도 하는 등 목자들은 농사에 중요한 역할을 하였다.

둘째, 가혹한 환경과 기후에 적응하며 삶을 영위해 온 제주사람들의 강한 생활력을 꼽을 수 있다. 〈병담범주〉에서 보이는 해녀들의 작업 모습은 강한 생활력을 가진 제주 사람들을 상징하고 있는데 해녀들이 약 15M의 깊은 곳까지 들어가는 초인적인 활동으로 물 밖으로 나와서 내는 소리인 '숨비소리'를 통해 잠수작업이 얼마나 힘든 작업인가를 잘 알 수 있다. 또한 제주사람들은 화산섬의 거친 땅에서 먹을거리가 부족함에도 불구하고 자연에서 나는 식물들을 최대한 이용하며 섬을 둘러싼 바다에서 나는 다양한 해초들을 훌륭한 음식으로 만들어 먹으며 질긴 삶을 영위해 왔다. 특히 제주의 여성들은 집안일과 함께 밭일, 바다일 등 여러 가지 일을 함께 하며 질긴 삶을 이어가는 강한 여성의 표상이었다. 이러한 제주인들의 강한 생활력은 우리나라는 물론이요 국제적으로도 그 예를 찾기가 힘들 것이다.

셋째, 제주사람들의 근검절약하는 자세는 『탐라순력도』에서도 많이 엿볼 수 있으며 여러 문헌에서 전해 오고 있다. 〈산장구마〉 등에서 보이는 말테

우리들은 갈옷, 비가 올 때에는 도롱이 등을 입는데 제주 사람들의 근검하는 모습이 잘 나타난다. 제주어 중에 '조냥정신'이란 표현이 있는데 밥을 지을 때마다 한 줌씩의 곡식을 따로 모으는 이야기 등 제주사람들이 척박한 땅에서 재난에 대비하며 근검절약하는 이야기는 다양하게 전해 오고 있다. 제주 지역의 고유의 의복인 '갈옷'은 무명에 감물을 들인 것으로 생활복과 작업복, 우의 등을 겸하며 한 벌을 가지고 십 수 년씩 입으며 살았다고 한다. 또한 집 안에서 돼지를 기르며 사람이 먹고 남은 모든 음식물은 돼지에게 먹임으로서 최대한 소비를 줄이고자한 제주사람들의 태도는 매우 특별한 것이라고 할 수 있다.

넷째, 제주사람들의 독특한 정신세계 중에서 무속신앙에 대한 맹신을 꼽을 수 있다. 〈건포배은〉에서 보듯 제주사람들의 무속신앙에 대한 의존 경향은 매우 독특한 것이었다. 예부터 바다를 끼고 사는 사람들은 가혹한 바다환경 때문에 삶과 죽음을 넘나들며 살아오면서 독특한 신앙세계를 가져 왔다. 그러나 제주도의 경우는 더욱더 심해서 아주 오래전부터 제주도에는 '당 오백 절 오백'이라는 이야기가 전해 오고 있다. 작은 제주도 땅에 당과 절이 각각 5백 개일 정도로 많았다는 것으로 제주지역사회에서 당과 절이 차지하는 비중을 충분히 알 수 있게 하는 이야기이다. 또한 제주도에는 1만8천 여신이 있다고 한다. 즉 주변의 모든 사물에 신이 깃들여 있다고 믿는 제주사람들은 살아가면서 각각의 신들에게 경의를 표하며 겸손하게 살고자 하였다. 이러한 제주사람들의 독특한 정신세계는 지금까지도 면면히 내려오고 있다.

다섯째, 역사 이래 오랜 시간 동안 제주사회는 중앙정부에 대해 뿌리 깊은 경계심을 가지고 있었다. 〈공마봉진〉, 〈감귤봉진〉 등에서 보이는 진상의 폐해와 〈건포배은〉에서 보듯 신앙의 자유가 박탈당하는 등 오랜 문화적 차이와 가난으로 인한 제주사람들의 고통을 중앙정부가 충분히 배려해 주지 못하였기 때문이다. 또한 인구에 비해 지나치게 많은 성정군 등의 군역과 군사시설 유지를 위한 노역 등으로 많은 고통을 겪어야 했다. 고려 초 중앙정부에 귀속이 된 제주사회는 변방으로서의 소외감을 느끼며 중앙 정부의 통치에 대해 반감을 가지고 있었다. 비록 제주도가 다른 지역에 비해 민란이 많은 편은 아니었으나 서로 다른 문화와 풍속에서 비롯된 거부 감은 엄연히 존재해 있었으며 중앙에서 파견되어 오는 관리들의 수탈에 대한 소극적인 저항은 계속해서 있어 왔다. 현대에 와서도 이러한 경향은 어느 정도 남아 있어서 한때 제주도에서는 국회의원 선거에서 무소속 출신이 주로 당선되는 기현상을 보이기도 했던 것이다.

5. 『탐라순력도』의 콘텐츠화

5.1. 『탐라순력도』에 담긴 콘텐츠요소

『탐라순력도』는 총 43첩의 그림으로 이루어져 있으며 약 1년의 기간을 거쳐 제작이 된 대작으로서 18세기 초 중앙에서 가장 먼 변방 제주도라는 특수한 지역을 배경으로 제작이 됨으로써 그 희소성을 인정받아 국가지정 문화재 보물로 지정·관리되고 있다. 그러므로 그 특이한 내력과 지위로 인하여 18세기 조선의 지방문화라고 하는 보편성과 함께 제주도 지방이라 고 하는 특수성이 잘 어우러져 그 내용에 있어서 문화콘텐츠의 원천소스 가 될 만한 많은 스토리를 담고 있다.

1) 이형상 목사

[그림 13] 이형상 자화상[20]

이형상 목사는 왕족의 후예로 태어나 성리학자로 살았던 사람으로 가장 귀족적이며 또한 전형적인 삶을 살았던 인물로 생각할 수 있다. 그러나 그의 삶을 찬찬히 들여다보면 그렇게 단순하게 살았던 사람이 아님을 알 수가 있다. 그는 왕족의 후예로 태어나 약관의 나이에 대과에 급제하여 소위 출세길이 훤히 열려있었음에도 불구하고 관직에는 단 12년간 있었을 뿐이었고 생애의 대부분을 독서와 저술활동으로 보냈다. 또한 관직생활 중에도 항상 이임할 때에는 단지 책 몇 권만 들고 갈 정도로 청빈한 생활을 하던 목민관이었다. 그의 연고지인 영천에는 그가 지은 정자인 '호연정'과 그가 배향이 된 '성남서원' 등이 남아 있다.

그의 저술활동을 보면 총 60여 종, 200여 권에 이르는 방대한 저작을 남겼는데 그는 성리학자로서 역(易), 경서(經書)를 비롯하여 시, 서, 의례, 가례 등 각 분야에 통달하였으며 악학편고 등의 서적도 있어서 음악에도 대가였던 것으로 보인다. 또한 『강도지』, 『남환박물』 등의 지리서도 남겨 백성들의 실생활에도 깊은 관심을 가진 실학자로서의 면모를 보이고 있다. 이러한 이형상 목사의 생애는 유성룡, 다산 정약용, 퇴계 이황 같은 조선시대 선비들과 비교될 수 있으며 비록 현재의 인지도는 떨어진다고 하나 백성들을

---

20 『민족문화대백과』.

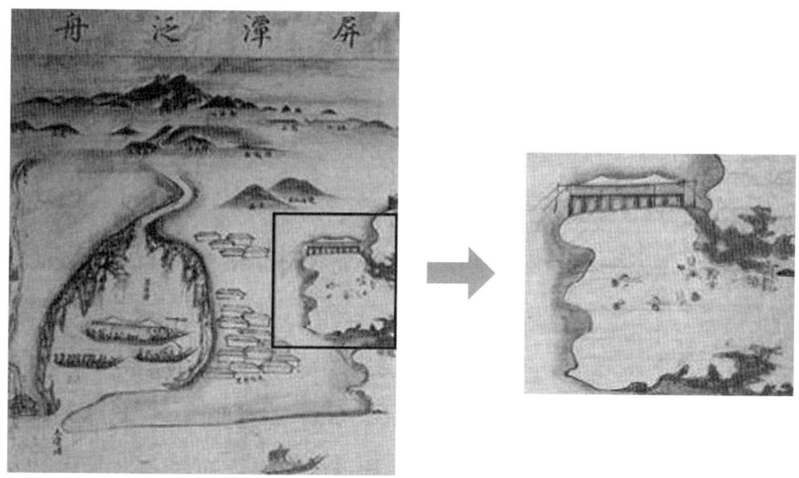

[그림 14] 해녀들의 물질 작업 모습

사랑하고 목민관의 직무에 충실하고자 하였던 청빈한 관리의 표상으로서 중요한 스토리텔링의 소재가 될 수 있다고 생각한다.

2) 해녀(잠녀)의 고된 삶

『탐라순력도』 중 〈병담범주〉는 취병담에서 연회를 하는 장면이 주 내용이다. 더불어 취병담 옆 용두암 쪽으로는 해녀들의 물질작업 모습이 함께 그려져 있다. 용두암의 모습과 해녀들의 물질작업 현장이 세세하게 묘사된 그림에는 '용두(龍頭)'와 '잠녀(潛女)'라고 표기된 글씨가 있어 눈길을 끈다. 바다 위로는 둥근 테왁 망사리와 함께 소중기(해녀복) 차림을 한 예닐곱 명의 작업하는 해녀들의 모습이 매우 사실적으로 묘사되고 있다.

해녀들의 작업은 삶과 죽음을 넘나드는 고된 작업으로 잘 알려져 있다. 15세기 제주목사로 왔던 기건 목사는 해녀들의 고된 작업과정을 보고서는 이후로 전복을 결코 먹지 않았다고 하는 이야기가 전해 오고 있다. 인간이 견디기 힘든 깊은 곳까지 들어가 귀한 전복을 캐는 작업을 반복하다 보면 잠수병을 얻게 되는데 그러한 가운데서도 진상과 생업을 위해 고된 작업을 평생도록 이어가는 해녀들의 이야기는 세계적으로도 드문 사례로 제주도 해녀 문화를 세계문화유산으로 등재하려는 움직임도 있을 정도로 그 희귀성을 인정받고 있다.

3) 심방(무당)이야기

『동국여지승람』 '제주목 풍속조'를 보면, "제주 풍속에 대체로 산, 숲, 냇물, 연못, 언덕, 물가, 평지의 나무나 돌이 있는 곳에다 고루 신당을 만들어 놓는다. 그리하여 매년 설날부터 정월 보름까지 무격이 신독을 받들고 나희를 행한다. 징과 북을 울리며 안내하여 동리로 들어오면 사람들이 다투어 재물과 곡식을 내놓아 굿을 한다"고 하였다. 이렇듯 제주도에서는 아주 오래전부터 무속신앙이 생활 속에 깊이 뿌리박고 이어져 왔음을 알 수가 있다. 또한 제주도에는 옛날부터 일만 팔천여 신이 있다는 이야기가 전해 오고 있는데 오래된 돌과 나무 등에서부터 집안의 부엌과 쌀독 등 생활 속의 모든 물건들에도 신이 깃들어 있다고 믿으며 조심하는 삶을 살아오고 있다.

이러한 제주사람들의 독특한 신앙생활의 중심에는 심방(무당)이라고 하는 존재가 깊이 자리 잡고 있는데 이들 심방들 또한 범상치 않은 삶을 살 수밖에 없었다. 심방이 되는 동기는 다양하고 복합적이지만 몇 개의 유형으로 나누면 다음의 네 가지가 된다. ①부모의 무업을 세습하여 되는 경우(世襲巫), ②질병으로 인하여 입무하는 경우(疾病巫), ③심방과 혼인함으로써 저절로 되는 경우(婚姻巫), ④생활수단으로 입무하는 경우(經濟巫) 등이다.[21] 이러한 심방들은 힘든 생활에 지친 백성들을 위무해 주는 기능

---

21 네이트 백과사전.

을 하는 유일한 존재로 자리 잡고 있었으나 성리학자인 이형상 목사에 의
해 혁파의 대상으로 간주되었다. 그러나 오랫동안 백성들의 삶 속에 자리
잡고 있던 심방들의 존재는 그들 자신의 기구한 삶과 함께 주목받을 만한
의미가 있다. 그들의 탄생과 입무과정, 결혼과 독특한 삶 등은 원천소스
로서의 충분한 가치를 지닌다 하겠다.

4) 목자(말테우리)들의 격정적인 삶

제주도에는 오래전부터 말이 있어 왔으며 몽고의 직할령이 된 이후로
말 목장으로서 중요한 위치를 갖게 되었다. 조선시대에 들어와서 말은 중
요한 진상품의 하나로 간주되어 말을 목양하는 일이 중요한 일이었으며
제주목사의 주요 임무 중에 하나였다. 한편 제주도에서는 말을 이용한 농
업이 활발하여 말을 이용해서 밭을 갈고, 말로 하여금 밭을 밟게 하여 땅
을 안정화 시키기도 하고, 말을 방목함으로써 거름을 활용하는 등 다양하
게 농사에 활용하였다. 그리고 조선시대 양반들의 필수품이었던 갓은 말
총으로 만들어지는데 이러한 말총의 교역은 당시 제주도의 가장 중요한
산업으로 자리매김하였다.

제주도에서는 말을 키우는 목자들을 '말테우리'라 불렀는데 이들 목자들
은 가장 천한 직업으로 여겨졌으며 경제적으로도 가장 고단한 삶을 살았
다. 이들은 주로 말과 함께 들판에서 생활을 하는 경우가 많았으며 우마에
먹일 풀과 물을 찾아 이동하는 생활을 하면서 주변의 지리적 환경을 세밀
히 인지하여 방목지 내에 위치한 오름과 하천, 동산의 이름, 우마의 이동
로와 관련된 주요 지명을 정확히 알고 있었다. 또 바람을 막아줄 수 있는
오름의 위치, 물을 먹일 수 있는 용천수나 하천의 위치, 기름진 풀이 자라
고 있는 위치를 경험적으로 알고 있었다. 이들의 푸른 자연 속에서 동물들
과 함께 하는 삶은 현대인의 시각으로 보면 격정적이며 낭만적인 면도 찾

을 수 있다.

5) 제주의 여성성

『탐라순력도』에서는 제주도 여성에 대한 이야기는 크게 드러나지 않고 있다. 어떤 학자들은 조선 초 유교적인 사회가 되면서 제주도의 여성성이 강한 신화들이 남성 중심의 신화들로 대체되기 시작되었다고 이야기 하면서 제주도 본래의 사회는 설문대할망 이야기 등의 여성이 강조되는 모계 중심의 사회였다고 주장한다.[22] 아무튼 제주도의 강한 여성상은 많은 이들의 공감을 얻고 있으며 역사적으로도 인정받고 있다. 〈병담범주〉에서 보이는 제주도 해녀이야기나 조선 후기의 김만덕이야기 등은 제주도의 특별한 생활상을 잘 나타내고 있다. 이러한 여성성이 강한 제주도 사회의 모습은 오늘날에 와서도 특별하게 보이고 있으며 문화콘텐츠의 원천소스로서 '여성'을 잘 드러내고 있다.

6) 그 외 제주도의 문화요소

제주사람들은 국가의 변경에 사는 이유로 군역의 짐이 매우 무거웠다. 그들은 도내에 산재한 많은 봉수와 연대를 관리해야 했는데 『남환박물』에는 봉수와 연대 63개소나 되었다고 하며 이러한 시설에 마을사람들이 봉군으로 동원되었다. 또 제주도는 조선시대 대표적인 유배의 고장이었다. 그러므로 많은 이들이 유배를 왔는데 광해군을 비롯해서 김정, 송시열, 추사 김정희 등이 있었다. 이러한 유배 학자들은 제주도에 많은 영향을 끼쳤는데 송시열과 같은 학자는 5현으로 추모되기도 하였으며 추사 김정희도 제주지역에 많은 일화를 남겼다. 이러한 유배인들의 삶과 죽음은 스토리

---

22 전경수, 『탐라 제주의 문화인류학』, 민속원, 2010, 36면.

텔링의 중요한 소재가 될 수 있다.

또한 제주도에는 많은 표착과 표류의 이야기가 전해지는데 1653년 하멜이 표착한 이야기가 가장 유명하며 최부, 장한철 등의 해외 표류이야기도 전해져 오고 있다. 이들 표류, 표착인들의 모험담 또한 제주지역의 특수성을 잘 보여 주는 이야기 소재라고 할 수 있다. 그 외에도 바람을 비롯한 제주도 지역 고유의 기후와 검은 현무암으로 이루어진 돌담, 장엄한 한라산과 백록담, 용암동굴, 폭포 등은 그 자체로도 충분한 문화적 상상력을 불러 일으킬 수 있다.

5.2. 『탐라순력도』가 갖는 원천소스로서의 가치

『탐라순력도』와 같은 우리 문화재는 우리의 다양한 문화들이 잘 집약되어 있는 소중한 문화원형이라고 할 수 있다. 민족 고유문화의 정체성을 잘 보여주는 이러한 문화원형은 창작소재로서의 활용가능성이 매우 크다고 하겠다. 그러나 아직까지도 이러한 문화재를 창작소재로 활용가능성을 모색하는 문화원형 발굴시도는 미약하다고 여겨진다. 그리고 훌륭한 창작소재가 가져야할 중요한 자질에 관한 분석이론은 아직 뚜렷이 보이는 것이 없는 형편이다. 그러므로 현 단계에서는 기존의 성공적인 콘텐츠의 사례를 통하여 유추하여볼 수밖에 없겠다.

수잔 기넬리우스는 그의 저서 『스토리노믹스』에서 SWOT분석을 통해 '해리포터이야기'의 강점을 독특한 스토리, 어린이와 성인 모두에게 호소, 끌리는 이력을 가진 호감을 주는 저자, 7권으로 구성이 된 시리즈물 등의 4가지로 요약을 하였다.[23] 그 중 저자의 이력에 관한 이야기는 제외하고 나

---

23 수잔 기넬리우스, 윤성호 역, 『스토리노믹스』, 미래의 창, 2009, 49-50면.

머지 3가지는 중요한 시사점을 준다고 하겠다. 첫 번째로 독특한 스토리라고 하는 자질은 전 세계의 다양한 시장에서 성공을 보장받을 수 있는 중요한 자질이라 할 수 있다. 최근 킬러콘텐츠로 인식되는 대부분의 성공적인 콘텐츠들은 가장 중요한 차별점으로 다른 콘텐츠들은 가지지 못한 독창성을 구비하고 있음을 많은 사례에서 볼 수가 있다. 두 번째, 어린이와 성인 모두에게 호소되었다는 사실은 이야기 즉 주제의 보편성을 의미한다고 하겠다. 최근 콘텐츠분야의 추세는 OSMU, 즉 하나의 소재를 다양한 콘텐츠로 변용하는 것이라 할 수 있다. 그러기 위해서는 콘텐츠 제작의 기본이 되는 원천소스가 각 세대와 문화적 할인율을 극복할 수 있는 보편성을 담고 있어야 한다고 하겠다. 세 번째로 이야기되는 7권으로 구성된 시리즈물이 뜻하는 바는 7권의 이야기로 확장될 수 있는 이야기 소재의 풍부함을 의미한다고 할 수 있다.

그러므로 본고에서 필자는 성공적인 콘텐츠를 만들게 하는 훌륭한 원천소스의 자질로서 4가지를 전제하고 연구를 진행하고자 한다. 첫째, '풍부한 이야기소재를 담고 있어야 한다.' 둘째, '독창성이 있어야 한다.' 셋째, '시간과 공간을 뛰어넘는 보편성이 있어야 한다.' 넷째 '재해석과 다양한 변용 가능성이 있어야 한다.' 이런 4가지를 기준으로 『탐라순력도』의 원천소스로서의 가치를 논해 보고자 한다.

1) 풍부한 이야기소재를 담고 있다

훌륭한 원천소스가 되기 위해서는 풍부한 이야기 소재를 담고 있어야 한다. 다양한 여러 이야기 중에서 좋은 콘텐츠가 나올 수 있는 확률이 높으며, 최근의 OSMU 추세를 볼 때도 다양한 여러 콘텐츠로 확대 재생산되기 위해서는 많은 이야기소재를 함께 담고 있는 소재가 훌륭한 원천소

스가 될 수가 있다고 하겠다. 『탐라순력도』는 이러한 면에서 볼 때 훌륭한
원천소스가 될 수 있다고 하겠다. 위에서 본 바와 같이 『탐라순력도』에는
17세기 제주도라고 하는 특수한 지역의 군사, 민속, 신앙, 목축 등 다양한
분야의 많은 사람들의 이야기가 담겨 있다.

　『탐라순력도』 41장의 그림 속에 그려진 18세기 제주도의 모습은 다양한
이야기로 우리에게 다가온다. 18세기 조선의 지방 목민관의 생활, 변방의
군사이야기, 제주도의 말이야기, 해녀들의 삶, 독특한 제주도의 자연환경,
제주도의 독특한 무속신앙 등 많은 이야기소재가 한꺼번에 담겨져 있다.
이러한 이야기소재는 하나하나가 모두 각기 다른 스토리텔링의 소재로 활
용될 수가 있으며 그런 의미에서 『탐라순력도』는 훌륭한 원천소스로서의
자질을 갖추고 있다고 하겠다.

2) 독창성이 있다

　훌륭한 원천소스는 독창성이 강한 이야기를 담고 있어야 한다. 다른 것
들과 구별될 수 있는 독창성이 강한 소재로 만들어진 콘텐츠가 다른 많은
콘텐츠들보다 강한 경쟁력과 생명력을 가질 수 있을 것이다. 화산활동에
의해 만들어지고 수많은 신화와 전설을 가진 섬 제주도는 그 자체로도 충
분한 차별성을 지니고 있다. 그래서 그러한 제주도의 구석구석을 그린 『탐
라순력도』는 그 어떤 그림들과도 비교될 수 없는 독창적인 그림이며 그
속에 담긴 많은 이야기들 역시 독창적인 이야기라고 할 수 있다. 섬 지형
을 이용한 목마장으로 운영되던 제주도지방의 말과 말을 키우는 목동들의
삶, 일만 팔천 여신을 모시는 신화의 땅 제주도의 독특한 무속신앙이야기,
세계적으로 희귀성을 인정받는 제주 해녀들의 삶 등은 유래를 찾기 힘든
독창적인 이야기라고 하겠다.

3) 시간과 공간을 뛰어 넘는 보편성이 있다

더 많은 사람들에게 수용되고 감동을 줄 수 있는 훌륭한 콘텐츠가 되기 위해서는 그 원천소스가 보편성을 지니고 있어야 할 것이다. 소위 킬러콘텐츠라고 하는 것은 시간을 뛰어넘고 공간을 뛰어넘는 보편타당성을 가지고 있어서 광범위한 사람들에게 수용이 되고 또한 진한 감동을 전해주고 있는 것이다. 그러므로 훌륭한 원천소스는 독창성과 함께 보편성도 지니고 있어야 한다.

『탐라순력도』는 18세기 섬지방의 독특한 문화를 보여주고 있으나 결국은 사람 사는 이야기라고 하는 보편성을 지닌 이야기들을 들려주고 있다. 이형상 목사의 백성들을 아끼는 마음은 지금의 시대에도 통용될 수 있는 관리들의 기본적인 자질이며 〈건포배은〉에서 보는 유교와 무속신앙과의 갈등은 현대에 보는 종교 갈등의 문제와 다르지 않을 것이다. 〈제주양로〉 등에서 볼 수 있는 노인공경의 정신은 지금도 우리의 현실에서 강조되고 있는 윤리이며 또한 앞으로도 길이 보존되어야 할 인류의 중요한 덕목이라고 할 수 있겠다.

4) 재해석과 다양한 변용가능성

훌륭한 원천소스는 1차적이고 평면적인 해석으로 끝나지 않고 다양하고 입체적인 해석이 가능한 것이어야 한다. 최근의 OSMU 추세는 원천소스를 가져다가 원형 그대로 쓰는 것이 아니라 다양한 형태로 재해석 하거나 매체의 특성에 맞게 변용하여 사용하는 경우가 많다. 그러므로 훌륭한 소재가 되려면 다양한 각도에서 재해석이 될 수도 있고 매체별로 변용이 가능한 유연성을 갖추어야 한다고 본다.

『탐라순력도』는 제주도라고 하는 지리적 배경과 순력이라고 하는 구체

[그림 15] 천연사후

[그림 16] 천지연폭포 현재의 모습

적 행사를 기반으로 그려진 그림이다. 순력의 주체이자 그림의 주인공인 이형상 목사와 실제적으로 그림을 그린 화공 김남길의 입장과 시각에서 벗어나 새롭게 재해석해 볼 수도 있을 것이다. 지금 제주도의 자연환경은 그때와 크게 다르지 않아 각 장소들 현재의 모습을 비교분석을 할 수도 있으며 그림들의 내용을 실제와 다르게 변용하여 활용할 수도 있을 것이다.

이렇듯 『탐라순력도』는 훌륭한 원천소스가 갖추어야 할 자질들을 충분히 가지고 있다고 볼 수 있으며 『탐라순력도』를 활용한 콘텐츠는 성공가능성이 높다고 할 수 있다.

6. 『탐라순력도』를 활용한 OSMU

6.1. 스토리텔링 개발

『탐라순력도』를 활용한 OSMU에 있어서 가장 기초가 되는 1차 작업은 스토리텔링이라고 본다. 스토리텔링에 의해서 다양한 이야기가 만들어질 수 있을 것이며 이러한 스토리들은 소설을 비롯해 영상매체로의 확대가 가능할 것이다. 국내의 경우 최근 그림 〈몽유도원도〉를 소재로 한 소설 『몽유도원』(권정현, 예담)이 출간 되었는데 수양대군과 안평대군의 권력싸움, 이를 둘러싼 천재화가 안견과 풍수가, 기생 등의 권력과 욕망을 그린 소설이다. 최근 우리 문단에는 역사적 사실과 픽션을 혼합한 일명 '팩션소설'이 주목받고 있는데 팩션소설로 스토리텔링도 의미가 있을 것이다. 『탐라순력도』는 다양한 콘텐츠 요소를 담고 있는데 위에서 본 바와 같이 이형상 목사의 삶, 해녀이야기, 격정적인 말테우리의 삶, 제주도의 독특한 심방이야기 등은 스토리텔링의 소재로서 조금도 부족함이 없다. 또한 스토리텔링에 의한 콘텐츠는 소설, 애니메이션, 드라마 등의 분야로 얼마든지 확대될 수 있으리라고 본다.

6.2. 게임 개발

앞에서 본 바와 같이 『탐라순력도』는 시간적 흐름과 공간적 이동을 통해 작성된 독특한 형태의 문화텍스트이다. 그러므로 제주도가 가지고 있는 뛰어난 자연환경과 문화적 특수성을 잘 살린다면 여러 형태의 게임으로 활용이 가능하다고 생각된다. 『탐라순력도』의 내용에 적당한 픽션을 가미한다면 최근 주목받고 있는 '영웅의 서사구조'가 그려질 수 있다. 즉 게임의 진행과정에서 당시의 상황에 따른 여러 가지 위기상황을 제시하여 위기극복을 통해 목표를 달성해 나가는 게임의 구조가 그려질 수 있다. 그러므로 간단한 대전게임부터 시간과 성과에 따라 성장하는 게임, 또는 이동을 하면서 주어진 과제를 수행하게 하는 게임 등 다양한 게임이 구상될 수 있을 것으로 본다.

6.3. 체험관광 상품과 지역관광 자원화

'탐라순력'이라고 하는 행사는 실제적으로 행해졌던 행사이다. 그러므로 당시의 행로를 따라서, 또는 현재 제주도의 문화를 잘 보여 줄 수 있는 장소들을 잇는 체험관광 상품을 만든다면 많은 사람들의 호응을 얻을 수 있을 것이다. 오래 전부터 국토대장정 등의 도보 행사가 있어 왔고 최근 올레를 비롯한 도보순례가 유행하고 있는 상황이다. 이러한 시기에 일정한 주제와 목적을 가진 도보순례 체험관광은 일반인들은 물론이고 학생들에게도 의미가 있을 것으로 생각된다.

현재 제주도에는 『탐라순력도』를 홍보하기 위한 홈페이지와 일부 상품들이 개발되어 있으나 형식적인 수준에 그친 정도로 보이고 각 지역 단위의 홍보나 콘텐츠 개발은 전무한 형편이다. 『탐라순력도』를 활용한다면 각 그림 장면에 등장하는 제주도의 여러 마을들을 관광자원화 할 수 있을 것으로 생각한다. 즉 해당하는 마을들에 당시의 일을 소개하는 전시물을 만들어 전시하고 당시의 상황을 간접적으로나마 체험할 수 있게 한다면 지역을 홍보하고 관광에도 도움을 줄 것이라고 생각한다. 예를 들어 〈교래대렵〉이 이루어졌던 교래리의 경우 그 일을 소개하는 전시물을 만들어 마을의 역사를 홍보하고 그와 비슷한 간단한 사냥놀이를 할 수 있게 한다면 관광객들에게 보다 의미 있는 여행이 될 것이다.

7. 『탐라순력도』 활용에 따른 향후 과제

지금 우리는 문화산업의 시대를 살고 있다. 그러나 최근 우리 학계 또는 문화산업분야에서는 '인문학의 위기', '콘텐츠의 부재' 등의 이야기가 흘러나오고 있다. 이러한 문제를 해결하자면 콘텐츠의 재료가 되는 원천소스를 많이 확보하는 것이 중요하며 오랜 우리 역사의 결과물인 우리의 문화재를 활용하는 것이 필요하다. 드라마 〈대장금〉의 예에서 보는 바와 같이 이러한 우리의 문화 또는 문화재에서 문화원형을 발굴하여 고유의 특수성을 살리고 세계적 보편성을 첨가하여 우리의 뛰어난 IT기술을 접목하여 콘텐츠화 한다면 훌륭한 문화자원이 될 것이다.

앞에서 살펴본 것처럼, 『탐라순력도』에 담긴 많은 이야기 요소들은 특수성과 보편성을 두루 갖춘 훌륭한 원천소스가 될 수 있다. 『탐라순력도』에는 훌륭한 문화원형의 요건이라고 할 수 있는 풍부한 이야기소재들이 담겨 있으며 독창성이 매우 뛰어나다. 또 시공을 초월하는 보편적인 이야기가 담겨 있으며 다양한 재해석과 변용의 가능성이 열려 있다. 『탐라순력도』의 이러한 요소들은 많은 사람들에게 감동을 줄 수 있는 이야기로 승화될 수 있는 킬러콘텐츠로서의 충분한 자질을 갖추었다고 하겠다.

이에 본고에서는 이러한 가능성을 확인하고 이를 구체적으로 실행하기 위한 방안으로 스토리텔링을 비롯한 몇 가지를 제안하였다. 필자는 『탐라순력도』에 담긴 많은 이야기들은 다양한 형태의 스토리텔링이 가능하며 이러한 스토리텔링작업을 거쳐 만들어진 다양한 스토리들을 잘 가공한다면 여러 콘텐츠로 확대활용이 가능하다고 보았다. 더불어 게임과 체험 관광상품, 지역관광 자원화 등을 제안하였으나 그 외에도 만화, 애니메이션, 캐릭터 상품 등 다양한 분야로 확대가 가능하리라고 본다. 결과적으로 『탐라순력도』의 콘텐츠화는 국제도시로 발돋움하는 제주특별자치도의 홍보와 관광산업 진흥에 큰 도움이 될 것이다. 그러므로 『탐라순력도』를 보유하고 있으며 『탐라순력도』의 활용도가 가장 높은 제주에서도 깊은 관심을 가지고 문화콘텐츠작업에 앞장서야 할 것이다. 앞으로 각계 전문가들의 관심과 참여를 통하여 『탐라순력도』가 다양한 문화콘텐츠로 탄생하기를 기대해 본다.

임 해 경

7

공공 공연장의 발전 방안 연구
– 대전문화예술의전당의 사례를 중심으로

1. 대전문화예술의전당 개요

대전문화예술의전당[1][대전광역시 서구 둔산대로 89(만년동 396)]은 대전

---

1 〈주요 연혁〉
   1996.03 대전문화예술의전당 공사 착공
   2003.07 대전문화예술의전당 건축공사 준공
   2003.08 대전문화예술의전당 초대관장 취임(조석준)
   2003.10 대전문화예술의전당 개관
   2003.11 재개관을 위한 임시 휴관
   2004.02 대전문화예술의전당 홈페이지 오픈
   2004.03 대전문화예술의전당 재개관
   2007.11 대전문화예술의전당 2대관장 취임(김용환)
   2010.10 대전문화예술의전당 3대관장 취임(임해경)

광역시에서 가장 규모가 큰 공연장이다. 운용예산의 대부분을 대전광역시 예산으로 충당하는 전형적인 공공 공연장이며, 설립 7주년을 맞는 중부권 유수의 대형 공연장으로 불린다.

대전문화예술의전당은 '문화예술창달과 시민의 문화향유 기회 확대를 위한 문화예술공간 운영 및 문화예술진흥을 위한 사업 추진'과 '문화예술의 균형발전을 통한 시민 삶의 질 향상'을 설치 목적으로 하고 있다. 주요 기능으로는 공연예술발전을 위한 기획공연 개최, 지역문화창달을 위한 대관 및 예술교육사업 전개, 공연예술의 보급, 우수창작 예술작품 개발 및 유망예술인 발굴, 국내외 예술단체와 예술인 교류 및 공연예술 공동제작 사업 추진, 분야별 전문직 공무원 채용으로 전문성을 극대화하여 공공성과 예술성의 균형적 운영 등 예술행정 및 공연예술산업 활성화에 주안점을 두고 있다.

본 연구에서는 대전문화예술의전당의 현황 및 문제점에 대한 심층 분석과 발전 방안을 제안하여 우리나라의 공공 공연장이 추구해야할 방향을 제시하고자 한다. 이를 위해서 먼저 공공 공연장 설립의 배경으로서 지난 20여 년간 중앙정부의 문화정책 동향과 국내 공연산업의 전개방향을 살펴보기로 한다. 그리고 대전문화예술의전당의 설립이념, 현황 및 제반 문제점 등을 차례로 분석하고 그 개선방향 및 세부 추진전략을 제시하기로 한다.

2. 중앙정부의 문화정책 동향

공연산업은 공연예술을 둘러싼 환경을 반영한다. 지난 20여 년간의 우리 역사가 그렇듯 문화정책 또한 격변을 거듭하였다. 1980년대 후반에 집권한 노태우 정부의 문화정책은 문화와 홍보가 결합된 '문화공보부'에서

---

http://www.djac.or.kr 참조.

‘문화부’로 분리 독립하여 추진된 ‘모든 국민에게 문화를’이란 모토 하에 수립된 ‘문화발전 10개년 계획(1990)’에 요약되어 있다.[2] 이 시기에 최초로 문화산업에 대한 정책적 논의가 문화민주화 차원에서 시작되었다.

‘세계화’를 화두로 삼은 김영삼 정부에서는 문화산업에 대한 정책적 시각이 크게 바뀌어 정부의 직제에 처음으로 ‘문화산업국’을 신설(1994)하였다. 하지만 문화산업을 육성하기 위한 실질적이고 체계적인 정책 사업과 프로그램으로 뒷받침되지는 못했다.

IMF위기에서 시작된 김대중 정부에서 문화산업에 대한 정책적 지원체계가 확립되고 실질적 사업들이 본격적으로 추진되었다. 문화산업을 21세기 기간산업으로 제시하였고, ‘문화산업비전 21(2000)’과 같은 중장기 계획을 수립하고 관련법령을 체계적으로 정비하는 한편, 재원 · 조직 · 제도 · 지원사업 등을 가시적으로 확충하였다.

노무현 정부에서는 문화콘텐츠산업을 10대 성장동력산업의 하나로 선정하고, 세계 문화산업 5대강국으로 도약하기 위한 ‘참여정부 문화산업 정책비전’을 제시하였다. 특히 〈문화강국(C-KOREA) 2010(2005)〉은 ‘문화로 부강하고 행복한 대한민국의 미래전략’이라는 부제 아래 문화 · 관광 · 레저스포츠산업을 전략적으로 육성하기 위한 중장기 비전과 과제를 제시하였다.

2008년 이명박 정부가 들어서면서 10대 공약의 하나로 문화와 예술, 스

---

2 1990년 1월, 문화행정을 전담할 독립부서로 문화부가 발족되면서 문화정책은 새로운 전기를 마련하게 되었다. 이후 문화부는 문화예술 전반에 새로운 활력을 불어넣는 문화운동을 활발히 전개하였고, 문화복지 국가를 실현하기 위해 1990년부터 1999년까지 〈문화발전 10개년 계획〉을 수립하게 되었다. 이러한 〈문화발전 10개년 계획〉은 “10년 후의 문화발전 모습을 구체화하여 보통사람들이 실질적 혜택을 실감할 수 있게”하기 위한 문화복지국가의 비전을 가지고 입안한 장기문화정책으로 평가받았다.
노태우 대통령 문화계 인사 접견(청와대) 및 문화발전 10개년 계획 토론회(대한뉴스 제1773호) 참조.

포츠, 관광을 진흥하여 '문화, 소프트 파워가 강한 나라'를 만들어나갈 것임을 천명하였다. 이를 위한 세부적 과제로 핵심 콘텐츠산업의 경쟁력 확보, 글로벌 경쟁력을 위한 시장시스템 정립과 전문 인력양성 등을 통한 창조문화국가의 실현을 제시하였다.[3]

이와 같이 지난 20여 년간 문화산업은 중앙정부의 적극적인 관심 속에서 기본개념부터 발전전략, 추진실체 등 모든 면에서 지속적으로 확대되어 왔으며 지방자치단체와 민간부문도 이에 적극 부응하여 왔다. 전국 각지에 소재하는 다수의 공공 공연장의 설립 및 운용도 크게 보아 이러한 틀에서 발전하여 왔다.

3. 국내 공연산업의 현황 및 전개방향

3.1. 국내 공연시장의 동향

1) 시장규모

(단위: 천원)

	수입				지출			
	계	자체수입	공공지원	기부금	계	사업비	경상비	이월금
계	1,295,120,929	692,526,201	504,490,094	98,104,635	1,441,835,467	594,851,514	840,252,413	6,735,540
공연장	819,573,561 (100.0)	485,187,548 (59.2)	320,453,262 (39.1)	13,932,751 (1.7)	800,524,005 (100.0)	204,934,145 (25.6)	593,988,812 (74.2)	1,601,048 (0.2)
공연단체	475,547,368 (100.0)	207,338,652 (43.6)	184,036,831 (38.7)	84,171,884 (17.7)	641,311,462 (100.0)	389,917,369 (60.8)	246,263,601 (38.4)	5,130,492 (0.8)

[표 1] 공연시장 규모(추정, 자료: 「2007 공연예술실태조사」, 문화관광부 예술경영지원센터(2007))

---

3 김성일, 「한국의 엔터테인먼트산업정책」, 『엔터테인먼트산업의 이해』, 넥서스BIZ, 2009 참조.

『2007 공연예술 실태조사』[4]에 따르면 우리나라 공연시장의 규모는 6,925억 원이며 5년마다 약 2배씩 시장규모가 급속히 증가하고 있음이 확인된다.

2) 공연장[5]

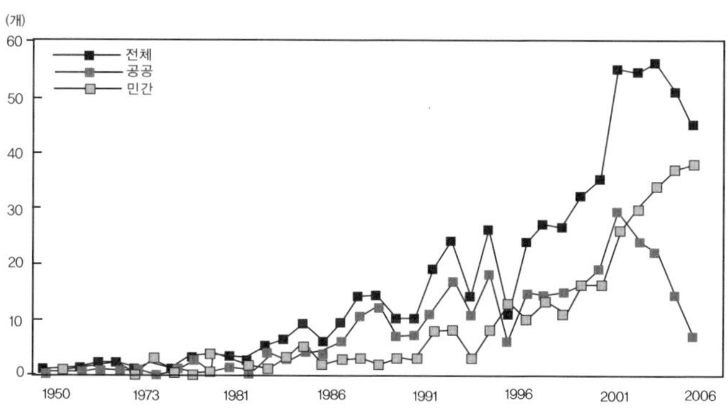

[도표 1] 연도별 공연장 개관현황
(자료: 「2007 공연예술실태조사」, 문화관광부 예술경영지원센터(2007)

2006년 말 기준으로 우리나라 공연기관은 637개이고 공연장은 847개였다. 특기할 사실은 지난 20년 동안 지속된 공공극장의 폭발적인 확대 추세는 2003~2004년을 정점으로 급속히 사라져 2004년 이후에는 공연장의 수가 정체되고 있다는 점이다. 이는 문화 정책에서 하드웨어 확장 우선정책이 사실상 끝났고 하드웨어에서 소프트웨어로 급속히 이행되고 있음을 시사한다.

---

4 문화관광부 예술경영지원센터, "공연시장 규모", 『2007 공연예술실태조사』, 2007 참조.
5 "연도별 공연장 개관현황", 위의 책 참조.

3) 관객

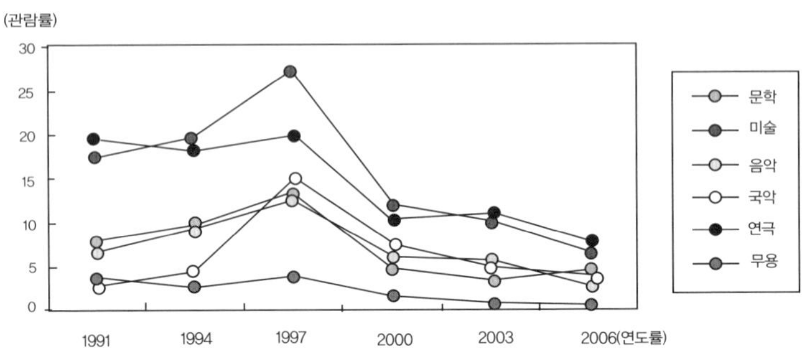

[도표 2] 문화예술 관람률 추이

2006년을 기준으로 볼 때 관객 수는 모두 2천 9백여만 명으로 집계되었다.[6] 그러나 『2007 문화향수 실태조사』에 나타난 참여율 조사에서 드러난 추이를 분석하면 1997년 이후 참여율은 지속적인 감소를 나타내고 있다. 인프라는 물론 시장자체가 크게 확대되는데 정작 일반 국민의 참여율은 떨어지는 것은 공연예술 및 정책관계자들의 핵심적인 고민거리이다.

이상의 내용을 요약해 보면, 국내 공연산업의 전반적 환경은 2000년대에 들어 더 이상 양적인 팽창이 불가능하고 질적인 성장을 적극 모색해야 하는, 패러다임의 급변이 일어나고 있음을 알 수 있다.

---

6 문화체육관광부 · 한국문화관광연구원, "문화예술 관람률 추이", 『2007 문화향수 실태조사』, 2007 참조.

3.2. 공연산업의 전망

오늘날 공연산업의 스펙트럼은 매우 넓다. 산업적으로 보더라도 모든 학문의 기본이라는 인문학에 비견되는 기초예술부터 빠른 회수기간과 비교적 안전한 투자처로 부각되고 있는 상업적 공연까지 서로 완전히 다른 메커니즘으로 움직이는 부문들이 공존한다. 이들 간의 갈등은 주로 공연시장의 양극화에서 비롯된다. 시장 경쟁력이 취약한 공연부문은 공공의존도가 높아지면 일반관객들에게서 멀어지고, 이는 다시 경쟁력을 더욱 약화시킨다. 대형공연은 그 자체의 브랜드로 시장을 독과점하면서 관객은 물론 생산주체인 예술가와 유통주체인 공연장 등 인프라까지 우월적으로 차지하며 더욱 빠른 속도로 상승한다.

이러한 분야별 차이점을 감안하여 공연산업의 전반적인 전개방향에 대한 이승엽[7]의 논지는 주목된다.

① 공연시장이 더욱 확대될 것이다.
② 경쟁이 더욱 치열해 질 것이며 차별화와 특성화는 일반적인 전략목표가 될 것이다.
③ 공공부문의 선도적 역할이 지속되며 다수의 '소외된 기초예술'의 받침대 노릇을 계속할 것이다.
④ 상업적 성격이 강한 부문은 디욱 대형화되고 이를 뒷받침할 시장을 찾아 국제화할 것이다.
⑤ 하드웨어에서 소프트웨어로 관심이 이동하면서 시장 내 협업과 네트워킹이 증가할 것이다. 창작—제작—유통 등의 단계별 주체들이 협력하거나 조합이나 협의체와 같은 집단적 결사를 통해 이익을 추구하는 등 다양한 형태로 나타날 것이다.

---

7 이승엽, 「공연산업」, 『엔터테인먼트산업의 이해』 참조.

비록 대전문화예술의전당을 비롯한 다수의 공공 공연장들이 지방자치
단체의 관리감독을 받는 공공기관이기는 하나 넓은 의미로 그 존재행위가
공연산업에 속하고 공연자들이 모두 공연산업 종사자라는 점에서 이러한
공연산업의 동향은 향후 공공 공연장의 발전방향에 대하여 시사하는 바가
매우 크다고 하겠다.

4. 대전문화예술의전당의 현황 및 문제점

4.1. 기능과 목적

대전의 공연예술은 대전문화예술의전당의 건립 이전과 이후로 확연히
달라졌다. 앞서 서술한 것처럼, 대전문화예술의전당의 건립 목적은 문화
예술창달과 시민의 문화향유 기회 확대를 위한 문화예술공간 운영 및 문
화예술진흥을 위한 사업추진, 문화예술의 균형발전을 통한 시민 삶의 질
향상이며 주요 기능으로는 공연예술발전을 위한 기획공연 개최, 지역문화
창달을 위한 대관 및 예술교육사업 전개, 공연예술의 보급, 우수창작 예술
작품 개발 및 유망예술인 발굴, 국내외 예술단체와 예술인 교류 및 공연예
술 공동제작 사업 추진, 분야별 전문직 공무원 채용으로 전문성을 극대화
하여 공공성과 예술성의 균형적 운영에 있다.

또한 운영방향은 국제적인 수준의 작품을 선보이는 품격 높은 공연장,
국내외 유명공연장과 작품을 공유하는 공연장을 지향하며 디지털기능을
갖춘 첨단시설과 교육기능의 지속적인 업그레이드, 문화인프라의 산실로
서, 문화명소로서의 브랜드 강화와 지역간 문화격차 해소 및 문화교류 증
진에 있다.

요약하여, 대전문화예술의전당은 지역의 공적자금으로 건립, 운영되는

공공 공연장으로서 공익성에 충실해야 하며 단기적인 이익을 취하는 상
업적인 공연을 지양하고 장기적인 예술발전을 도모하며, 정신적 고부가
가치를 창출하는 순수예술을 지향하고 있다. 그러나 개관 9년을 맞는 이
시점에서는 당초의 설립 이념에 부합하는 방향으로 발전해 왔는지, 격변
하는 국내외 문화동향에 능동적으로 대처해왔는지, 그리고 무엇보다 지
역사회의 발전에 충실한 기여를 해왔는지를 점검하고 그 대책을 수립하
는 것이 절실히 필요하다.

4.2. 대형 공공 공연장으로서의 위상

대전문화예술의전당은 2003년 개관 이후 많은 공연자와 공연관계자들
로부터 최고의 운영시스템과 무대시설 및 전문 인력 포진으로 찬사를 받
아왔다. 그러나 이러한 찬사는 중부권이라는 지역적 한계에 기인한 지역
사회의 배타적인 관심이 일부 포함되어 있었음을 배제할 수는 없다. 다행
히도 개관 직후부터 기획공연에 대한 방침뿐만 아니라 시설에 대한 적극
적인 홍보와 마케팅으로 공연장의 브랜드 파워를 형성하는데 큰 성공을
거두었지만 개관 9년을 지나고 있는 지금의 시점에서는-향후의 도약을
위해서-다시 한 번 그 위치를 재검토할 당위성이 제기된다. 또한 최고의
시설을 유지하기 위한 시스템 점검과 기기교체에 대한 중요성을 인식하
여야 할 시점이기도 하며 수시로 교체된 전문 인력의 전문성에 대한 재검
토 및 그에 따른 보완책도 필요하다.

지역 문화 중심으로서의 위상의 재검토가 필요한 중요한 증거는 연간
유료회원의 수에서 나타난다. 공연장으로서의 성패를 가늠하는 가장 중요
한 요소가 객석의 점유율인데 자발적 유료회원이 650명(2010년 기준)에 불
과하다는 사실은 지역사회 최고 공연장으로서의 위상의 유지, 발전을 위

해서 배전의 노력이 필요함을 시사한다.

4.3. 조직구조의 개선

대전문화예술의전당은 대전광역시 사업소로 운영되고 있으며 2과 7팀의 구조로 운영되고 있다. 2003년 개관당시에는 총 48명 정원에 일반직 12명, 전문계약직 36명이었으나, 현재는 일반직에 2명이 배정되지 않아 총 46명의 정원으로 운영되고 있다. 관장 아래 공연기획과에 일반직과 전문직 일부가 소속되어 공연사업팀, 고객서비스팀, 공연지원팀, 시설팀 등 27명이 배속되어 있으며, 무대예술과에는 기계장치팀, 무대조명팀, 무대음향팀 등 18명의 전문직으로 구성되어 있다. 이러한 조직구조가 과연 업무효율을 극대화하는 구조인지, 다른 문제점과 개선책이 없는지 심도 있게 재검토를 해보아야 한다.

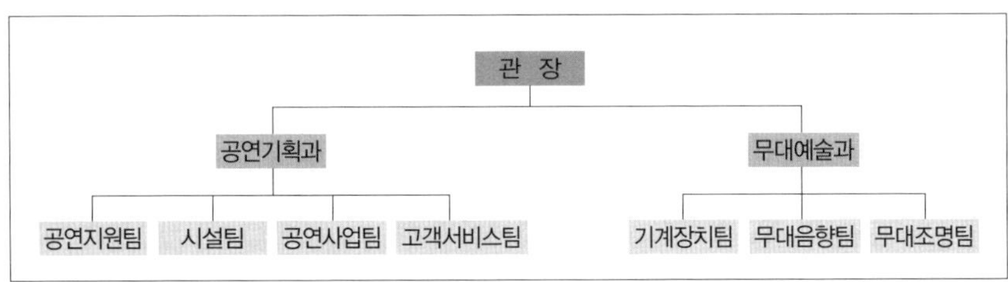

[도표 3] 2010년 조직도

5. 대전문화예술의전당의 운영개선방안

연구의 배경에서 분석한 바와 같이 대전문화예술의전당은 설립이후 9년의 역사를 가진 중견의 공공 공연장이다. 개관이후 지금까지 적절히 운영되어 왔지만 이제는 변화하는 환경에 능동적으로 대처하고 지역적 한계를 뛰어넘는 국내 유수의 공연기관으로 재도약할 시점에 이르렀다.

5.1. 조직의 재구성 검토 및 실행

대전문화예술의전당은 현재 2과 7팀이며 시사업소다. 개관 당시와는 정원에 약간의 차이가 있지만 현재 46명 정원에 36명이 전문계약직으로 근무를 하고 있다.

공연기획, 홍보마케팅, 무대기술 분야의 구성원은 전문직들이며 행정과 시설관리 분야는 일반직 공무원들이다. 비록 전문계약직이지만 이들 모두는 지방자치단체의 공무원 정원에 속해있어 정식공무원 신분으로 인정이 된다. 공연장의 특성상 실제적인 업무를 수행하는 전문직들이지만 행정의 테두리 안에서 공연장업무를 수행하다보면 불가피하게 전문직들이 순환보직인 일반직과 교감하는 데 어려움이 따르고 공연업무를 잘 모르는 일반직 과장의 지휘를 따르는 데도 역시 업무의 비효율성이 나타난다. 따라서 현재의 구조로는 업무효율성이 떨어진다는 내외의 지적이 빈발하며 이의 개선이 필요하다.

1) 개관 이후 조직운영 실태

대전문화예술의전당은 개관준비 당시 3과 9팀의 조직을 요구했으나 행정자치부에서 2과 7팀으로 승인을 하였다. 그렇기 때문에 공연기획과와 관리과의 분리가 불가능하여 공연기획과에 기획업무와 관리행정업무를 통합할 수밖에 없었고 무대예술과에서도 장치진행과 무대기계를 통합할 수밖에 없었다. 이는 2과 7팀이라는 허가된 행정조직과는 달리 2과 9팀으로 실제업무 조직을 달리하여 운영하게 되는 불합리를 낳았고 무대예술과에서는 이 상태가 현재까지 이어지고 있다. 이에 따라 순환보직인 일반직 과장의 지휘 아래 공연기획업무가 원활치 못한 상황이 일부 초래되고 있다.

2009년 2대 관장 체제하에서 일부 조직 개편을 실시해 조직에 변화를 주어 운영하였지만 근본적으로 2과 체제의 조직에서 안고 있는 문제를 해소할 수 없었고, 무대예술과의 경우는 역시 행정적인 조직과 실제 업무 조직을 내부적으로 조정하여 운영하고 있는 실정이다.

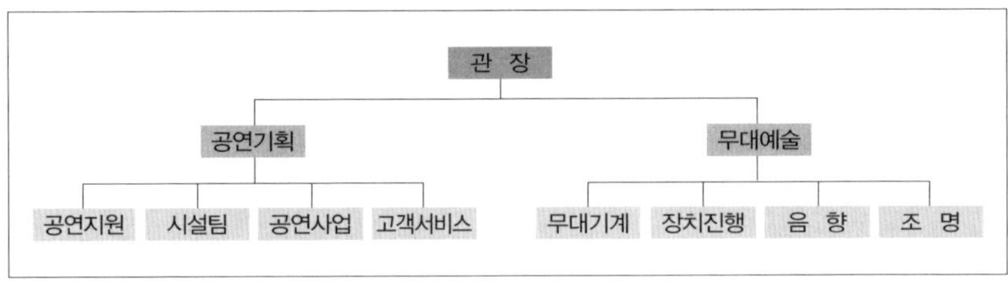

[도표 4] 현재 업무조직(행정조직과 다름)

2) 조직개편 방안

새로운 조직개편 방안은 공연기획과의 업무와 관리의 업무를 나누어 업무의 효율성을 높이는 한편 인가된 실제행정조직과 다르게 변칙으로 운영하고 있는 불합리한 점을 없애 직원들이 소신 있게 일할 수 있는 분위기로 쇄신하는 데 목적이 있다. 또한 개관이후 교체, 신규 임용된 직원들의 업무능력에 대한 검토와 공연사업팀에 집중된 기획업무를 세분화시킬 필요가 있으며, 공연업무를 담당하고 있는 팀들의 구심점을 형성할 수 있는 전문직 공연기획과장이 절실히 필요하다고 생각한다. 따라서 아래와 같은 형태의 조직이 가장 합리적일 것이다.

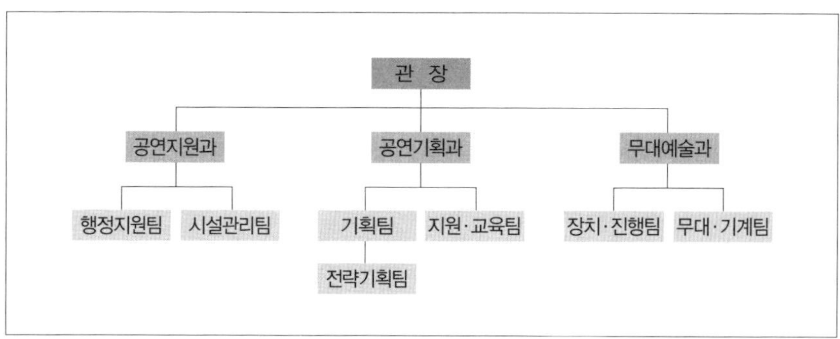

[도표 5] 새로운 조직개편안

3) 업무 변화를 요하는 팀의 업무 분장 내용

- 공연기획과장(전문직) : 기획팀, 전략기획팀, 지원 · 교육팀 업무 총괄
- 기획팀 : 제작공연, 외국단체 공연의 기획 · 홍보 · 마케팅
- 전략기획팀 : 지역예술가 발굴기획, 일반 공연 및 국내단체유치와 홍보 · 마케팅
- 지원 · 교육팀 : 공연장 대관 및 운영, 매표관리, 홈페이지 운영, 교육사업 등
- 장치 · 진행팀 : 무대감독, 공연진행, 장치 등
- 무대 · 기계팀 : 무대기계 관리 운영

상기 언급한 팀의 업무 분장 이외의 팀은 기존 업무를 수행한다.

5.2. 지역사회와 함께하는 공연장으로서의 위상 재정립

1,000억 원대의 건립기금과 2010년 현재 연간 약 85억 원의 시 예산으로 운영되는 공공공연장으로서 대전문화예술의전당에 부여된 가장 큰 사명

은 지역사회와 함께 호흡하고 지역사회 구성원들의 삶의 질 향상에 기여를 하는 것이다. 이를 위해서 무엇보다 중요한 것은 지역사회와 밀착되고 지역문화를 선도하는 공공적 역할의 재검토 및 개선책 마련이며 궁극적으로는 지역사회와 밀착된 공연장으로의 재정립이다.

1) 지역사회단체와의 유대 강화

지역의 여러 사회단체, 언론, 기업 등은 문화산업의 수준 높은 고객이면서 동시에 비평가, 감독자의 역할을 하고 있다. 더욱이 대전은 대덕연구단지, R&D 특구 등으로 지식인 기관의 비율이 높아 이들의 감시기능이 대단히 활성화되어 있다. 대전문화예술의전당의 재도약을 위해서는 이들 기관과의 좋은 유대관계가 절대적으로 필요하며 서로간의 신뢰성 강화가 적극 요구된다. 이를 위해서는 공연의 기획단계에서부터 지역사회단체, 언론, 기업들의 공동참여를 유도해야 한다.

이를 위한 실천방안으로서는 운영자문회의, 후원회 등을 상설화, 정기화하고 지역사회의 각 기관 대표자들을 정규 회원으로 초청하여 의견을 개진토록 하고 공연방안에 대한 자문 및 공동마케팅, 사후관리 등을 함께하여 서로간의 시너지를 얻는다. 또한 각급 사회단체의 인터넷 홈페이지에 문화예술란을 확대하여 공동홍보의 장으로 활용한다. 이러한 방안으로 지역사회와 함께 호흡하는 문화예술기관의 이미지를 제고해야 한다.

2) 지역사회 구성원의 참여 유도

지역사회의 대표적 공공 공연장으로서의 의무는 전기한 사회단체 이외에도 지역사회 구성원 개인들과의 공감대 형성 및 적극적인 참여 유도이다. 이는 특히 공연장이라는 측면에서 연중 수백 차례 이상 이루어지는 공연의 성공적인 개최를 위한 수준 높은 관객의 참여라는 점에서 더욱 그러하다. 구성원의 참여 유도는 상기한 자문위원들의 소속 기관 구성원들을 일차적인 대상으로 하여 점진적으로 대상을 넓히는 유료회원, 평생회원의 3배가 운동으로 이룩될 것이다.

기존 및 신규 확보된 회원들에게는 공연프로그램의 적극적 홍보 이외에 정기적인 의견청취를 통한 공연 방식의 개선과 신규 프로그램의 설정이외에도 공연예술에 대한 공개강좌의 참여 등으로 유대감, 소속감, 자긍심을 고취시키는 것이 절대적으로 필요하다. 유료회원의 확대는 공연수입의 증대라는 경제적 측면보다는 지역사회 구성원들에 미치는 선순환적 영향의 제고를 위한 것임을 부연한다.

3) 지역홍보대사로서의 역할 강화

국가와 지역을 널리 알리는 홍보대사의 역할을 수행하는 공연장을 만들어야 한다. 대전문화예술의전당은 시민들의 문화적 욕구충족과 예술단체의 발전이라는 명제 외에도 문화도시 대전의 위상을 전국 또는 세계에 알리는 홍보 전략이 필요하다. 단순히 개개의 공연과 축제를 홍보하여 관객을 유치하는 것 외에 창의적이고 활력이 넘치는 문화 활동을 대외적으로 홍보하여 문화도시 대전의 위상을 널리 알려야 한다. 따라서 국토의 중심에 있는 지리적인 이점을 활용하여 충청지역은 물론이고 타 지역민들도 대전으로 유인하는 전국적인 홍보콘텐츠를 구성함으로써 지역에 국한되지 않는 홍보정책이 요구된다.

4) 지역의 문화예술단체와의 시너지 강화

최고의 시설과 최상의 서비스로 대전의 공연메카로 자리 잡은 대전문화예술의전당은 지역의 타 사설 공연장들과는 경쟁상대가 아니다. 또한 기획전문공연장으로서 기획사나 단체와도 경쟁자가 되어서도 안 될 것이다. 오히려 이들과는 협력과 교류로 대전공연문화를 선도하여 상생하는 분위기를 만들어야 한다. 이를 위해서는 대형 공연의 공동제작이나 공동주최를 모색하여 공연 프로그램을 공유하고 활성화된 대전문화예술의전당 홈페이지를 통해 대전의 모든 공연이 홍보가 될 수 있도록 하고 월간 리플릿에 타 공연장의 주요공연을 수록하는 방안을 마련하여 대전의 모든 공연의 흥행에 도움을 주는 상호시너지 효과를 극대화하는 것이 필요하다.

5) 교육사업의 활성화

우리나라의 문화정책은 과거에는 생산자인 예술인에 대한 지원에 초점이 맞춰져 있었지만 90년대 후반부터 수요자인 국민들의 문화예술교육의 중요성이 인식되고 있다. 문화예술교육의 중요성은 생산자와 매개자, 수요자 모두를 양성할 수 있다는 데서 찾을 수 있으며 대전문화예술의전당에서도 개관 당시부터 영재아카데미와 문화예술교육사업을 실시하고 있다. 그러나 최근에는 이들 사업이 타성적이고 침체되어 있다는 내외의 비판이 고조되고 있다.

따라서 현행 교육사업의 효율성을 재평가하고 이를 토대로 교육프로그램을 재편하고 역량 있는 강사진을 확보하여 지역출신의 음악영재를 발굴하는 영재아카데미의 활성화를 도모하여야 한다. 또한 일반인을 대상으로 하는 문화예술교육 프로그램으로 지역민의 예술취미활동의 장을 제공하여 잠재관객을 개발하는 한편, 전문인들을 대상으로 한 마스터클래스의 활성화, 정기화도 좋은 방안이다.

5.3. 기획전문공연장으로서의 역할 강화

대전문화예술의전당은 대관뿐만 아니라 국내외 유명 아티스트나 단체를 초청하거나 자체적으로 우수한 공연을 제작하여 무대에 올리는 기획전문 공연장이다. 따라서 공연의 모든 장르를 수용하여 시민들에게 질 높은 공연을 제공함과 아울러 대전지역공연단체와 공연예술가들의 발전도 도모해야 한다. 한 장르에 집중되지 않고 모든 장르의 공연이 함께 발전할 수 있는 장르별 안배를 통해 지역의 예술인들과의 유기적인 관계를 유지하는 것이 필요하다.

1) 기획전문공연장으로서의 브랜드 재설정

대전문화예술의전당은 기획전문공연장이지 민간단체나 예술가를 지원하는 지원기관이 아니다. 자생력 향상에 도움을 주기 위하여 개관 초기부터 지역공연단체와 공동으로 제작해왔던 공연들이 마치 민간단체를 지원하는 것으로 비춰졌고, 시간이 흐름에 따라 자생력 향상이 아니라 지역단체가 오히려 공연장에 의지하는 기류로 흘러왔다. 이러한 분위기를 쇄신하여 공연장의 장점과 단체의 장점을 살려 예술단체들과 공동으로 제작에 참여하고 기획과 홍보 마케팅을 공동으로 전개함으로서 자생력 향상에 기여하는 것이 바람직한 공연장의 역할이다. 또한 자체제작공연에 있어서는 지역예술가들을 소신 있게 선정하여 중앙예술가들과 어깨를 나란히 할 수 있는 기회를 확대해나가야 한다.

2) 기획전문공연장으로서의 신뢰성 확립

지역사회 관객들의 눈높이에 맞거나 눈높이 대비 수준이 조금 높은 공연을 단계적으로 유치, 제작하여 대전문화예술의전당 기획 공연에 대한 신뢰감을 회복해야 한다. 이를 위해서 지역예술가들에게만 치중하지 말고 내외부적 토의에 의하여 대체로 할당된 비율로 중앙과 지역 및 국제적 전문예술가들을 함께 아우르는 공연을 기획하여 무대에 올림으로써 시민과 대전지역 공연예술가들이 모두 수혜자가 될 수 있는 기획전문공연장으로서의 이미지를 제고하는 것이 필요하다.

5.4. 수준 높은 공연문화의 정착

공연문화는 공연의 대관기관, 공연 예술단체, 관련기관, 관객 모두가 함께 이루는 것이다. 국내 문화수준의 전반적인 향상으로 대전문화예술의전당에서의 공연도 대체로 원활히 이루어지고 있으나 지난 9년간의 운용결과 적잖은 문제점이 노출되어 이들에 대한 개선의 필요성이 논의되고 있다. 궁극적으로 '시민의 공연장', '품위있는 공연장'이 지향되어야 한다.

1) 대관운용의 효율성 강화

대전문화예술의전당은 이미 대관 신청률이 과포화 상태이다. 자체기획 공연 및 시립예술단 공연, 장기대관공연일정을 일차적으로 제외하고 여분으로 일반대관신청을 받고 있는 현실에서 지역의 단체나 기획사 등의 수요에 충족하지 못하고 있다. 따라서 현재 운영되고 있는 시스템을 재점검하여 기획공연 및 시립예술단 공연의 사용일수를 합리적으로 축소하고 대관가능일의 폭을 넓혀야한다. 기획공연에 있어서는 차기년도의 사업일정을 보다 조기에 확정하여 대전문화예술의전당이 과도하게 점유하지 않도록 할 것이며, 사용료를 지불하지 않는 시립예술단도 역시 일반대관을 우선적으로 생각하는 대관심의과정을 거쳐야 할 것이다.

또한 이 분야의 선도기관인 서울예술의전당의 운영시스템을 벤치마킹하여 현재 80%의 대관 신청률에 접근하는 클래식음악회의 원활한 개최를 도모하는 것이 필요하다. 서울예술의전당의 리사이틀홀이나 콘서트홀은 토요일과 일요일, 공휴일은 음악회에 한해 1일 2회 대관을 운영하고 있다. 물론 이 운영방식은 무대예술과 직원들의 현원으로는 실시하기 어려운 실정으로 보이나, 인원을 보강할 수 있는 방법을 모색해야 한다. 음악회의 경우 준비시간과 공연시간이 다른 장르의 공연에 비해 짧기 때문에 충분히 가능하리라 여겨지며 다른 장르의 공연도 이에 따른 혜택을 볼 수 있기 때문이다.

2) 공공 공연장의 역할강화에 따른 올바른 공연문화 정착

공공 공연장이란 공적자금으로 운영되는 외형적인 시스템보다도 지역의 순수예술발전에 기여하는 공연장의 내적 의미가 강하다. 순수예술이란 상업예술과는 달리 경제적인 이익을 추구하기 위해 탄생되는 것이 아니라 예술가들의 행위가 승화되어 인간의 삶과 정서 함양에 도움을 주는 정신적 예술이라 할 수 있다. 따라서 상업예술은 이익을 추구하는 사설기획사가 주로 추진하여야 하는 공연예술이고 공공 공연장은 경제적인 논리에 맞지 않아도 지역민들에게 수준 높은 공연을 제공하여야 하는 의무가 있다.

이러한 논리와 지역의 현실을 직시하여 잠재관객을 개발할 수 있는 수준 높은 공연이 개최되어야 한다. 또한 올바른 공연문화를 정착시켜 문화도시 대전의 이미지를 제고하는 것이 필요하다. 공연장 에티켓을 계몽하고 예매문화 정착을 선도하며 초대권 없는 공연장 운영을 통하여 지역문화 창달에 이바지할 것이다.

3) 서비스 위주의 공연 진행방식 정착

훌륭한 공연이란 무대 위의 공연자들의 행위와 무대기술 스텝의 조화가 이루어지고, 로비와 객석을 담당하는 하우스매니저의 역할과 매표소의 업무 등이 원활하게 이루어져야 한다. 직원들의 관리ㆍ감독 및 교육을 통해 각 분야의 직원들의 고충을 해결하고 사기를 진작시켜 업무능력이 향상되도록 독려하는 것이 필요하다.

또한 원활한 진행을 위해서는 공연단체들과의 사전협의와 소통이 요구된다. 서울에서 활동하고 있는 전문단체들은 이미 시스템이 방대한 공연장을 많이 활용한 바 있어 체계가 잡혀있으나 지역의 공연전문단체들은 지역공연장실정에 맞는 방법으로 공연을 해왔기 때문에 마찰이 적지 않았다. 그러나 그러한 문제점들은 공연장의 시스템 설명과 경험을 통해 해소되는 문제들이 대부분이다. 따라서 지역공연단체와의 원활한 소통으로 공연의 질을 높이는 한편 관객을 위해 바른 관람문화를 제공하는 것이 바람직하다.

4) 공연장 운영의 안전성 강화

공연장의 사고는 물질적 손실뿐만 아니라 인명의 손실과 이미지의 손실을 동반한다. 공연에 있어서 가장 중요한 것을 꼽으라면 단연 첫 번째가 "안전"이다. 아무리 훌륭한 공연을 무대에 올린다 하더라도 안전을 소홀히 하여 사고가 발생한다면 그보다 더 큰 낭패는 없을 것이다. 이러한 사고를 미연에 방지하기 위해서는 무대기계 등과 같은 설비들을 철저히 점검해야 하며 안전관리를 하는 직원들이 피로가 겹치지 않게 하여야 한다. 한편으로는 안전관리를 위한 유지관리 전문 업체에 관리 업무를 위탁하거나 관리

전문요원을 두어 집중 관리하게 하는 방법도 검토되어야 한다.

일반인들이나 공연자들은 때로 공연장의 수칙에 거부감을 느끼며 부정적으로 보는 이들이 더러 있다. 그러나 이런 수칙들은 성숙한 공연관람문화를 선도하기 위함이며 안전사고를 예방하기 위한 것이다. 특히 무대에서의 규칙은 다른 어느 곳보다 철저히 지켜야 한다. 그 이유는 그러한 규칙을 지키지 않고 공연을 진행하다가 인명사고가 종종 발생하고 있는 것이 현실이기 때문이다. 따라서 철저하게 규칙을 준수하여 무엇보다 중요한 안전사고 없는 공연장, 공연관람문화의 정착을 적극 도모해야 한다.

5.5. 기관 운용의 효율성 제고

상기한 모든 장단기 개선방안은 기관의 효율적인 운용에 바탕을 둔 것이다. 따라서 무엇보다 구성원들의 이해와 협조, 운영체제의 개선 등 내부적 기반을 굳건히 하는 것이 필요하다.

1) 직원복지향상과 자긍심 고취

개관이후 대전문화예술의전당 직원들의 자긍심은 타 지역 공연장의 직원들에 비해 매우 높았다. 그러나 최근 들어 불합리한 인사문제와 재계약 시 연봉삭감, 5년 단위의 기간제 계약에서 비롯한 신분불안 등의 이유로 자긍심과 업무에 대한 열의가 심각할 정도로 저하되어 있는 것으로 알려져 있다. 이런 분위기는 바로 공연수준의 저하 및 결원 시 응모 회피로 이어지고 있다는 우려의 시각이 많다.

따라서 직원들의 신분보장과 함께 5년 단위로 재공채하는 '전문계약직법'을 상식적인 선에서의 실천으로 구성원의 불안을 해소하고 업무능력에 대한 평가와 보상이 적절히 이루어지도록 하여야 한다. 또한 전문계약직의 특성 때문에 순환보직이 불가능하고 능력이 뛰어난 직원에 대한 진급제도가 없어 업무의 매너리즘에 빠질 확률이 높다는 점을 인식하여 능동적이고 보람 있는 직장생활을 영위할 수 있는 해결책이 제시, 실천되어야 한다.

2) 시설유지 및 관리체제의 개선

대전문화예술의전당의 무대 시스템을 비롯한 제반시설은 전국 최고를 자랑하지만 최고를 유지하기 위해서는 최적의 관리가 중요하다. 따라서 평소 발생할 수 있는 시스템이상을 최소로 막기 위하여 1년에 2회씩 정기점검기간을 가져 무대기계와 장비들을 점검하며 관객의 편의를 위한 시설유지 및 관리는 연중 이루어져야 한다. 시설 유지보수는 평상시 점검을 기본으로 하고 있으나 공연이 상시 펼쳐지고 있을 때는 한계가 있기 때문에 별도의 정기점검기간이 필요하다. 특히 무대 상부와 하부의 첨단 시스템을 잘 관리하지 않으면 공연이 멈추는 사고가 발생할 수 있어 이미지에 막대한 손상과 관객들에게 입장료를 환불해야하는 등의 경제적 손실도 입게 된다. 또한 최악의 경우 인명사고까지 발생할 수 있기에 만전을 기하여야 할 사항이다.

점검의 종류는 중요성 및 발생빈도에 따라 일일점검, 주간점검, 월간점검, 정기점검으로 나누어 실시해야 한다. 그 결과 적절한 대책의 수립 및 개선이 뒤따를 것이다. 요약하여 현재의 시설관리시스템을 재점검하여 그 효율성과 안전성을 강화하는 새로운 시설관리시스템의 수립 및 운용이 요구된다.

5.6. 추진전략 및 추진방법

1) 추진전략

개선책의 수립 및 추진은 현행 계약제 직원시스템의 특성에 따라 약 5년 간의 시일이 소요될 것으로 예상된다. 추진전략은 대상에 따라 ①시청 및 시의회 등 문화관련 상급기관, ②문화예술의 전당 조직 및 구성원, ③지역 사회의 제반 예술단체와 언론 및 기타 기관, ④관객을 비롯한 지역사회의 구성원, ⑤타 지역 및 기타 국내외 예술단체로 나누어진다.

(1) 문화관련 상급기관

시청, 시의회 등 업무와 불가분의 관계를 맺고 있는 문화관련 상급기관 과는 유기적 관계를 적극 발전시키며 자문과 협조를 구한다. 이는 회의의 정례화, 제반 활동의 공지 등의 피상적 관계에서 벗어나 문화예술에 대한 이해의 증진을 바탕으로 추진한다. 이러함으로써 기관운영에 절대적으로 해가 되는 불협화음의 소지를 없애고 사업에 대한 추진의 동력을 얻는다. 시청 담당부서와의 사전협의를 거쳐 시의회에 대해서는 모든 사업에 대한 인식의 제고를 위해 적극 노력해야 한다.

(2) 예술의전당 조직 및 구성원

공공 연주장으로서의 성공적인 위상 확립을 위해서는 조직 및 구성원들 의 이해와 협조가 절대적이다. 따라서 모든 업무를 투명하게 기획, 추진하 여야 하며 다수의 의견을 존중하고 하부 조직의 자율성을 최대한 보장하 며 이에 따른 책임도 엄정하게 부여해야 한다. 아울러 구성원들의 복지와 자긍심 고취에도 유의하여 모든 구성원들의 자발적인 협조를 구하는 것이 필요하다.

(3) 지역사회의 예술단체와 언론 및 기타 기관

지역사회의 제반 단체들은 전당과의 동반자이다. 즉 문화예술의 공동주체이며 동시에 서로 간의 공급자–소비자 역할을 하고 있으므로 불가분의 긴밀한 관계를 유지한다. 단순한 이벤트성 홍보나 협조 요구를 지양하고 문화예술의전당이 핵심이 되는 문화단체들 간의 모임을 정례화하여 서로 간의 심층적 이해를 돕고 시너지를 극대화하면 현재 내외적으로 드러난 문제점의 상당부분은 쉽게 해소될 것이다.

(4) 지역사회의 구성원

지역사회 각계각층 구성원들은 문화예술의전당의 공급자이면서 동시에 소비자와 비평가들이고 또한 미래의 참여자이다. 즉 문화예술의전당이 뿌리내리고 있는 토양이다. 따라서 여타 지역사회의 제반 기관과의 관계보다 이들과의 관계가 가장 중요하다. 다양한 배경을 갖고 있는 이들의 협조와 능동적인 참여를 위해서 지속적인 후원회활동, 교육활동, 홍보활동과 함께 니즈(Needs)와 원츠(Wants)를 파악하여 선도적인 대처방안을 마련한다.

(5) 타 지역 및 기타 국내외 예술단체

서울을 비롯한 국내 타 지역의 예술단체 및 유관기관과의 관계를 강화하여 공동의 행사개최, 행사교류추진, 공동의 홍보 등으로 문화예술의전당의 위상을 강화하고 기관운영의 효율을 제고하며 나아가 지역 예술인들의 타 지역 활동을 후원하여 지역문화의 중심으로 사회에 기여한다.

2) 추진방법

상기한 추진전략 대상에 대한 추진방법은 대체로 기존의 방법, 제도 및 조직을 충분히 재검토하여 방해요소를 제거하고 효율성을 증진하는 것으로써 구성원 모두의 열과 성이 필요할 뿐 별도의 추진방법이 필요치 않다고 사료되나, 새로이 시행하는 것이 필요한 사안별 구체적인 추진방법은 다음과 같다.

(1) 유료회원의 3배화 추진

현재 대전문화예술의전당의 연간유료회원은 2010년을 기준으로 650여 명에 불과하다. 이는 단순히 예산수지상의 문제보다 더욱 심각하여 관객 확보가 생명인 공연장으로서의 존립에까지 영향을 미칠 큰 애로사항이므로 지역사회 각급단체 및 유력인사들에 대한 적극적인 그룹별 홍보, 대인 접촉으로 유료회원의 최소 3배화를 적극 추진한다. 영향력 있는 시드(Seed) 회원의 확보만 성공적으로 달성하면 유료회원의 3배수는 충분히 가능하다.

(2) 지역 각급 교육기관과의 교류 상설화

지역 중등 및 대학교와의 유대를 적극 강화하여 관객의 충원, 지역사회 구성원들의 이해증진뿐만 아니라 미래 문화수요층을 적극 발굴한다. 이를 위해서 현재의 단편적인 홍보와 간헐적 연수제도를 전면 개편하여 각급 교육기관 예술부문 담당 교사들을 대상으로 프로그램의 정기적 홍보 및 참여를 제도적으로 추진한다.

(3) 전국대학생 교향악축제 개최

매년 1회 전국대학생 교향악축제를 유치한다. 이는 우리지역 예술계의 활성화와 문화예술의전당 위상의 제고에 기여할 뿐만 아니라 나아가 타 지역과의 교류를 통한 지역사회의 홍보에도 크게 기여할 것이다.

(4) 문화관광 상품과의 연계

우리 대전은 인접한 백제문화권의 배후도시로서 국내외 관광객의 방문
이 활발하다. 지역민과 이들을 함께 어우를 새로운 공연 프로그램의 개발
을 장기적으로 추진한다.

(5) 대전역에서 전당까지 왕복 셔틀버스운행

전당은 접근성이 불편하다. 대형 기획공연 시에 수도권 등 타 지역의 시
민을 겨냥하여 KTX승객들에게 특정시간에 대전역(혹은 정부청사역)과 전
당 사이를 운행하는 연계셔틀버스를 제공하고 이를 홈페이지에 공지하여
관객의 편의성과 홍보효과를 함께 도모한다.

6. 대전문화예술의전당의 활성화를 위한 제언

대전문화예술의전당을 비롯한 공공 공연장의 존립근거이고 공공 공연
장이 추구해야할 최고의 가치는 공공성이다. 예술을 경제적 논리에 적용
시키는 것이 바람직하지 않은 것처럼 공연장 또한 마찬가지이다. 공연장
이 공공성을 버리고 수익에만 의존한다면 순수예술은 퇴보할 수밖에 없
다. 상업예술과 대중예술만을 지향할 것이고 재정자립도를 위해 입장료를
올리거나 대관료를 인상해야 할 것이다. 그러나 비효율의 가면으로써 공
공성을 구호로만 외쳐온 것이 아닌지도 깊이 반성해야 하고 개선해야 된
다. 따라서 공연장이 발전하려면 어떤 정책을 펼쳐야 할지의 선택은 신중
해야 한다. 때로는 공공성을, 때로는 재정자립도를 생각하는 적절한 정책
이 필요하다. 예술성과 흥행성이 있는 공연들이 조화를 이루어야 하고 그
것들을 소화해낼 수 있는 공연장과 기획전문 인력, 무대기술 인력이 필요
한 것이다. 지역의 문화예술발전이 공공 공연장의 역할에 달려있다 해도

과언이 아니라는 것을 항상 염두에 두어야 한다.

공공성의 구성요소에는 지역사회 구성원의 자발적 참여와 지역문화의 선도적 역할이 반드시 포함된다. 각급 교육기관, 예술단체, 기타 사회단체들과의 유기적 관계를 적극 발전시켜 무엇보다 관객들의 호응도가 높은 공연장이 되도록 최선을 다해야 한다. 이를 위하여 유료회원의 증가, 후원회원의 배가를 추진하며 미래지향적인 공연장으로서 잠재관객, 미래의 관객을 개발하는 것도 결코 간과할 수 없다. 그리하여 지역사회의 일부 계층, 그들만의 장소가 아닌 다수의 구성원들의 적극적인 호응과 성원 속에 우리들의 장소가 되어야 한다.

그 무대에 서는 것을 영광으로 느끼는 예술인들, 그 공연장과 공동으로 제작하면 신뢰한다는 기획자들, 그 공연장에서 개최하는 공연과 교육프로그램에서 항상 감동을 느낀다는 관객들, 모두가 공공 공연장의 소중한 구성원이다. 이들의 진정한 만족으로 지역사회의 사랑을 받는 것이 공공 공연장이 추구해야할 최상의 목표이다.

■ 스마트폰을 활용한 영어교육콘텐츠 개발 방안 연구

1. 논저 및 단행본

강심호, 『디지털 에듀테인먼트 스토리텔링』, 살림, 2005.

강인애, 『디지털 시대의 학습 테크놀로지』, 문음사, 2006.

강현구, 『문화콘텐츠와 인문학적 상상력』, 글누림, 2005.

김승종, 『창의적 발상과 문화콘텐츠 작법』, 글누림, 2006.

류수열, 『스토리텔링의 이해』, 글누림, 2007.

박장순, 『문화콘텐츠학 개론』, 커뮤니케이션북스, 2006.

서동훈, 『문화콘텐츠의 이해』, 에듀컨텐츠, 2008.

이인화 외, 『디지털 스토리텔링』, 황금가지, 2003.

정창권, 『문화콘텐츠 스토리텔링』, 북코리아, 2008.

최혜실, 『방송통신 융합시대의 문화콘텐츠』, 나남, 2008.

Applied Linguistics 10(2)

B. Spolsky, *Communicative Competence*, Language Proficiency and Beyond, 1989.

C. Nuttall, *Teaching Reading Skill in a Foreign Language*(new ed.), Oxford:Heinemann, 1996.

D. Nunan, *Langue Teaching Methodology* : A Textbook for Teachers, New Jersey:Prentice-Hall, 1991.

H. Douglas Brown, *Teaching by Princples*(3rd ed.), Longman, 2007.

J. Harmer, *The Practice of English Language Teaching*(3rd ed.), 2001.

S. J. Savignon, *Communicative Competence* : *Theory and Classroom Practice*(2nd ed.), Massachusetts:Addison-Wesley, 1983.

2. 기타

http://app.time.com

http://apps.neungyle.com

http://brain.weaversmind.com

http://edition.cnn.com/mobile

http://eknathkadam.com

http://engquiz.tistory.com

http://ensight.co.kr

http://georgek.egloos.com/1260895

http://iphone_eng.daolsoft.com

http://news.bbc.co.uk

http://wgbh.org/classical

http://wordfactoryworld.blogspot

http://www.clbee.com/iphone

http://www.easyvoca.com/global

http://www.edubox.com

http://www.iword.co.kr

http://www.jazz.fm

http://www.kbench.com

http://www.mclick.net

http://www.mobiletrigger.net

http://www.suupexd.com/iApp

http://www.truemobile.com

http://www.wotsamaflip.com

■ '세계전통의약엑스포' 활성화를 위한 콘텐츠 개발 방안 연구

1. 기본자료

허준, 『동의보감』

2. 논문 및 단행본

강원도 무형문화재 제16호 각자장 보존회, 『문화재수리 복원(목판제작) 보고서-문화
　　재명 : 보물 제745-5호 홍천 수타사 월인석보(권17, 18)』, 2009.

권오민 · 박상영 · 안상영 · 한창현 · 안상우, 「石谷 李圭晙의 『石谷散稿』 번역 연구」,
　　『대한한의학원전학회지』 22권 3호, 대한한의학원전학회, 2009.

박상영 · 안상영 · 권오민 · 한창현, 「한의학 지역문화 활성화를 위한 축제 현황 분
　　석」, 『한국한의학연구원논문집』 15권 1호, 한국한의학연구원, 2009.

안상영 · 권오민 · 한창현 · 박상영 · 안상우, 「韓醫 方劑名의 英譯 標準化에 대한 硏
　　究」, 『대한한의학회지』 31권 1호, 대한한의학회, 2010.

안성혜, 「지역문화축제 활성화를 위한 전략적 기획 방안의 모색」, 『한국콘텐츠학회논
　　문지』 8권 12호, 2008.

이민호, 「中醫學의 'UNESCO 세계무형유산' 登載 試圖와 그 意味」, 『한국한의학연구
　　원논문집』 16권 1호, 한국한의학연구원, 2010.

이민호 · 안상우, 「現代 中國의 文化戰略과 '傳統醫學'의 世界文化遺産 登載 움직임
　　에 관한 考察」, 『대한한의학회지』 29권 4호, 대한한의학회, 2008.

이민호 · 하정용 · 안상영 · 권오민 · 안상우, 「近 · 現代(1860年代-1945年) 延邊의 醫
　　療衛生環境과 '朝醫學'」, 『한국한의학연구원논문집』 14권 3호, 한국한의학
　　연구원, 2008.

한창현 · 박상영 · 권오민 · 안상우 · 안상영, 「국내 한의학 학술지에 발표된 동의보감
　　연구 현황 조사」, 『한국의사학회지』 22권 2호, 한국의사학회, 2009.

■ 『혼불』의 문화콘텐츠화 방안 연구

1. 기본 자료

최명희, 『혼불』(전10권), 한길사.

2. 논저 및 단행본

김열규, 「『혼불』의 생태비평」, 『현대문학이론연구』 제12집, 1999.

김영택·신현순, 「최명희 소설 『혼불』의 공간성에 관한 일고찰」, 『어문학연구』 9,
　　　2000.

김정자, 「규방문화로 본 최명희의 『혼불』」, 『한국문학논총』 제33집, 2003.

김헌선, 「『혼불』, 우주적 상상력의 총화」, 『문학사상』, 1997.12.

로저스, 김영석 역, 『현대사회와 뉴미디어』, 나남출판, 1988.

백승국, 『문화기호학과 문화콘텐츠』, 효형출판, 2004.

서병문, 「문화콘텐츠산업은 미래경쟁력이다」, 『사상』 봄호, 2004.

서정섭, 「『혼불』의 서사구성과 언어책략 연구」, 『현대문학이론연구』 21, 2004.

송효섭, 『설화의 기호학』, 민음사, 1999.

신방흔, 『문화콘텐츠를 위한 시각예술과 대중문화』, 진한도서, 2001.

안남일, 『기억과 공간의 소설현상학』, 나남출판, 2004.

우해영, 「최명희 『혼불』의 담론 연구」, 중앙대학교 대학원 석사학위논문, 2000.

월터 J. 옹, 이기우·임명진 역, 『구술문화와 문자문화』, 문예출판사, 1995.

이현하, 「최명희의 『혼불』 연구-종부의식을 중심으로」, 단국대학교 대학원 석사학위
　　　논문, 2001.

이혜경, 「문학적 토포필리아로 찾는 『혼불』의 자리」, 『한국문학이론과 비평』 제20집,
　　　2003.

임희섭, 「21세기 문화산업의 전망과 도시문화산업 활성화 방안」, 『도시문화』 34,
　　　1999.

장미영, 「소설의 문화원형콘텐츠화 방안」, 『한국문학이론과 비평』 제24집, 2004.

정호웅, 「박물지의 형식:『혼불』」, 『황해문화』 14, 1997.

주창윤, 『영상 이미지의 구조』, 나남출판, 2003.

혼불기념사업회, 『혼불과 전통문화』, 신아출판사, 2003.

3. 기타

문화관광부 홈페이지(http://www.mct.go.kr)

최명희문학관 홈페이지(http://www.jjhee.com/korean/2006/main_sub.html)

한국문화정책개발원, 『콘텐츠산업 육성전략연구』, 1998.

한국문화콘텐츠진흥원 홈페이지(http://www.kocca.or.kr)

한국문화콘텐츠진흥원, 『디지털콘텐츠 백서』, 2001.

한국문화콘텐츠진흥원, 『통계로 보는 문화콘텐츠산업 2003』, 2003.

한국소프트웨어진흥원, 『2002년도 국내 디지털 콘텐츠 시장조사 보고서』, 한국문화
　　　　콘텐츠진흥원, 2000.

혼불문학관 홈페이지(http://www.honbul.go.kr/index.htm)

■ 다문화가정 자녀를 위한 청소년 캠프 프로그램 개발 방안 연구

1. 논저 및 단행본

국경 없는 마을, 「다문화 체험교실 결과 보고서」, 국경 없는 마을, 2007.

＿＿＿＿＿＿, 「이주민 문화 멘토 프로그램 운영 지원 사업 결과 보고서」, 국경 없는
　　　　마을, 2007.

권미경, 「다문화사회의 교육문화 과제 탐색 : 여성결혼이민자의 체험에 관한 질적 연

구」, 동아대학교 대학원 박사학위논문, 2006.

김선미 외, 『다문화교육의 이해』, 한국문화사, 2008.

김은미 외, 『다문화사회, 한국』, 나남, 2009.

김은희 외, 「다문화교육 연구학교의 프로그램에 대한 비판적 분석」, 『시민교육연구』 제42권 2호, 2010.

김지은, 「한국인 아내 만들기 : 베트남 여성 사례를 통해 본 결혼 이민의 제도화」, 『비교문화연구』 제13집 3호, 2007.

김태연, 「소회계층을 위한 사회문화예술교육의 역할에 관한 연구」, 추계예술대학교 문화예술경영대학원 석사학위논문, 2005.

다프네 키츠, 『다문화 사회와 어린이-소아정신과의사가 권하는 다문화 사회 아동정신건강 지키기』, 한울, 2010.

문형진 외, 『다민족 국가의 통합정책과 평화정착의 문제』, 동북아역사재단, 2008.

은숙 리 자엘펠러, 『한국사회와 다문화가족』, 양서원, 2007.

이동수 외, 『한국인의 정체성에 관한 연구』, 삼성생명공익재단 사회정신건강연구소, 2007.

이현정, 『우리의 미래 다문화에 달려 있다』, 소울메이트, 2009.

조준형, 「다문화사회 이주민에 대한 문화예술교육 효과 분석연구」, 추계예술대학교 대학원 문화예술학과 박사학위논문, 2009.

한국청소년상담원, 『다문화가정 청소년(혼혈청소년) 연구-사회적응 실태조사 및 고정관념 조사』, 한국청소년상담원, 2006.

2. 기타 : 다문화가정 관련 사이트

국경 없는 마을 홈페이지(http://www.bvillage.org)

국경 없는 마을의 다문화 체험교실 카페(http://cafe.naver.com/exclassroom/)

다문화가정 e-배움 캠페인 홈페이지(http://e-campaign.kdu.edu/)

■ '처용설화'의 게임콘텐츠 개발 방안 연구

1. 논저 및 단행본

고가연구회, 『향가의 깊이와 아름다움』, 보고사, 2009.

고려대학교 아세아문제 연구소 한국사연구실, 『디지털 삼국유사 사전 · 박물지 시범
　　　　개발(2)』, 2009.

김성숙, 「신화를 주제로 한 무용에 나타나는 표현 특성 연구: "처용무"와 "마음의 동
　　　　굴"을 중심으로」, 이화여자대학교 대학원 석사학위논문, 2001.

김진영 · 홍태한, 『서사무가 바리공주 전집 1』, 민속원, 1997.

나주연, 『설화와 게임』, 문학과 치료, 2008.

롤프 옌센, 『드림 소사이어티』(꿈과 감성을 파는 사회), 한국능률협회, 2000.

민족문화추진회, 『국역 악학궤범 Ⅱ』, 민문고, 1989.

브린 바너드, 김율희 역, 『세계사를 바꾼 전염병들』, 다른, 2006.

셸단 와츠, 태경섭 · 한창호 역, 『전염병과 역사』, 모티브북, 2009.

소노자키 토루, 임희선 역, 『환수 드래곤』, 들녘, 2000,

앤드류 롤링스 · 어니스트 아담스, 송기범 역, 『게임기획개론』, 제우미디어, 2004.

오지원, 『처용설화의 현대적 변용 연구』, 아주대학교 교육대학원, 2007.

온플레이어, 『온라인게임 대백과사전』, 온플레이어, 2008.

윤열수, 『신화 속 상상동물 열전』, 한국문화재보호재단, 2010.

이정엽, 『디지털게임, 상상력의 새로운 영토』, 살림, 2008.

일연, 김원중 역, 『삼국유사』, 민음사, 2007.

정재서 · 문현선, 『게임소재로서의 동양신화』, 한국게임산업개발원, 2006.

정재진, 「처용설화의 문화원형 디지털콘텐츠화에 관한 연구」, 『디지털콘텐츠학회 논
　　　　문지』 제9권 제4호, 2008.

조셉 캠벨, 이윤기 역, 『세계의 영웅 신화』, 대원사, 1989.

＿＿＿＿＿, ＿＿＿＿＿, 『천의 얼굴을 가진 영웅』, 민음사, 2004.

충남문화산업진흥원, 『2008 문화자원 디지털 콘텐츠화 사업 : 백제유물의 스토리텔

링을 통한 게임상품의 개발』, 2008.

한국콘텐츠진흥원, 『2009 대한민국 게임백서』, 2009.

______________, 『2009 문화산업통계』, 2009.

______________, 『2010 한 · 일 게임이용자 조사보고서』, 2010.

______________, 『국내 콘텐츠산업 스토레텔링의 경쟁력 강화를 위한 공공적 지원 방안』, 2009.

______________, 『글로벌 게임산업 트렌드 May 2010 1st Issue』, 2010.

허혜정, 『처용가와 현대의 문화산업』, 글누림, 2008.

2. 기타

『두산세계대백과사전』, 두산동아, 2002.

KBS 〈역사스페셜〉 제4회 : 귀신 쫓는 사나이, 처용은 누구인가?(2009.07.20)

감학찬, 「처용무를 한국적 게임 캐릭터로 개발」, 〈조선일보〉, 2009.12.13일자.

신성택, 「탄저병보다 더 무서운 천연두」, 〈뉴스한국〉, 2010.10.22일자.

http://aion.plaync.co.kr/

http://baram.nexon.com/

http://c9.hangame.com/

http://cheyong.culturecontent.com/

http://conan.pmang.com/

http://dragon.plaync.co.kr/

http://dragonnest.nexon.com/

http://goonzu.ndoors.com/

http://hon.hangame.com/

http://kr.joymax.com/silkroad/

http://maplestory.nexon.com/

http://packgoon.hangame.com/gamepack/game/barimain.nhn

http://tantra.hanbiton.com/

http://tr.nopp.co.kr/

http://www.culturecontent.com/

http://www.gersang.co.kr/

http://www.hanmobile.com/game_dangun.html

http://www.kalonline.co.kr/

http://www.seogi.net/seogi/open_contents/010101.php

■ 『탐라순력도』의 문화콘텐츠 개발 방안 연구

1. 기본자료

『탐라순력도』(영인본), 고려대학교 민족문화연구원, 제주시, 2001.

2. 논문 및 단행본

김찬흡 외 역, 『역주 탐라지』, 푸른역사, 2002.

민족문화추진회, 『국역 신증동국여지승람』, 한국학술정보(주), 2007.

박찬식, 「17, 18세기 제주도 목자의 실태」, 『제주문화연구』, 1993.

박효선, 「초등학교 교육에서의 풍속화 감상 지도 방안 연구 : 김홍도의 풍속화 중심
　　　　으로」, 경성대학교 교육대학원 석사학위논문, 2008.

수잔 기넬리우스, 윤성호 역, 『스토리노믹스』, 미래의 창, 2009.

윤민용, 「『탐라순력도』 연구」, 한국예술종합학교 예술전문사 학위논문, 2010.

이유경, 「정보기술을 활용한 전통문화 콘텐츠의 개발방법론」, 단국대학교 멀티미디
　　　　어대학원 석사학위논문, 2003.

이찬, 「『탐라순력도』『남환박물』 해제」, 『고전자료총서』 제1편, 한국정신문화연구

원, 1979.

이형상 · 이상규 · 오창명 역주, 『남환박물』, 푸른역사, 2009.

임경호 외, 「문화원형을 소재로 한 문화콘텐츠화에 관한 연구」, 『한국디자인포럼』 Vol.19, 2008.

전경수, 『탐라 · 제주의 문화인류학』, 민속원, 2010.

정광중, 「『탐라순력도(耽羅巡歷圖)』의 분석을 통한 제주도 마을의 구성실태와 형성배경」, 『초등교육연구』 Vol.6, 제주교육대학교 초등교육연구소, 2001.

정재엽, 「중앙방송과 지역방송의 TV 다큐멘터리 비교 연구 : '제주 고대사', '탐라순력도', '곶자왈'을 중심으로」, 제주대학교 석사학위논문, 2009.

제주시, 『지역문화 자원을 브랜드화한 상품개발 및 마케팅 : 『탐라순력도』(보물 제652호) 활용중심』, 제주시, 2003.

제주시 편, 『朝鮮王朝實錄을 통해 본 濟州牧使』, 제주시, 2005.

좌혜경, 『제주해녀사』, 2009.

진영일, 『고대중세 제주역사탐색』, 제주대학교 탐라문화연구소, 2008.

최연구, 『문화콘텐츠란 무엇인가』, 살림, 2006.

탐라순력도연구회, 『탐라순력도논총』, 제주도, 2001.

한국콘텐츠진흥원, 『문화원형 디지털콘텐트화사업 8년사 2002~2009』, 2009.

현을생, 「제주도 문화재 보존과 활용이 지역발전에 미치는 영향에 관한 연구」, 제주대학교 행정대학원 석사학위논문, 2001.

3. 기타

문화재청 홈페이지(http://www.cha.go.kr/main/KorIndex!korMain.action)

민족문화대백과사전(http://100.nate.com/minbaek/index.html)

한국의 지식콘텐츠 홈페이지(http://www.krpia.co.kr)

한국학중앙연구원 홈페이지(http://www.aks.ac.kr/aks/)

■ 공공 공연장의 발전 방안 연구

1. 논문 및 단행본

강익모, 『문화 예술 산업과 경영』, 엔터테인먼트 경영학회, 2007.

고정민, 『문화콘텐츠 경영전략』, 커뮤니케이션북스, 2007.

김승미, 「감성마케팅을 활용한 뮤지컬의 관객 개발 전략 연구」, 단국대학교 대학원 석사학위논문, 2008.

김평수, 『문화콘텐츠 산업론』, 커뮤니케이션북스, 2007.

문화관광부 예술경영지원센터, 『2007 공연예술 실태조사』, 2007.

유민주, 「경기지역 문화공간 콘텐츠 개발 연구 : 전시 및 공연 문화공간을 중심으로」, 단국대학교 대학원 석사학위논문, 2010.

유진룡 외, 『엔터테인먼트산업의 이해』, 넥서스BIZ, 2009.

장희진, 「문화예술분야에서의 디지털 컨텐츠 활용 방안에 관한 연구」, 단국대학교 산업경영대학원 석사학위논문, 2003.

전형빈, 「공연장 서비스품질 결정 요인에 관한 연구」, 삼육대학교 대학원 석사학위논문, 2010.

조용환, 『엔터테인먼트산업학 개론』, 내하, 2010.

2. 기타

노태우 대통령 문화계 인사 접견(청와대) 및 문화발전 10개년 계획 토론회(대한뉴스 제1773호)

대전문화예술의전당 홈페이지(http://www.djac.or.kr)

ㄱ

〈감귤봉진〉 207
〈갓 오브 워〉 155
〈거상〉 171
〈건포배은〉 198, 205, 209, 212, 222
〈고구려영웅전-주몽편〉 171, 175
〈공마봉진〉 202, 203, 207, 212
공연관람문화 249
〈교래대렵〉 208, 225
교육콘텐츠 22, 25, 60, 118, 124
〈군주〉 171
〈귀혼〉 171
기획전문공연장 244, 245, 246
〈김녕관굴〉 203, 204
김만덕이야기 218
김정 218
김정희 218

ㄴ

『남환박물』 196, 205, 207, 210, 214, 218

ㄷ

다문화교육 136, 137, 145
다문화주의 122, 136
〈단군왕검전기〉 171
당금애기설화 175
〈대장금〉 226
〈댄스 댄스 레볼루션〉 164
〈댄스 센트럴〉 164
『동국여지승람』 216
『동의보감』 63, 65, 68, 75~84
동화주의 136, 145
〈드래고니카〉 163
〈드래곤 퀘스트〉 154

〈디비니티 2 : 에코 드라코니스〉 163

롤프 옌센(Rolf Jensen) 151
롤플레잉 게임 154
리딩 콘텐츠 44

마스터클래스 244
매스미디어 122, 124
〈머털도사〉 171, 173
〈메이플스토리〉 171, 174
〈몽유도원도〉 224
무속신앙 204, 209, 212, 216, 221
문화관광축제 72
문화명소 236
문화예술교육 120, 122, 244
문화원형 195, 196, 219, 226
문화인프라 236
문화콘텐츠 19, 20, 21, 73, 87~94, 152,
　　　　170, 197, 198, 213, 218, 226

〈바람의 나라〉 171
바리공주설화 160, 177, 178
〈바리공주의 전설〉 171, 175, 177, 178
『반지의 제왕』 152
방목감(放牧監) 102
「베어울프」 160
벽사진경(辟邪進慶) 161
〈병담범주〉 198, 207, 211, 215, 218
병마수군절제사 196
비동시성 87

사회조사방법론 121
사회풍습(社會風習) 98
〈산장구마〉 203, 211
『삼국유사』 156, 162
상업예술 247, 254
상호작용성 87, 96
〈샤먼슬레이어〉 159
〈서기행전〉 171, 175, 179, 180, 182, 183
서동(무왕)설화 179, 180, 182
〈서동요〉 98, 100, 175~112
선생두레 102
송시열 218
수잔 기넬리우스 219

『스토리노믹스』 219

〈실크로드 온라인〉 159

〈C9〉 159

아우두레 102

〈아이온〉 169

『악학궤범』 160

안타고니스트(Antagonist) 162, 178, 182

애니메이션 19, 27, 88, 91, 93, 106,
163, 166, 169, 170, 224, 226

〈애월조점〉 210

어드벤처 게임 154

어학학습기 29, 47

에듀테인먼트(Edutainment) 19, 20, 91

〈에이지 오브 코난〉 171

영어교육콘텐츠 22, 23, 27, 32, 35, 58

외교관체험 146

〈우도점마〉 203, 210

원소스(one-source) 38, 87, 88, 90, 96

원질신화(Monomyth) 161

원천콘텐츠 166

웰빙약초축제 71, 74

『위풍당당 영어발음』 33

유사서기(有司書記) 102

유성룡 214

『2009년 게임백서』 153

이형상 196, 198, 204~206, 209, 214,
217, 222~224

이황 214

인터페이스 154

자아 정체성 132, 145

장년두레 102

전문계약직법 249

〈정방탐승〉 203, 204

정약용 214

〈정의조점〉 203

제자두레 102

〈제주양로〉 209, 222

〈제주조점〉 203

조사총각(調査總角) 102

〈주몽〉 171, 175

「처용가」 156

처용무 164, 165, 169, 170

처용설화 151, 156~158, 160~167,
170, 179, 183, 190, 191

청년두레 102

최명희 문학관 94

〈치우천황전기〉 171, 175

〈칼온라인〉 171, 174

캐릭터 19, 91, 93, 158, 159, 160, 170,
173, 174

커뮤니커티브 컴피턴스 60

코시안 스쿨 128

코시안의 집 128, 129

콘텐츠 데이터베이스 98

콘텐츠산업 88, 152, 232

킬러콘텐츠 220, 222, 226

〈탄트라〉 159

탈대중화 87

『탐라순력도논총』 197

『탐라순력도』 195~226

〈테오스〉 159

〈테일즈 런너〉 171, 174

토머스 131

〈파이널 판타지〉 154

판타지 소설 163

『팔만대장경』 76

〈패온라인〉 171, 174

팩션소설 224

〈팬저 드래군〉 163

폴리아모리(Polyamory) 169

프로타고니스트(Protagonist) 162, 178, 182

하우스매니저 248

〈한라장촉〉 202

『해리포터』 152

형두레 102

『혼불과 전통문화』 89

혼불문학관 95

『혼불』 83, 89, 90, 93, 95, 96, 98, 100

홍보콘텐츠 243

〈화북성조〉 210

■ 김나영

現 도서출판 리베르타스 대표
現 북코리아출판사 번역작가
現 영재사관학원 특목고 입시 영어 및 토플/텝스 강사
現 고려대학교 일반대학원 응용언어문화학협동과정 응용언어학 박사과정
고려대학교 일반대학원 영어번역통역학과 석사

■ 박상영

現 한국한의학연구원 선임연구원
現 고려대학교 일반대학원 국어국문학과 박사과정
고려대학교 철학과 졸업
고려대학교 일반대학원 국어국문학과 석사(한문학전공)
논문으로 「東谿 趙龜命 散文 硏究」(석사학위논문, 2003), 「五洲 李圭景의 공부법과 『五洲衍文長箋散稿』의 성립」(2007), 「東谿 趙龜命의 肉體的 疾苦와 現實 超克」(2009) 등과 번역서 『국역 치종지남 · 치종비방』(공역, 2008), 『국역 의휘』(공역, 2009) 등이 있음.

■ 안남일

現 고려대학교 한국학연구소 연구교수
現 Asia Open Forum 운영위원
現 한국인문사회연구원 부설 자기표현전략연구소 이사
주요논문으로 「장보고 관련 문화콘텐츠 자료 연구」(2004), 「누가 커트코베인을 죽였는가에 대한 리터러시적 접근」(2008), 「〈여자계〉 수록 소설 연구」(2010) 등과 저서로 『기억과 광간의 소설현상학』(나남출판, 2004), 『20세기 한국 필화문학 연구』1 · 2(공저, 서정시학, 2006/2008), 『한국 근현대 학교 간행물 연구』1 · 2(공저, 서정시학, 2009), 『응용인문의 현장』(공저, 푸른사상사, 2009) 등이 있음.

■ 안소진

現 고려대학교 일반대학원 응용언어문화학협동과정 문화콘텐츠학 석사과정
고려대학교 국어국문학과 졸업
한국문화재보호재단 가무악극 〈몽유도원도〉 조연출

■ 이용승

現 게임평론가
現 제1기 한국콘텐츠진흥원 블로그 기자
現 이석에듀스쿨 / 에듀펀 원장
現 고려대학교 일반대학원 응용언어문화학협동과정 문화콘텐츠학 석사과정
고려대학교 국어국문학과 졸업
제2회 게임비평상 입상(한국콘텐츠진흥원, 2009)
G.B.L(Game Based Learning) 학습법 지도 강사
논문으로 「"마그나카르타2"의 매체변용과 스토리텔링의 분석심리학적 코드읽기」
(2009), 「"리니지2"의 스토리텔링에 관한 연구」(2009) 등이 있음.

■ 이중식

現 닥종이인형박물관 관장
現 (주)현장학습 대표이사
現 고려대학교 응용언어문화학협동과정 문화콘텐츠학 석사과정
한국외국어대학교 경영학과 졸업
한국체험학습강사협회 이사(2005~2006)

■ 임해경

現 대전문화예술의전당 관장
서울예술고등학교 졸업

서울대학교 음악대학을 거쳐 독일 뮌헨 국립음악대학교 졸업
독일 뮌헨 국립음악대학교 대학원 Meisterklasse(연주박사) 취득
KBS 교향악단, 충남대학교 예술대학장 역임

콘텐츠 개발의 현장

인쇄 · 2011년 5월 23일 | 발행 · 2011년 5월 30일

지은이 · 김나영, 박상영, 안남일, 안소진, 이용승, 이중식, 임해경
펴낸이 · 한봉숙
펴낸곳 · 푸른사상
주　간 · 맹문재
편　집 · 김재호

등록 · 1999년 7월 8일 제2-2876호
주소 · 서울시 중구 을지로3가 296-10 장양B/D 7층
대표전화 · 02) 2268-8706(7) | 팩시밀리 · 02) 2268-8708
이메일 · prun21c@hanmail.net / prun21c@yahoo.co.kr
홈페이지 · http://www.prun21c.com

ⓒ 2011, 김나영, 박상영, 안남일, 안소진, 이용승, 이중식, 임해경

ISBN 978-89-5640-824-8　93300
값 17,000원